Confessions d'un baby-boomer

Thierry Ardisson
avec
Philippe Kieffer

Confessions d'un baby-boomer

édité par Laurent Chollet

Flammarion

POPculture
Collection dirigée par Laurent Chollet

ISBN : 2-08-068583-X

« Il nous a fallu bien du talent pour être vieux sans être adulte. »

(Jacques Brel)

À Victor Ardisson qui ne le lira pas.
(1925-2004)

PROLOGUE

C'est venu sans raison, donc pour cent raisons. Un samedi de mai. La veille, je n'y pensais pas. Le lendemain, je ne pensais plus qu'à ça. Au phénomène Ardisson. Au cas médiatique de ce Thierry Frondeur sans pudeur, mais pas sans reproches, dont l'avis de décès faisait la couverture du numéro de *Technikart* de mai 2003 que je venais de lire. À sa lointaine vie publicitaire. Son œuvre romancière. Ses pompes audiovisuelles. À ce qu'on dit ou écrit de lui depuis vingt ans. Entre Diable de boîte à pixels et Démon de minuit bonimenteur. Ange gardien du propos sulfureux. Monarque de la question libertine.

THIERRY ARDISSON
(1985-2003)
ET SI PLUS PERSONNE N'EN PARLAIT ?

Enfin, *ci-devant* monarque. Ardisson était mort. C'était dans le magazine. Des suites, apparemment, d'un suicide par dépression foudroyante compliquée d'un infarctus audiovisuel. Juste avant de mourir, Ardisson avait eu le temps de confier aux médecins de *Technikart* que depuis quelques semaines déjà, il n'allait pas très fort. Selon le rapport d'autopsie et les dernières confidences publiées en pages intérieures, l'animateur n'en pouvait plus. Il se sentait usé. Il se voyait devenir inutile, ennuyeux, sans imagination. Symptôme qu'il résumait en ces termes, d'une voix sans doute déjà éteinte, presque un dernier souffle : « Je ne m'étonne plus. Je n'écris pas. J'ai du mal avec mon nouveau mensuel papier. J'ai des idées de films, mais ça n'avance pas ». Il se plaignait, en revanche, d'avancer en âge (cinquante-quatre ans) et redoutait d'avoir à affronter le pire. À savoir : « Finir comme Jacques Martin, à chanter le dimanche après-midi *La Mer* de Charles Trenet. » Toujours selon les urgentistes de *Technikart*, l'ex-star aurait confié son désir d'en finir par lui-même (« Je sauterai du train avant ») plutôt que d'en être réduit à une aussi violente extrémité professionnelle.

C'est fou ce qu'une simple couverture de magazine peut déclencher comme phénomène limite hallucinogène. Mais c'est ainsi. En quelques secondes, l'effet « Mort d'Ardisson » venait de faire bouger un continent de souvenirs, des nuages de mémoire vive oubliée, des couloirs temporels engloutis où des clones du même Ardisson accueillaient en souriant tout ce que le show-biz, la culture, la politique et l'actualité comportent d'hommes et de femmes prêts à tout pour se faire interroger sur leur vie professionnelle, leurs choix intellectuels, autant que sur leurs pratiques sexuelles. Jet-set cathodique. *Who's Who* du qui-baise-qui. Bottin du qui-pense-quoi. Je brassais des clichés. Je ressassais l'info en lunettes noires, l'intox en peau de zèbre. La seule évocation du nom et du visage d'Ardisson faisait dégringoler des étagères de ma mémoire des sachets emplis de madeleines télévisuelles, ouvrait des tiroirs oubliés portant des étiquettes pareilles à celles qu'on collait autrefois sur les malles de voyages. Des noms de pays électroniques déchirés apparaissaient : « ... de Minuit », « ... Noires pour Nuits Blanches », « Ardimat », « Scoop à la U... », « Frou... », « Double Jeu », « Paris Dernière », « Graine de... », « Autant... emporte... » D'autres encore, semblables aux tampons de passeports qui seront encore lisibles dans trente ans : « Bali », « Façade », « Descentes de Police », « Business », « Louix XX », « Entrevue », « Tout le monde en parle ». J'assistais mentalement, intrigué, à la multiplication des Thierry, à la profusion des Ardisson. Il en surgissait de partout, tels des M. Smith sur la pellicule de *Matrix*.

Défilaient ainsi, accompagnés des mélodies de *Sgt Peppers* ou des riffs du *Sticky Fingers*, et avec effet stroboscopique garanti *seventies*, des Ardisson de toutes sortes. Terroriste publicitaire avec bâton de dynamite Ovomaltine en main, alias homme-sandwich pour le « Chausséhéhéhé aux Moines », « Quand c'est trop, c'est Tropico » ou « Lapeyre, y en a pas deux ». Nightclubber journaliste pour le mensuel de Warhol. Écrivain souverain, mousquetaire d'un néo-roi Louis XX chez Pivot. Hussard plagiaire piégé sur les terres de Pondichéry. Autodidacte enseignant la culture contemporaine avec *Rive Droite/Rive Gauche*.

Clone contre clone. Au fond, comme tous ceux de la génération dite du Baby-Boom, nés dans les Années Cinquante, je vivais en croisant ou recroisant cet Ardisson protéiforme. Un jour homme de pub, le lendemain junkie, puis romancier, mais aussi journaliste, à nouveau essayiste, enfin animateur multicarte interchaîne. Des doubles de moi-même collaient aux basques de tous ces Ardisson. Assis en face de l'image du mort, je me demandais bien pourquoi ces funérailles en magazine branché m'intriguaient à ce point. Le côté « Hype », la veine « Tendance » de ces obsèques célébrées sur l'autel d'un marketing de presse efficace mais simpliste m'interrogeaient. Quel(s) rapport(s) entre ce cadavre de star en costard noir et moi ? Pourquoi cette émotion ramifiée ? Cette nostalgie d'époques déclarées d'un coup révolues par une exécution (au) sommaire de *Technikart* ?

Et la question, insistante, ce samedi-là : « Mais qu'est-ce que j'en ai à faire, moi, de cette vraie-fausse mort d'Ardisson ? » Pourtant, j'en étais à chaque minute plus convaincu, ce Thierry porté en terre appartenait un peu à ma vie. À *notre* vie. Il habitait ma mémoire comme on squatte. Avec la vigilante énergie du dealer de transgressions aux abois. Une langueur de rebelle en mal de quiétude familiale. Il zonait dans mon inconscient comme dans celui de millions d'autres lecteurs, auditeurs, téléspectateurs. Il avait pris racine en nous tous, au bord de quelque autoroute neuronale. Il campait au milieu du terrain vague où venaient s'entasser des millions d'images vues sur un écran puis oubliées. SDF VIP du pire empire, celui des médias, lauréat épisodique du meilleur des ondes.

Ardisson mort sans prévenir, j'avais soudain envie de demander des comptes. J'exigeais une dernière de *Tout le monde en parle* où l'animateur, à ciel et à tombeau ouverts, s'infligerait le traitement qu'il réserve depuis toujours à ses invités. Parler de soi. À découvert. Bref, une émission où il ne parlerait que de lui. Donc de nous. Où il se raconterait. À mains nues. Sans fiches. À voix haute. Sans filets. Qu'il nous dise comment il en était arrivé là...

Je suis bien resté une demi-heure à réfléchir et rêver devant cette couverture. Ce n'est pas la première fois que l'envie de faire un documentaire sur toi m'effleurait, mais, ton décès officiellement annoncé, elle s'imposait subitement. C'est ainsi que, machinalement pourrait-on dire, tout en cherchant et ton nom dans le répertoire de mon portable et comment j'allais bien pouvoir te présenter la chose, je t'ai appelé. Sonnerie. Personne. Messagerie. Évidemment. J'ai dû dire quelque chose comme : « Salut, c'est Philippe Kieffer, si tu as deux minutes, rappelle-moi, j'aimerais te parler d'un projet... »

Rien de plus compromettant.

Au moment où démarre cette histoire, je connais Thierry Ardisson depuis presque vingt ans. Connaître est un mot fort. Je sais qui c'est. Avec plus ou moins d'assiduité, je regarde ses émissions depuis les débuts. Il m'est arrivé de l'appeler, de lui poser des questions pour un journal, une radio, ou un livre. De le rencontrer sur le plateau de *Rive Droite/Rive Gauche*, invité à parler du système audiovisuel français. De bavarder avec lui pour le plaisir, devant un café. Pas si souvent que ça. Mais assez pour me souvenir que nous avons en commun une passion pour la littérature prospective, dite « science-fiction », et le même engouement pour des auteurs comme Norman Spinrad et, pardessus tout, Philip K. Dick.

Depuis quelques années, ayant opté pour la production audiovisuelle tout en restant journaliste, je croise Thierry une ou deux fois par an. Le plus souvent pour les traditionnelles conférences de presse de rentrée. C'est tout. Je crois n'avoir, jusqu'alors, jamais déjeuné avec lui. Je ne suis pas très microcosme. C'est dire l'étendue de ce que les gardiens du chenil médiatique ne manqueront pas de désigner comme la Force Obscure de la Connivence ici à l'œuvre... Nous nous connaissons, sans être amis pour autant. J'ai écrit à son propos toutes sortes d'articles. Interviews, portraits, chroniques, billets... Factuels ou louangeurs, critiques ou virulents. Certains lui faisaient plaisir et il me le faisait savoir. D'autres le mettaient hors de lui et je ne l'ignorais pas.

Nous ne nous devons rien. Je suis pour lui un journaliste passionné par ce secteur. Il est pour moi, depuis longtemps, bien plus qu'une vedette de télévision. Je l'ai toujours perçu comme un personnage de roman ayant vécu plusieurs vies simultanées dans des domaines aussi divers que la publicité, la littérature, la presse, l'audiovisuel. J'étais loin de me douter à quel point, tout en étant fondée, cette intuition restait très en deçà de la réalité. Mais j'anticipe...

Vibration et mélodie. ARDISSON, affiche le portable, moins d'un quart d'heure après mon message. Il n'est donc pas mort. En résumé ça donne :

— *Ouais, salut, c'est Thierry. Tu m'as appelé ?*

— Oui. Merci de rappeler. Tu vas bien ?

— *Ben non, ça va pas. On se connaît Philippe, alors je vais pas te la faire... Non, je sais pas trop ce qui m'arrive, mais c'est pas ça, quoi. Enfin, c'est pas non plus aussi noir que ce que raconte la presse.*

— Tu parles de *Technikart* ?

— *Ben Ouais. T'as vu ça... Je suis mort ! Putain, j'en reviens pas... Je passe une heure avec un connard de ce canard alors que j'ai autre chose à foutre, je lui explique que je m'interroge sur le présent, sur la saison prochaine, sur ma vie quoi, et la conclusion c'est : « Ardisson, il est mort. » Je vais pas te dire que ça me met en joie. Ce que je dis dedans est exact. Je m'étonne moins ces derniers temps. C'est l'ensemble, la mise en scène qui me rend... Et toi, t'en penses quoi ?*

— Que c'est le coup assez classique du meurtre du père. Ils te flinguent comme toi tu en as flingué d'autres. La routine. Question de génération. Je ne t'apprends rien. C'est sûrement pas le meilleur papier de ce magazine. On les a déjà vus mieux écrire. Mais les questions sur toi se posent, tu sais bien...

— *T'es réconfortant comme mec. Bon, à part ça, tu voulais me parler d'un projet. Je t'écoute... S'agit de quoi ?*

Je n'aurai jamais le temps de répondre complètement à cette question. Au moment où, m'apprêtant à évoquer un documentaire, je lui confirme : « Oui, justement, c'est un projet de... », Thierry m'interrompt net :

— *Philippe, je suis d'accord. Ouais. Je suis d'accord pour faire un livre avec toi. On me le propose très souvent. J'ai toujours refusé parce que ça me fait chier, si tu veux. Je peux pas le faire avec un pote parce que c'est pas toujours facile de parler de tout à un pote. Je veux pas le faire avec un inconnu parce que c'est pas facile d'avoir confiance. Toi, je te connais, mais on passe pas nos soirées et nos vacances ensemble. Alors c'est d'accord. T'as un éditeur ?*

Voilà comment c'est arrivé. En dix secondes. À l'instant où je l'ai entendu dire : « D'accord pour faire un livre », j'ai réalisé que c'était « ça » la bonne idée. En tout cas, celle qui suscitait en moi la curiosité la plus vive, parce que inattendue. Un livre. Idée à laquelle je n'avais même jamais songé, sans doute inconsciemment persuadé qu'il n'accepterait jamais de se confier... Donner des interviews, ça oui. Par centaines. Il pratique l'exercice avec la ponctualité de qui sait, justement, qu'un entretien chasse et recouvre l'autre. Que la somme et la masse des interviews protègent plus souvent le secret d'une vie qu'elles ne le révèlent. Je n'ai pas réfléchi davantage. Ce qu'il venait de suggérer n'était rien d'autre, servi sur un plateau, que ce dont je venais de rêver en m'abîmant dans la couverture de *Technikart*. Le roman vrai de tous les Ardisson réunis.

— Faire un bouquin avec toi, lui ai-je annoncé, n'a de sens que si tu acceptes de jouer le jeu. Si c'est pour faire une interview de trois cents pages, on s'en fout... Tout le monde croit te connaître parce que tu parles souvent, partout, mais au fond toujours des mêmes choses... Je voudrais que tu me racontes ta vie, depuis le début, comme tu la raconterais à quelqu'un qui ne sait rien ou pas grand-chose de toi. Quelqu'un à qui tu prendrais le temps d'expliquer le cheminement, les enfances, les succès, les plantages, le sexe, les voyages. enfin tout. Le pitch, comme tu aimes à dire, c'est : « Thierry raconte sa vie. » À la première personne. Que tu acceptes de tout aborder exactement comme tu exiges de tes invités qu'ils répondent à tes questions, les plus universelles comme les plus intimes. Ça fait quinze ans que tu malmènes des gens sur un plateau de télé en leur faisant raconter leur vie. À ton tour. En gros, c'est comme ça que je vois les choses. Ni une enquête avec cinquante ou cent témoignages. Ni un portrait genre thèse-antithèse-synthèse du bonhomme Ardisson. Mais une confession à haute voix. Ta version des choses de ta vie. La tienne. Ce que tu as vécu. Ce que tu as voulu. Ce que tu as fait. La question récurrente, c'est : « Raconte-moi ta vie. » Tes vies.

— *C'est d'accord, ça me va. C'est exactement ce que j'ai envie de faire. Et je vais te dire, Philippe, c'est le meilleur moment pour moi pour le faire. J'en ai besoin. Je le sens. Je le sais. Je vais tout te raconter, depuis le début...*

Thierry devait être quand même du genre star de télé qui se la joue. Il avait, à coup sûr, oublié notre conversation dix minutes après, ayant certainement, selon une de ses expressions favorites, « autre chose à foutre ». Pas la peine de rêver.

Demain serait un autre jour. Le coup de blues de Monsieur *Tout le monde en parle* serait passé. On ne ferait plus jamais allusion à un livre, évidemment.

J'avais tout faux. C'était vraiment mal connaître le Ardisson. Sans le savoir, je venais d'entrer dans la sphère d'un personnage aussi fantasque que méthodique, pour qui ce qui est dit est dit, que rien ni personne ne rebute, et qui, effectivement, voulait faire ce livre. Et le ferait. Exactement comme je – nous – l'avions souhaité. En y consacrant un temps et une disponibilité d'esprit dont je ne le supposais même pas capable. En m'autorisant une liberté de questionnement dont je sais, maintenant, qu'elle serait inconcevable pour la plupart des gens, célèbres ou pas.

Quarante-huit heures plus tard, un lundi soir, Thierry me rappelait. Je ne vais pas dire que je l'avais oublié. Ce serait excessif. Mais presque. Convaincu qu'il était déjà passé à autre chose. C'était, spectaculairement, et d'un seul jet, tout le contraire.

Bon, Philippe, je vais libérer le maximum de temps pour toi. Je crois qu'il faut procéder par thèmes, avec un calendrier très précis et des séances d'entretien d'au moins deux heures à chaque fois. Franchement, je ne sais pas si ma vie peut intéresser beaucoup de gens. Il y a une curiosité sur moi, je le sais bien. Mais ça, je m'en fous un peu. C'est pas pour la notoriété, tu t'en doutes, je l'ai déjà. Non. C'est l'envie de me raconter, faire le point. Et de le faire à un moment où je n'ai rien à vendre. Des interviews, j'en ai donné des centaines. Mais c'est pas pareil. Dans une interview, tu dis ce que tu dois dire à un instant donné. Tu segmentes. Tu morcelles. Ce que je voudrais faire avec toi, c'est exactement l'inverse. Rassembler des morceaux. Réunir des situations. Relier des époques. J'ai dit beaucoup de conneries. J'en dirai sûrement encore. Je ne peux parfois pas m'en empêcher. J'ai occulté des pans entiers de ma vie. J'en ai transposé d'autres dans des romans. Maintenant, j'ai besoin, pour la première fois, de reprendre tout depuis le début et d'essayer de comprendre comment je suis devenu ce que je suis. Je n'ai pas d'idéologie à communiquer. Pas de messages. Seulement des expériences. J'ai vu arriver pas mal de journalistes avec cette idée de faire un livre sur moi. Certains, je sentais qu'ils ne m'aimaient pas du tout. Tu ne peux pas avoir envie de te raconter à un mec quand tu devines qu'au départ il trouve suspect tout ce que tu dis. Pour d'autres, c'était l'inverse, le côté « J'aime beaucoup ce que vous faites » est encombrant, tu te méfies tout autant. Nous, on se connaît sans se connaître. Ni copain, ni hostile. On va essayer de trouver une voie médiane. Je sais bien qu'à l'arrivée, dans ce livre, il y aura pas mal de choses négatives sur moi. J'accepte. Je n'ai aucune envie, et toi encore moins, de me construire un mausolée de papier. Il y a des attitudes que j'ai pu avoir, des propos, des gestes qui ne seront pas à mon honneur. Des comportements qui n'ont pas toujours été très élégants. Je te livrerai des souvenirs, des impressions, des commentaires. Pas la peine de romancer. Je ne suis pas mythomane. Chez moi, j'ai tous les papiers qui sont sortis sur moi. Tout est rangé, conservé, répertorié. Les articles sont dans des cantines en fer, les cassettes aussi, elles ont été numérisées pour éviter la dégradation de l'image. J'ai tout gardé. Je crois que quelqu'un d'attentif y trouvera des tas de choses. Mais le tableau d'ensemble reste à faire.

Au Rond-Point des Champs-Élysées, c'est à droite. Direction la rue du Faubourg-Saint-Honoré. Encore à droite. La façade du Bristol, comme une enclave cannoise, un extrait de Croisette. Une part découpée dans le gâteau du Carlton, sans la chantilly. Huissiers. Voituriers. Policiers. Triptyque du quartier.

Je suis à l'heure. Ardisson aussi (déjà un pléonasme : Ardisson à l'heure). Son imper sur le bras. Pas rasé. Joues creuses. Œil fiévreux. Mâchoires crispées. Massif et défait. Coup de menton en avant pour indiquer ce que j'apprendrai à nommer la « table d'alcôve ». Sa table. Il annonce :

— *J'ai passé la nuit au montage de* Tout le monde en parle. *J'suis mort, mais, putain, ça va aller ! Je suis content de te voir. J'ai pas arrêté de penser à ce projet... Non, non, je prends pas le canapé. Un fauteuil, pour me tenir droit. Sinon je m'effondre. Et j'voudrais un jus de tomate. Hein ? Ouais, c'est ça, un « assaisonné ». Pour toi ?*

Je sors un bloc et un enregistreur. Je me dis : « Magnéto, Philippe ! » Je vais commencer, mais il est déjà lancé. Il est parti à confesse. Sans préambule. Direct. À fond de train.

C'est clair, je viens d'entrer par effraction dans un film avec Ardisson en vedette. Par instants, la voix tombe. Le regard du héros pivote et passe le bar du Bristol au scanner, façon Schwarzenegger dans *Total Recall.* Un petit éclat de rire auto-moqueur, un fragment de modestie ou de doute passagers, de l'ordre d'une microseconde, et Ardisson reprend le fil d'une confession annoncée. Le fil préparatoire d'un récit promis à la première personne. J'ai beaucoup pratiqué l'interview depuis une vingtaine d'années, je n'ai jamais rencontré quelqu'un d'aussi déconcertant, prévisible, extraverti, pudique et comédien à la fois. Conçu pour mettre au point nos agendas et une méthode de travail, ce premier rendez-vous a pris une tonalité théâtrale.

Entre burlesque et gravité.

Le ton, le vocabulaire et la langue sont un prélude adouci de la manière dont je comprends qu'il se racontera. Bienvenue, donc, dans un monde où il n'y a pas d'hommes mais des « mecs », pas de femmes mais des « gonzesses », pas d'enfants mais des « mômes », pas d'argent mais du « pognon » ou du « blé ». Un monde imagé, dialogué, rejoué autant que pensé. Un monde où l'expression « Et alors, un jour... » tient lieu de date précise. Bienvenue dans la pluralité des mondes ardissonniens. Si vous ne vous y faites pas, n'insistez pas. Arrêtez-vous là.

Vous êtes prévenus.

Philippe Kieffer

PREMIÈRE PARTIE

I

« À une époque où tout le monde écrit, chacun devrait avoir l'ambition de vivre sa vie comme un roman. »

T. A., « La rupture-sparadrap », *F Magazine*, décembre 1983.

Je suis sûr d'une chose, Philippe : ce livre va s'intituler *Confessions d'un baby-boomer*.

Les *baby-boomers*, c'est la génération bénie, née Après-Guerre et qui a profité des Trente Glorieuses, celle de la « parenthèse enchantée », après la pilule et avant le sida. C'est la génération de Mai 1968. Nous en sommes à la fois les auteurs et les héritiers. Pour le meilleur et pour le pire.

Pompeusement, nous avons pensé qu'après nous le monde ne serait plus jamais comme avant... Mais on voit bien que Nikos a remplacé Sabatier qui lui-même avait pris la place de Guy Lux. Nous, on pensait tous qu'après Mai 1968, il n'y aurait plus jamais de Guy Lux.

On voulait changer le monde, c'est le monde qui nous a changés. Mais on s'est bien amusé. On a vécu notre vie comme un roman. On a vécu avec talent. Je ne vais pas te la jouer nostalgique, je macère pas dans le trip genre : « C'était mieux avant », mais je pense souvent à mes premiers voyages, à cette espèce de soif d'absolu, cet appétit de vivre comme de se détruire... Et, forcément, j'ai le regret d'une forme de jeunesse innocente et dévastatrice. On serait des bâtisseurs de rêves. On allait plier la planète à nos désirs. On ne ferait pas les mêmes conneries que nos vieux.

Évidemment, trente ans plus tard, il y a comme un malaise.

Nous, *baby-boomers*, avons été les acteurs d'une utopie planétaire. Quand on dit « 68 », on pense à la remise en cause du Gaullisme, au Gauchisme, aux Barricades. Mais, en fait, ce mouvement n'était politique et social que pour une toute petite partie de cette génération. Pour la plupart, en tout cas pour moi, il y avait surtout le rock'n'roll à fond, le sexe jour et nuit, la drogue, toutes les drogues ! À l'époque, un mec qui prenait de l'héro, c'était un héros. (Aujourd'hui, c'est un zéro !) On voulait jouir. On se croyait géniaux, on était juste égoïstes.

Famille, boulot, style de vie, musique, sexualité : on a tout dynamité sans se demander ce que ça deviendrait. On a tout fait pour effacer le disque dur de la génération précédente. Évidemment, je ne me rendais pas compte du scénario du film dans lequel on entrait. Mon existence, toutes les séquences qu'on va évoquer ici ensemble, c'est une succession de scènes genre Fabrice à Waterloo. Il est dans un coin de la bataille, il entend beaucoup de cris, il voit du sang, mais il ne voit pas le puzzle terminé. Et ce qu'on va faire, là, c'est essayer de mettre bout à bout et dans le bon ordre des dizaines de séquences, des centaines de plans qui me restent en mémoire.

Je crois que je n'ai jamais fait autre chose que de me mettre en scène. Transformer ma vie en cinéma. Si c'était pas déjà pris, ce livre pourrait s'appeler « Cinémoi ».

II

Putain ! Philippe ! Mais qu'est-ce que tu fous ? C'est le cinquième message que je te laisse ! T'es où, merde ! Je répète : surtout, ne viens pas comme prévu à 13 heures rue de Rivoli. Tu pourras pas approcher, manif annoncée, des flics partout. Je te l'ai déjà dit trois fois depuis une demi-heure : viens au Bristol. On bouffe ensemble et on travaille. Sans déconner, j'aimerais bien que tu me confirmes... Donc, voilà, moi, je suis à 13 heures au Bristol. Putain, mais rappelle-moi !

Je prends connaissance des cinq messages en sortant d'un rendez-vous à Arte. Je mets trois quarts d'heure pour faire Issy-les-Moulineaux-Champs-Élysées. J'arrive et je trouve un Thierry détendu, souriant, là où j'attendais un ours grognon. Au menu, déjeuner dans le jardin du Bristol. Temps magnifique. Jus de tomate. Deux, assaisonnés. On commande. J'inaugure une combinaison « double-précaution » : mini-disc plus enregistreur sur cassettes. J'ai à peine le temps de lui installer son micro-cravate (le fil serpente sur la table entre pain et couverts) qu'il démarre en trombe, d'humeur badine.

Bon, Philippe, t'es prêt, là ? On y va ? Non, mais t'as raison, vaut mieux tester deux fois. Si petit que ça, tu crois que ça marche ? Et t'en mets combien de temps sur un disque ? Pareil pour la musique ? Ah ouais ? C'est génial ! Faut que j'achète ça, ah ouais... T'es bon là, ça tourne ? Tu sais quoi, Philippe ? On aurait dû prendre un assistant. On devrait se faire payer un sondier par Flammarion ! (*J'imagine la tête de notre éditeur si on exige un ingénieur du son rien que pour régler un mini-disc en début d'entretien.*) Vas-y, on est pas aux pièces. Faut pas non plus qu'on se stresse la tête. Tiens, voilà l'entrée. Je te fais un essai micro : « Un deux. Un deux. Bonjour ! Je suis Thierry Le Chèvre Chaud et je suis fier d'être là, avec vous, aujourd'hui, au Bristol ! Bonjour, je suis Le Chèvre Chaud, accompagné de son Pain Toasté... » C'est important, le son. Parce que tu vois, la pauvre gonzesse qui va décrypter, si elle entend rien, c'est une horreur.

PAUSE / Elle a un prénom, la « gonzesse », Thierry. Elle s'appelle Florence. Un nom : Willaert. Et une patience à toute épreuve. Merci, Florence. REC /

On a dit qu'on prendrait les choses par le début, d'accord ? Alors, ce qu'il faut savoir, sans remonter aux calendes grecques mais presque, c'est que ma famille est originaire de la Provence. J'ignore depuis quand exactement, mais sans doute depuis très longtemps. Mon grand-père avait retrouvé, dans l'église du Suquet, au-dessus de Cannes, des traces de nos ancêtres jusqu'au XVIe siècle. Pour ce que j'en connais, c'étaient plutôt des gens ordinaires, des commerçants, des fabricants de savon, quelques ecclésiastiques, des notaires... Tout près de cette église du Suquet, il y a aussi un endroit qui s'appelle le « Quartier des Ardisson ».

En Italie, il y a beaucoup de « Ardissone » (*il prononce « Ardisssôônné »*). La première fois que je suis allé à Palerme, en voyant mon passeport, ils m'ont cru de chez eux ! C'est un nom qui vient des mots latins « ardus », qui veut dire « fort », et « sonus », la « voix ». « Ardisson », ça veut donc dire « voix forte », ou plutôt « grande gueule » ! J'imagine qu'au temps des Romains il devait y avoir un ou plusieurs braillards dans les légions et qu'à la longue on les appelait des « Ardus Sonus », voilà, des « Grandes Gueules ». Elle vaut ce qu'elle vaut, mais cette explication étymologique est celle que j'ai le plus souvent entendue dans la bouche de profs que j'ai eus. C'est aussi celle qui a été attestée par mon grand-père avec les Curés du Suquet. Mais, j'ai reçu un jour dans une émission un type qui avait étudié mon nom. D'après lui, il y a une autre origine possible. « Ardisson » viendrait de l'hébreu, où le mot « Ardith » signifie « prairie », le patronyme « Arditi », par exemple, vient de là...

« Ardissone » est devenu « Ardisson » dans le comté de Nice quand il a été rattaché à la France en 1860. N'empêche, mes vraies racines sont italiennes. Je me sens du Sud. Je viens de la Méditerranée. Et je ne peux pas passer un été sans m'y replonger.

Quand j'étais petit, après la mort de son mari, ma grand-mère paternelle est venue habiter avec nous. Avec mon père, ils parlaient encore une langue à eux, un patois nissart que j'ai encore dans l'oreille. C'est quelque chose de très étrange, quand tu as cinq ou six ans, d'entendre une partie de ta famille parler une langue que tu ne comprends pas. C'était leur univers à eux. Ils communiquaient avec des mots d'une autre époque. C'était à la fois beau et mystérieux. Tu vois, ça, c'est une chose qui n'arrivera plus, un de mes *nevermore* : on est au IIIe millénaire, en pleine mondialisation, c'est l'ère du numérique, de l'image de synthèse, et au fond de moi, il y a toujours un gosse dont le père et la grand-mère s'engueulaient en patois ! T'imagines ! Et quand je te dis qu'ils s'engueulaient, c'est pas une image.

On ne s'appelait pas « Grande Gueule » pour rien.

Pendant longtemps, j'ai oublié cet aspect de mon origine, et c'est plus tard, en voyant *Le Parrain*, que j'ai réalisé l'importance que cet environnement avait eue pour moi. Dans le film, Brando prononce très souvent un mot qui résonne comme un ordre, un mot qui évoque l'autorité ou la colère : « *Capisce !* » C'est un mot que martelait ma grand-mère quand elle s'engueulait avec mon père. J'entendais crier : « *Capisce ! Capisce !* » et je comprenais, sans savoir de quoi ils se parlaient, qu'il valait mieux ne pas s'en mêler. Je ne caricature pas. Je sais bien qu'on ne peut pas réduire une enfance au sens caché d'un patronyme et à un mot d'italien, mais voilà, j'ai été élevé là-dedans.

C'est ça, mon côté « Rital », mon côté « Mafia ». Cette empreinte italo-méditerranéenne, on va la retrouver tout au long de mon existence. C'est pas un hasard si les hommes qui m'ont le plus impressionné s'appellent Bill Tragos, le « T » de TBWA, le Gréco-Américain avec lequel j'ai appris mon métier dans la pub, donc à travailler, Daniel Filipacchi, Martin Scorsese, ou Robert De Niro...

Mais revenons à mes origines.

J'allais le suggérer, oui, par commodité de lecture, et pour ne pas froisser nos amis de chez Flammarion qui espèrent un début, un milieu et une fin qui formeraient un tout moyennement intelligible. Donc, Thierry, décline-moi pour commencer tes nom, prénoms, adresse, profession du père, etc. Tu connais la chanson des Descentes de Police. *Je t'écoute.*

Le nom, c'est « Ardisson », je viens de te le dire (et normalement, c'est écrit en gros sur la couverture). Prénoms : Thierry, Pierre, Clément. Je suis né en 1949, un 6 janvier, « Jour des Rois », n'en rajoute pas, à Bourganeuf, quelque part dans la Creuse. Je sais, ce n'est pas très provençal comme nativité, mais tu comprendras mieux quand je t'aurai expliqué le cirque familial.

Le prénom de mon père, c'est Victor. Celui de ma mère, Renée. Ma grand-mère paternelle, celle qui dit « *Capisce !* », c'est Marie-Louise. Son mari, Marius. J'ai un frère qui s'appelle Patrick. Les prénoms, évidemment, tu ne les choisis pas, faut les porter. Mon père, par exemple, tout le monde se moquait de lui, parce que, à l'époque du be-bop et du swing, Victor, ça sonnait ridicule, provincial du Sud, alors qu'aujourd'hui c'est tendance. En nous prénommant Thierry et Patrick, nos parents étaient dans l'air du temps, de leur temps. Celui des Années Cinquante. C'était un choix résolument éloigné de leurs origines régionales. Un refus de la tradition. Moi, plus tard, quand je deviendrai père, j'aurai à cœur de renouer avec des prénoms provençaux en appelant mes filles Manon, Ninon, et mon fils Gaston.

C'est toujours difficile de parler de ses parents et de son enfance. Les souvenirs qu'on garde peuvent paraître excessifs, injustes ou enjolivés par le temps. Le plus souvent, ce qu'on connaît de ceux qui nous ont fait naître, de leur vie « avant », c'est ce qu'ils nous en ont raconté. Pareil pour les premières années d'existence. Faire le tri entre ce dont je me souviens vraiment et ce qu'on m'a dit n'est pas évident. Je vais essayer de le faire, sans noircir le tableau, même si, toute cette période, l'enfance et jusqu'à mon adolescence, est pour moi marquée par un climat familial très lourd, très sombre. Je voudrais pouvoir t'en parler. Ce que je n'ai jamais su faire dans des interviews. Je n'ai jamais, jamais vraiment raconté mon enfance. J'en ai glissé des épisodes dans mes livres. Je m'en suis parfois inventé d'autres. Mais je n'ai jamais trouvé le temps, le courage, ou le désir de revenir sur celui que j'ai été jusqu'à l'âge de seize ans.

Les quelques fois où il m'est arrivé de faire allusion à cette époque, j'en disais à la fois trop et très peu. Avec pour seul résultat de faire pleurer ma mère quand elle tombait sur l'interview...

Ma mère est née à Nice, rue Gioffredo, une rue populaire de la ville.

Ce que je connais de la vie de ma mère « avant », j'ai dû le reconstituer au fil du temps. Pour la bonne raison que nous n'en avons jamais vraiment parlé ensemble. Le drame de sa vie, c'est que quand elle était gamine, sa mère (ma grand-mère maternelle, donc, Simone, mariée et remariée quatre ou cinq fois) est partie sans prévenir. En abandonnant ses trois filles en bas âge, dont ma mère, la plus jeune, six ans et demi, un matin dans un magasin de jouets à Marseille. Je n'ai pas beaucoup de détails sur cette histoire. Je sais seulement que ma mère s'est retrouvée, encore môme, à devoir s'occuper de son père avec ses deux sœurs aînées qui, dès qu'elles ont pu, évidemment, se sont mariées et sont parties à leur tour.

Ma mère est donc restée seule, pendant des années, à veiller sur cet homme abandonné, expert-comptable et communiste : Clément Gastinel. Comme tu peux imaginer, il y a des enfances plus heureuses… J'ai très peu connu ce grand-père maternel, mais je suis sûr d'une chose, c'est que j'ai hérité du spleen de ma mère.

Un spleen épais, pesant, permanent.

Mon père, lui, est de Saint-Laurent-du-Var. Mon grand-père paternel, Marius, travaillait à la SNCF à Golfe-Juan, près de Juan-les-Pins. Très tôt, mon père est entré dans une entreprise de travaux publics. Sans argent, sans diplômes particuliers, il a plongé dans la vie professionnelle en suivant le mouvement d'une époque où la France était à reconstruire. Pour gagner sa vie, il était prêt à tout quitter. Sa région. Ses amis. Juste après la Libération, les travaux publics, c'était la certitude d'avoir du boulot pour longtemps. C'est comme ça qu'il est devenu, à sa manière, un travailleur émigré, un exilé de l'intérieur, qui allait faire de nous une famille de voyageurs, au gré des barrages, des autoroutes, des ports ou des tunnels.

C'est à Golfe-Juan que mon père a rencontré ma mère. On l'appelait Micky. Elle avait quinze ans et lui vingt. Je ne vais pas te décrire un coup de foudre, parce que leur histoire, je ne la connais pas. À la maison, on ne parlait pas de ces choses-là. J'ai des parents pudiques. J'en suis réduit à imaginer, tout de même, que, pour ma mère, ça devait être une délivrance de se marier et de partir sur les routes.

Après Sospel, un bled quelque part au-dessus de Nice, mon père est envoyé dans le centre de la France, à Peyrat-le-Château. Un endroit improbable dont ni toi ni moi n'avons jamais entendu parler. Enfin moi si, parce que je suis né à côté… À Bourganeuf, donc. Ma mère avait dix-huit ans.

Je n'ai absolument aucun souvenir de mes toutes premières années. Je sais qu'on a dû bouger au rythme des chantiers de mon père. Je sais qu'on passe plusieurs mois à Lunéville pour la reconstruction d'un aéroport. « Lunéville, le Versailles de l'Est. » À Lunéville, je me souviens, j'ai marché sur un parapet et j'ai sauté dans le vide pour voir si je pouvais voler. C'était prémonitoire... Et l'on arrive, vers 1953, du côté d'Albertville, en Savoie, à Notre-Dame-de-Briançon.

C'est là que je vais connaître les deux plus grands drames de ma jeune vie.

Ne me demande pas trop ce qu'on était venu faire là, à Notre-Dame-de-Briançon... Le souvenir que j'en garde est celui d'une vallée très encaissée, avec une route où passaient des camions du matin au soir, dans un nuage de fumée permanent et un bruit insupportable. Nous habitions au premier. C'est là qu'on m'a envoyé pour la première fois dans une école. Je devais avoir quatre ans. L'horreur ! Une horreur d'un seul jour. J'ai complètement gommé, occulté, le lieu et le déroulement de cette journée. C'est pas l'école qui est en cause. C'est juste que je n'ai pas supporté d'être séparé de ma mère.

Ce jour n'est pour moi que la mémoire d'une douleur. Quelque chose d'incongru et de blessant. J'ai immédiatement haï cette école. J'ai fait une scène épouvantable à l'institutrice toute la journée et à mes parents le soir même. Scènes assez convaincantes pour qu'on ne me renvoie pas à l'école le lendemain, ni le jour d'après. En fait, j'allais rester un an de plus avec ma mère sans y mettre les pieds. On attendrait la rentrée suivante pour me scolariser. J'étais sauvé ! Du moins c'est ce que je croyais, parce que je n'ai pas profité longtemps de ce répit.

Un malheur, tu sais, un vrai lourd malheur d'enfant s'est alors abattu sur moi.

Ma mère était enceinte. Et comme cela se faisait à l'époque, on éloignait les enfants à l'approche de l'accouchement. Autant te dire que je n'ai rien vu venir. On ne m'a rien expliqué. Du jour au lendemain, j'ai été littéralement arraché au bonheur de vivre à longueur de journée avec ma mère. Au lieu de me garder auprès d'eux, mes parents m'ont envoyé en Provence, chez Marius et Marie-Louise, mes grands-parents paternels, à Peynier-Rousset, du côté de Gardanne, les houillères du Sud.

J'ai vécu là le pire des exils. Une rupture affective. La première. Une trahison. C'est ça, exactement. Un déchirement. Tu peux juger cette réaction excessive, ridicule même. Mais, il n'y a rien à faire, cinquante ans plus tard, je ne comprends toujours pas... Je n'accepte pas. J'ai vécu ça comme une injustice totale. Une sanction pas méritée. Quelque chose d'incompréhensible qui foutait tout en l'air. C'était la fin d'une forme de quiétude, la fin de ces premières années dont, encore une fois, je ne garde aucun souvenir, sauf le sentiment d'années de douceur maternelle consacrée à moi seul. Exclusivement à moi. Cette séparation, dans mon esprit de môme, c'était la fin du monde. Et en même temps le début de la vie. La vraie, celle qui est injuste.

« Comme chaque soir, ma mère a rangé mes jouets en s'étonnant du peu de soin que j'en prends. Elle a tiré le fauteuil crapaud près du lit pour m'écouter réciter ma prière. Après mon Pater, elle m'a lu un conte d'Andersen où il est question d'un chien avec des yeux gros comme des soucoupes. Elle s'est penchée pour m'embrasser en tenant son peignoir en satin bien fermé sur sa poitrine. Elle a éteint la lumière en s'esquivant par la porte entrebâillée, regrettant que la nuit nous sépare. »

T. A., *Cinémoi*, Paris, Seuil, 1973.

Cette séparation, c'est ma première véritable et inoubliable expérience de la souffrance totale. Ce qui m'arrivait, c'était un double malheur. Non seulement on me renvoyait de chez moi, mais, en plus, c'était pour permettre à un autre de venir me supplanter auprès de ma mère. C'est ça qui a été le plus terrible. L'arrivée de mon frère, d'un coup bénéficiaire de tous les soins et de l'amour qui n'appartenaient qu'à moi jusqu'à ce jour.

Je ne voulais pas d'école.

Je ne voulais pas de frère.

Je voulais ma mère.

On me prenait tout.

Des scènes surréalistes, des restitutions d'éclats, Thierry m'en fera vivre plus d'une, au Bristol ou ailleurs. Mais, celle-ci étant la première, elle reste marquante. Je m'attendais à des confidences, à des récits plus ou moins mesurés, calibrés par la perspective d'une publication. Pas une seconde je n'avais imaginé que le personnage public, le héros controversé du samedi soir, la télé-star habituée à pousser ses invités dans leurs retranchements se métamorphoserait en enfant quinquagénaire. En gosse malheureux et rancunier.

Parce que c'est ce personnage-là que j'ai devant les yeux.

À cinquante-quatre ans, attablé à la terrasse d'un palace, l'Ardisson qui s'exprime n'a pas plus de quatre ans dans les yeux. Il est à nouveau en colère. Il proteste. Il m'apostrophe. Il en veut à quelqu'un. Pendant une minute, je me suis demandé si j'avais droit à un simple – mais réussi – numéro d'acteur de sa propre vie. Si c'était une scène d'exposition obligatoire... Je ne le crois pas.

Comme cela se produira souvent à propos d'autres périodes de sa vie qu'il me racontera avec autant de spontanéité, il arrive à Thierry d'entrer dans une sorte d'état second troublant. Il oublie ou feint d'ignorer jusqu'à l'existence du monde extérieur. Il se raconte à (très) haute voix. Il se produit sur une scène imaginaire. Il se revit. Le murmure mondain des conversations voisines, les allées et venues des serveurs, les cliquetis de couverts et les sonneries de portables connectés à l'indice Nikkei ou à quelque yacht amarré aux Antilles néerlandaises n'existent plus pour lui. Ardisson gesticule en parlant. Sa bouche passe du sourire de gamin enjôleur au pli triste de la détresse enfantine.

Même en faisant la part du jeu, de la comédie (au sens où les enfants en font), il subsiste quelque chose de radical et de surnaturel dans son comportement. Il n'est pas là. Il est, pleinement, dans ce moment savoyard, lointain, irréparable. Dans ces cas-là, qui se multiplieront, rien ne distrait son regard posé sur moi, fixe, comme pour me mettre au défi de contredire une souffrance toujours intense. Rien ne l'arrête, pas même (et c'est tout dire !) le passage occasionnel, dans notre champ de vision, de ces fatales silhouettes féminines qui nous feront parfois, à l'un comme à l'autre, tenter la difficile expérience du strabisme libidinal divergent.

III

Mes premiers vrais souvenirs sont en Algérie. Je devais avoir cinq ou six ans, pas plus, quand mon père a été envoyé là-bas, et nous avec, pour participer à la reconstruction de la base militaire de Mers el-Kébir. Le port, les installations et toute la flotte de guerre française y avaient été détruits, en juillet 1940, par les bombardements anglais. Ce départ, c'est un changement complet d'existence. Après le brouillard et le froid de la Savoie, on débarque dans un pays où le ciel est toujours bleu, où le soleil chauffe du matin au soir et où, surtout, il y a la Méditerranée.

Nous habitons un bled nommé Bouisville, à quelques kilomètres d'Oran, près d'Aïn el-Turk, dans une cité ordinaire. Des bâtiments sans charme, où résident les familles de ceux qui travaillent sur le chantier de Mers-el-Kébir. Cela dit, ma mémoire est encore floue sur ces années. Il me reste des images. Des sons. Des impressions vives, mais pas forcément exactes.

Très vite, on m'a inscrit dans une école, et l'endroit devait me convenir, car je ne me souviens pas d'avoir connu la même crise de désespoir qu'à Notre-Dame-de-Briançon. L'école, religieuse, s'appelle La Colombière. Ce sont des bonnes sœurs, « Les Dames africaines », qui s'occupent de nous, et je m'applique. Je prends goût à l'enseignement. Je suis même un élève très sérieux. De toute façon, c'est préférable, la directrice de l'école se nomme... Mlle Règle !

Beaucoup plus tard. Un soir de novembre, dans son bureau. Nous venons de parler deux heures. Thierry se lève. Cherche un dossier sur une étagère. Sort des courriers. Me tend une lettre.

Un jour, Philippe, il y a un moment déjà, je reçois une lettre d'une Dame africaine, tu sais, La Colombière, en Algérie... et moi, comme un con, je ne réponds pas. Et le jour où je veux lui écrire, j'apprends qu'elle est morte, Andrée... Voilà.

« Cher Thierry,

c'est avec un réel plaisir qu'en lisant *L'Événement du Jeudi* (du 15 au 21 décembre 88), j'ai retrouvé la trace d'un petit garçon connu à l'école La Colombière à qui j'ai fait le CE1 – dans l'année 1955-1956 –, petit garçon que je n'ai jamais oublié, à cause de ses reparties qui étaient chez lui un réel besoin. Il fallait qu'en toutes circonstances il trouve quelque chose à dire, quitte à devenir cramoisi et surtout parce qu'à travers ce besoin impérieux de parler, se trouvait un petit enfant d'une grande sensibilité. De plus, au cours de cet été 1956, ce petit Thierry m'avait adressé une poésie qui m'avait profondément touchée, et que j'ai toujours gardée depuis. Je n'avais pu le remercier, faute d'adresse. Aussi ce m'est vraiment une joie de le faire aujourd'hui, trente-trois ans plus tard. Ce qui prouve que votre souvenir est durable. Je ne puis me résoudre à vous envoyer l'original, tenant énormément à cette feuille jaunie d'écolier. Ci-joint une photocopie et quelques photos de La Colombière. Je me sens toujours émue quand ces lignes reviennent sous mes yeux. Je répondais au nom de Mlle Règle. Il est possible que vous ne vous souveniez plus de cette période...

Je retrouve très bien votre expression sur la photo qui accompagne l'article vous concernant. Ne regardant pas la télé, je ne peux émettre aucune impression personnelle sur votre fameuse émission *Lunettes Noires pour Nuits Blanches*. Mais si je me reporte à l'*EDJ* elle est en droite ligne de ce qui mijotait, pour une part, dans votre tête de petit garçon. Cependant je suis certaine qu'à travers toute cette fantaisie

votre sensibilité demeure intacte. J'ai par ailleurs appris que vous seriez papa, en juin. Votre vie est bien construite, je vous en félicite, et vous adresse, cher Thierry, l'expression de toute ma sympathie.
Andrée. »

À son envoi, Mlle Règle avait donc joint la photocopie du poème envoyé après notre départ d'Algérie et notre retour en Savoie.

« toi savoi

donc les cimes toutes blanche et fraiches
Un de tes plus haut village est areche.
Tes près inondés de fleurs avec leurs cultivateurs
Sur leur ponts vermoulus les vieux barrbus
passent pour la ferme
Les enfants anchanters de l'arivé
du printent se dépèche à la cueillete
Thierry »

On était en Algérie, donc. La Colombière. Mon école. Des jardins superbes, des allées bordées de palmiers énormes. Une église inondée de lumière et de couleurs extraordinaires quand le soleil passe à travers les vitraux.

Un dimanche, après la messe, notre petite famille part en balade dans les Aurès. Mon père avait alors une Renault Juvaquatre, avec les portes qui s'ouvraient dans le sens contraire, tu sais, comme des volets, et avec les clignotants qui sortaient de la carrosserie et se dressaient vers l'extérieur comme des doigts lumineux.

Avant la « Juva », avant l'Algérie, on n'avait pas de voiture, mais un scooter, un Bernardet, rouge, magnifique. J'étais dingue de ce scooter où l'on montait à trois avec mes parents, comme dans les films italiens de l'Après-Guerre. Ils ont fini par l'offrir à ma tante. J'ai failli devenir fou le jour où j'ai appris que cette tante, qui manquait d'argent, n'avait rien trouvé de mieux que de vendre cette merveille des Années Cinquante ! Enfin bon, à Bouisville, on avait la Juvaquatre. Tu sais que je suis dingue des vieilles bagnoles ? (*Comment ? J'ai lu partout que tu n'as pas le permis et que tu détestes la voiture...*)

« 18 h 17. Rue de Verneuil. Louis fait appeler un taxi. Pas plus qu'il ne s'est soumis au Service Militaire, qu'il n'a désiré d'enfant ("Le seul moyen de le rester un peu est de ne pas en avoir du tout"), il n'a souhaité obtenir le permis de conduire. Pour lui, "disposer d'une automobile, c'est finir par se poser des problèmes d'automobiliste". Il juge aussi démodé d'en posséder une que d'aller passer des week-ends à la campagne. Il ne comprend pas pourquoi les gens ont beaucoup moins peur en voiture qu'en avion. »

T. A., *Rive Droite*, Paris, Albin Michel, 1983.

Oh ! Oh ! Attends. Faut pas tout mélanger. Je n'ai pas de permis de conduire, c'est vrai. Je n'ai jamais conduit, c'est vrai. J'ai jamais mis les pieds dans une auto-école, c'est vrai. Et j'ai horreur de la civilisation automobiliste. Les automobilistes m'énervent, ça m'énerverait d'en être un. Et quand t'as une voiture, tu deviens un automobiliste. (Et puis, mourir en voiture, sauf quand tu t'appelles James Dean ou Roger Nimier, c'est pas très chic.)

Dans un pays où tout le monde a une montre et une voiture, tu trouves toujours quelqu'un pour te donner l'heure et te déposer quelque part. Vu la proportion de gens qui ont une voiture, ne pas en avoir ne peut pas être un problème. La seule fois de ma vie où cela a été gênant, c'était pour aller de New Delhi à Agra pour voir le Taj Mahal. J'ai passé quatre cents bornes dans un taxi *made in India* conduit par un sikh qui fonçait sur les camions qui arrivaient en face de lui et se rangeait sur le bas-côté au tout dernier moment...

Mais ça ne veut pas dire que je n'aime pas les voitures. C'est tout le contraire. J'en suis fou. Pas toutes les bagnoles, attention, tu suis ? Celles des Années Cinquante-Soixante. Juste les modèles populaires de la France de mon enfance. Je ferais n'importe quoi pour mettre la main sur un modèle de DS 19, le coupé Chapron. J'espère qu'un jour tu viendras me voir en Normandie. J'ai une maison du côté d'Argentan, un ancien haras. On se fera une séance de travail et je te montrerai la collection que j'ai montée. Quand je viens le week-end, on les dispose dans le parc pour que je puisse les admirer de la fenêtre de ma chambre. Vues d'en haut, mes voitures ressemblent aux Dinky Toys de mon enfance. J'ai une Mini Woody. J'ai une Austin Princess Wolseley avec intérieur cuir blanc. Tu sais, avec la calandre verticale, comme la Mini Wolseley, celle qui a le petit coffre, tu vois pas ? Et la Prairie ! Est-ce que tu sais ce qu'est une Prairie ? La Prairie, c'était le premier 4x4 français, Philippe ! C'est Renault qui faisait ça. L'avant de la voiture, c'était une 4 CV agrandie, donc ça a une gueule de grosse 4 CV et puis, derrière, c'est un petit camion. Un *pick-up*, quoi. Y avait différents modèles. J'en ai acheté une avec l'arrière en bois, c'est la « Colorale ».

Je suis abonné à tous les canards. J'ai tous les bouquins. J'adore les Floride. Les Océane. Et la Fiat 500 coupé : l'Éden Roc ! Et puis, les Simca façon belles américaines... La Montmorency. La Chambord. La Versailles. La Marly... Et, par-dessus tout, évidemment, la Facel Vega ! C'est à cause de la Facel Vega que j'ai acheté mon coupé 404 Pininfarina.

« Connaissez-vous le coupé 404 dessiné par Pininfarina, hard-top noir, pneumatiques flancs blancs ?

Permis ou pas, c'est elle que je voulais, je prendrai un chauffeur, voilà tout. Faut-il un permis pour devenir fou ?

Lorsque le propriétaire l'a livrée, je l'ai trouvée beaucoup mieux que sur les photos, il m'a tendu les clefs, non, faites-moi faire un tour dans ma nouvelle Dinky Toy. Elle n'a pas démarré. Dans le genre présage, c'était plutôt une lettre recommandée avec accusé de réception. J'ai payé quand même. Les jours suivants, des voyants verts, rouges, bleus, orange clignotaient à tour de rôle, mais tout cela était moins inquiétant que le refus des garages Peugeot à entendre parler de ce modèle hors d'âge. »

T. A., « Fatale auto », *Le Figaro*, 10 octobre 1988.

J'adore les voitures comme on peut aimer les femmes, d'un amour platonique. J'adore les formes. Une belle voiture, c'est comme une sculpture. À l'école, je dessinais des bagnoles. Quand j'ai vu le premier RAV 4 dans la rue, j'ai appelé Béatrice : « Celle-là, je vais te l'acheter. » Ça a été pareil avec l'Audi TT. C'est uniquement pour le design, parce que je ne la conduirai jamais.

Donc, je te disais, en Algérie, on part un dimanche en balade dans les Aurès dans cette fameuse Juvaquatre. En rentrant le soir à Bouisville, on met la radio et on entend : « Mitraillages dans les Aurès. » « Une tragédie. » « Des morts. » Nous, on s'était promené comme des touristes au milieu des premiers tirs de la guerre, et on n'avait absolument rien vu, rien entendu.

On était en 1954, le 1er novembre, c'était la Toussaint, la « Toussaint rouge », le début de la fin d'un pays fantôme parfumé au jasmin.

J'en garde un souvenir à la fois très fort et très troublant. Celui du décalage, bizarre, qui existait entre la réalité de notre vie quotidienne dans ce coin d'Algérie et ce dont parlait la radio, entre cette promenade en bagnole et la gravité sanglante du drame annoncé. Évidemment, je ne comprenais rien à la situation. Mais je voyais bien que mon père et ma mère devenaient inquiets. Cela dit, les « événements » n'ont pas changé grand-chose à ma routine d'écolier, sinon que le soir, parfois, de nos fenêtres, on apercevait de hautes flammes orangées dans les montagnes au-dessus de Bouisville où des « fellaghas » faisaient brûler des feux annonciateurs de l'issue fatale.

Nous quitterons l'Algérie en 1956. Mais les quelques années que j'y ai passées ont été décisives sur pas mal de points. À commencer par la dégradation carabinée de l'ambiance familiale.

Pour comprendre, il faut que tu saches que, quand on est parti de Savoie pour l'Algérie, mes grands-parents paternels, Marius et Marie-Louise, étaient venus avec nous. Ils habitaient la même cité que nous. Mon grand-père, qui avait quitté la SNCF, travaillait avec mon père, sur les chantiers de la base de Mers el-

Kébir, comme chef d'équipe. Jusqu'à l'accident. Un jour... Quoi ? Non, excuse-moi, j'ai aucune idée de la date... En guidant le chauffeur d'un camion qu'il aidait à reculer, mon grand-père est tombé en arrière. Sa tête a heurté un caillou. Il est mort. Cet accident a dû être un moment effroyable pour mon père. Mais le pire fut pour ma mère et moi, car à partir de ce moment-là ma grand-mère est venue vivre avec nous.

Au début, encore môme, je n'ai pas deviné toutes les conséquences, les effets désastreux que cela aurait sur l'humeur de ma mère et, par ricochet, sur ma vie. Déjà qu'il n'était pas grand, l'espace de notre appartement se réduisait. On n'était qu'un de plus, tu vas me dire, mais ça changeait tout. C'était impossible. Une vie pas imaginable. Un climat pourri. Lourd. Ma mère, fragilisée par une enfance bousillée, qui avait déjà ses gosses à élever, se retrouvait avec une belle-mère en permanence à la maison, « sur le dos », elle répétait. Elle a commencé à souffrir atrocement de cette présence. Elle n'en disait rien. Son éducation, son amour pour mon père, et toutes les conneries que t'enseigne la société pour t'apprendre à souffrir en silence, lui interdisaient d'en parler. Un soir, elle s'est pourtant enfermée dans la salle de bain et mon père a cogné à la porte, puis il a pleuré pour qu'elle sorte.

Moi, j'étais effondré, triste. J'étais toujours triste. Je traînais un spleen profond de petit garçon très proche de sa mère et qui la voyait devenir malheureuse. Les deux femmes n'avaient rien pour s'entendre. Elles se sont d'abord supportées, avant de s'affronter, en silence. Ma grand-mère ayant forcément l'avantage. Tous les avantages. Celui, surtout, de pouvoir l'engueuler dans une langue que personne ne comprenait, celle des mammas. *Capisce ?*

Mais cette relation très particulière, cet attachement infernal de mon père à Marie-Louise sont incompréhensibles si on ne sait pas qu'à sa naissance, il n'était pas vivant. Il était mort-né. Quand une chose pareille se produisait, la coutume, c'était de frapper l'enfant pour s'assurer qu'il ne réagissait pas, avant de le déclarer mort. Ils ont frappé mon père, pour voir. Et là, d'un coup, il s'est animé, s'est mis à pleurer, crier, comme tous les bébés. En moins d'une minute, la situation passait de mort à résurrection.

Choc émotionnel total pour ma grand-mère.

Elle qui était déjà très croyante, très religieuse, voire bigote, elle a considéré celui qui allait être son fils unique comme un miraculé. Pour remercier Dieu, elle a décidé de le vouer à la Vierge Marie. Mon père n'a donc porté que du bleu et du blanc jusqu'à l'âge de sept ans.

Après, avec la Guerre, le rationnement et les privations n'ont rien arrangé. Quand par chance ils arrivaient jusqu'à Nice, les trains de marchandises avaient souvent été pillés sur le trajet, à Marseille ou à Toulon. Il ne restait rien à manger. Adolescent, mon père tombait souvent malade. Pour le sauver, ma grand-mère est partie avec lui, dans le centre de la France. Je ne sais pas où. Je sais seulement qu'elle a perdu trente kilos. Ce qu'il y avait à manger, elle le lui donnait. Elle en a donc fait, pour la deuxième fois, un miraculé. Elle s'est sacrifiée pour lui.

Voilà pourquoi, entre autres, après la mort de mon grand-père, il n'était pas concevable une seconde pour mon père de laisser sa mère vivre seule. Il fallait qu'elle habite avec nous. Le problème, c'est qu'elle allait être non pas *avec*, mais *chez* nous, et que tout le monde en souffrirait. Mon côté sombre, solitaire, ne fera que s'accentuer. Depuis, je trimballe une tonne de tristesse à la con.

Comme il devient dangereux de se balader dans les Aurès, on passe la plupart des dimanches après-midi sur le balcon, à regarder passer les bagnoles et à les compter, chacun se chargeant d'une marque. Mon père prenait par exemple les Citroën, moi les Peugeot. Et à la fin de l'après-midi, on disait : « Moi, j'ai douze Citroën ! – Moi, huit Peugeot ! » Mais, la grosse distraction, c'est aller au cinéma en plein air. *Samson et Dalila* au milieu des palmiers et sous les étoiles. Je me souviens que ma mère mettait sa main devant mes yeux pour que je ne regarde pas certaines scènes.

On vit en Algérie, mais on ne peut pas dire qu'on participe à la vie locale. Nous ne sommes pas pieds-noirs. Nous, on est de passage. Même si on sait pas combien ça va durer. Mon père travaille du matin au soir. Dans ces conditions, l'unique ouverture sur le monde extérieur, l'aventure, le sensationnel, c'est la radio. C'est par elle que je vais prendre goût à l'info. C'est là, sortant du haut-parleur d'un poste Ducretet-Thomson (avec Œil Magique, le voyant vert luminescent indiquant la qualité de la réception), que j'ai entendu pour la première fois parler de la « *Cuvette de Diên Biên Phu* ».

Cette curiosité pour l'actu est vite devenue une passion. Comme pour mon père. C'était du sérieux. Quand je sentais le moment propice, je posais des questions. J'ai eu la chance qu'il prenne le temps de me répondre et d'essayer de m'expliquer des tas de choses que je ne pouvais évidemment pas piger. J'étais content. Je me souviens d'un jour où il nous a annoncé : « Il y a une nouvelle radio, on va l'écouter, pour voir... » Elle s'appelait Europe N° 1. On n'a plus jamais cessé d'écouter Europe.

Près du poste, j'avais l'impression de partager quelque chose d'important avec mon père. J'étais à l'âge où, comme tous les écoliers, j'avais à me taper l'histoire des Gaulois et les tables de multiplication. Tandis qu'avec la radio, je fréquentais des inconnus célèbres qui s'appelaient Mendès France, René Coty, Edgar Faure, Félix Gouin, Félix Gaillard... Eisenhower, Staline, Mao... Le vocabulaire des journaux radio dépassait tout ce que mon imagination pouvait envisager. Il se passait sur terre des choses incroyablement excitantes. Des « *émeutes* » en « *Métropole* », des « *soulèvements* » à l'Est, à Budapest, contre cette expression mystérieuse : le « *régime communiste* ». Je dévorais tout ce que j'entendais. Tout devenait prétexte à poursuivre une conversation avec mon père. À rester un moment de plus éveillé. À être un peu « grand » quand on est petit.

On a quitté l'Algérie avant la baston intégrale, avant que de Gaulle ne revienne au pouvoir. Un soir, mon père a dû rentrer et dire : « Demain, on s'en va. » Parce que c'était toujours comme ça qu'il présentait les choses quand un chantier était fini pour lui : « Demain, on s'en va. » Cette fois, sa boîte l'envoyait à la montagne.

On repartait en Savoie.

D'ailleurs, moi aussi, faut que j'y aille, Philippe. Ah non, tu laisses ! Ici, t'es chez moi. En plus, imagine la tête des gens de Flammarion si tu ramènes des notes de mille balles du Bristol. N'insiste pas.

Bon, on se revoit quand ?

IV

« Nous habitions Arêches, un petit village savoyard dont on écrit au dos des cartes postales “Perdu au cœur du Beaufortin”. Mon père construit des barrages. Ma mère lit les Philosophes en écoutant Tchaïkovski. Mon petit frère invoque les esprits. Et moi, Pou Rêveur, j'incendie la grange du père Jacquet. »

T. A., *Cinémoi*, Paris, Seuil, 1973.

Je n'ai pas encore huit ans quand je reviens en Savoie. Cette fois, on s'installe dans un petit village au-dessus d'Albertville, Arêches. Je dis « on s'installe », mais dans mon esprit, c'est beaucoup plus confus que ça. Avant d'aller en Algérie, on avait déjà plusieurs fois déménagé, mais j'étais trop petit pour me rendre compte. C'était encore abstrait. Je suivais le mouvement. Là, à notre retour en Métropole, c'est pour moi la prise de conscience de ce que la famille Ardisson ne vit pas comme tout le monde. C'est une famille qui ne reste jamais bien longtemps au même endroit, deux, trois ans maximum. C'est une famille qui ne « s'installe » pas. On part du jour au lendemain. On change de bled, d'appartement, d'école. Mais pas d'amis, puisqu'on n'a pas eu le temps de s'en faire.

Même triste de caractère, je suis un gosse en pleine forme, plutôt solide. L'air de la montagne, le bon lait de Savoie, ce ne sont pas que des clichés. C'est du vrai. Je profite. J'explore.

Gentiment, au début. Arêches, c'est bucolique. J'apprends à traire les vaches. À faucher le foin. À distinguer les chanterelles. Je ramasse des myrtilles avec un « peigne à myrtilles ». Je goûte la « crème fouettée avec des framboises sauvages ». On marche une heure pour aller la déguster dans un hameau qui s'appelle Le Bersend. On fait des barrages dans les rivières. Il y a des castors. On chasse les corbeaux avec des arcs en noisetier et des flèches cloutées. C'est *La Mélodie du bonheur*. J'habite une espèce de Tyrol de rêve. Un décor de cinéma avec pâturages, torrents, glaciers, lacs. C'est d'ailleurs pour un futur lac, et d'abord un barrage à construire, celui de Roselend, que mon père est revenu dans la région. Quand le barrage sera terminé, j'assisterai à la mise en eau. Je verrai le village englouti progressivement, jusqu'à la disparition du coq du clocher. C'est sans doute pour ça que j'ai été aussi impressionné, plus tard, par la tête de la statue de la Liberté qui dépasse du sable dans *La Planète des singes*.

On habite à Arêches même, dans un ensemble de chalets construits pour l'occasion. Tu as les chalets pour les dirigeants responsables du chantier, ceux pour les cadres, comme mon père, ceux pour les familles d'ouvriers. Un découpage en tranches sociales que les enfants ne respectent pas. Car on est pas mal de mômes. Pas mal de nationalités aussi, des Espagnols, des Portugais, des Italiens... On est mélangés et on s'entend bien.

Dehors, parce qu'à la maison...

Après la tiédeur des soirées en plein air à Bouisville, c'est à nouveau le froid. Le brouillard du matin au soir. La nuit qui tombe à quatre heures en hiver. Du coup, ce qui était déjà difficilement supportable au soleil devient abominable. Ce retour en Métropole, c'est l'aggravation définitive du climat familial. Une impression de déprime permanente. Entre ma mère et ma grand-mère, c'est de plus en plus tendu. On patauge dans le non-dit. Tout est pesant. Je saisis l'ampleur de ce qui est désormais pour nous une tragédie.

Et moi, je rêve. Une photo dans *Paris Match*, une émission

sur Europe N° 1, un film à Chambéry, tout est pour moi prétexte à m'imaginer une autre vie. Quand tu es petit, tu supportes. La réalité t'intrigue, parfois, mais c'est la réalité : c'est-à-dire un truc de grands, une notion d'adulte. Tu fais avec. Tu ne remets pas cette réalité en question. Mais, dès qu'on est revenu en Savoie, j'ai commencé à douter de cette réalité-là. J'ai commencé à me dire que ce n'était pas possible. Il devait y avoir une erreur quelque part dans le programme. Un *bug* dans le logiciel. Je ne pouvais quand même pas être né, « venu au monde », comme on dit, pour subir une ambiance pareille. J'avais fait quoi, moi, pour mériter ça ? En gros, je sentais que si je ne faisais rien, je serais condamné à me faire chier dans cette famille pour des siècles et des siècles.

Ouais, tu vas me dire, mais faire quoi ?

À dix balais, ta marge de manœuvre est plutôt limitée. Alors j'ai fait la seule chose que je savais faire. J'ai commencé non seulement à imaginer que ça pourrait être autrement, mais à y croire ! Je me suis persuadé que cette famille n'était pas la mienne. Que je devais en avoir une autre, quelque part, et qu'on me l'apprendrait un jour. C'était la seule explication acceptable pour supporter cette vie. C'était la solution du problème.

À l'époque, je suis convaincu de deux choses. La première, c'est que je suis l'innocente victime d'une erreur de placement familial. La seconde, c'est que je vais devenir une star et qu'on verra ce qu'on verra. Je me persuade que l'injustice de ma naissance sera bientôt effacée par ma célébrité future. Comme je ne suis pas trop sûr de savoir comment m'y prendre, je m'accorde du temps pour réaliser l'exploit. En gros, sans avoir la moindre idée de la durée que ce chiffre représente, je me dis que je serai célèbre à cinquante et un ans ! En l'An 2000. Ce qui me laisse un délai pour y parvenir. Mais j'ai tout de suite entrepris les exercices qui pouvaient me faire passer de la théorie à la pratique.

« Quand il est certain que je ne crierai pas, ni ne me réfugierai sous les draps, l'ange vient s'asseoir sur le bord de mon

lit en ramenant ses ailes contre son corps. “Mon nom est Caméra”. Comme je lui demande s’il connaît mon ange gardien, pour qui je prie chaque soir, il me répond en souriant : “Ton ange gardien n’existe pas. Je viendrai ici tous les mercredis à neuf heures pour t’apprendre la vérité. Dieu t’a choisi, Thierry Ardisson !” À ce moment-là, plusieurs coups de Klaxon résonnent dans la nuit. L’ange Caméra disparaît. »

T. A., *Cinémoi*, Paris, Seuil, 1973.

Ma première heure de gloire, je la dois au ski. J’en faisais un peu, comme tous les mômes. Mais ce n’est pas ma vitesse ni mon style qui ont fait de moi une vedette au village. C’est mon culot. Un dimanche, il y a eu une course. Je ne concourais pas. J’étais là en spectateur. Toujours est-il que j’avais repéré le photographe de la presse locale. Je me collais à lui. Je voulais être sur la photo. Exister. Je me suis tellement bien débrouillé que, le lendemain, j’étais en couverture du *Dauphiné*, à côté du vrai champion local qui avait gagné. Et l’on pouvait lire dans la légende quelque chose comme : « Voilà des jeunes qui promettent. »

J’ai gardé cette coupure de presse. Il faudrait que je te la retrouve...

C’est agaçant, Thierry, cette manie de couper les hautes herbes sous les pieds de mon grand scepticisme. Je n’ai même pas le temps de savourer une accusation de mythomanie en bonne et due forme. Je dois me contenter d’insinuer que tu enjolives certainement cet acte fondateur d’une célébrité future préparée de longue date. Et je dois en rabattre. Sur le coup, parce que tu me jures que c’est vrai. Et maintenant, plus encore, parce qu’en rédigeant ceci j’ai sous les yeux la couverture du Dauphiné libéré *que tu as conservée, avec cette photo en noir et blanc, un peu piquée, où l’on te reconnaît, en effet, collé à l’épaule du champion du jour. C’est troublant, un visage de petit garçon qui ressemble déjà tant à celui qu’il deviendra. Même coiffure. Mêmes cheveux noirs. Mêmes oreilles dressées, un peu hautes, l’air pointu façon Spock. Même façon de pencher la tête en souriant. Des yeux qu’on devine déjà plissés (le soleil, peut-être, ou un genre que tu te donnes ?). Même jouissance à être (déjà !) dans l'objectif. À entrer dans un cadre public pour mieux sortir d'un autre, familial. Sur cette étrange photo, en effet, c'est toi qui manges l'objectif, alors que le vainqueur, c'est fou, regarde ailleurs, comme distrait. Et je lis au-dessous qu'il est question d'un : « Bayard, à gauche, qui pose ici en compagnie d'un jeune supporter et qui enleva la première place dans sa catégorie. Deux jeunes qui promettent. »*

Tu m'énerves, Thierry. Parfois.

Bon, ça c'était pour le côté souriant de l'affaire. À Arêches, je pique la vedette au champion de ski. Je suis connu dans tout le coin, grâce au journal. C'est là, avec des trucs pareils, que tu comprends, une fois pour toutes, le pouvoir énorme d'un canard. Ta photo, quelques lignes, et la terre entière est au courant de tes exploits. Ou de tes conneries. Avec le temps, j'aurai ma dose des deux. Je suis une « vedette », mais à la maison, l'atmosphère est étouffante. Ou glaciale. En tout cas pénible. Tout le temps. Une espèce d'enfer sartrien. On est passé de la réticence à l'impossibilité de vivre tous ensemble. Ma mère déteste sa belle-mère que son mari lui impose à la maison. Mon père fait les trois-huit et attrape la silicose. Quand ma mère souffre, je souffre aussi. J'en veux à tout le monde.

Depuis ce temps-là je dois faire avec ce côté toujours un peu sinistre, un peu noir. C'est une des raisons pour lesquelles j'adore ma femme, Béatrice. Parce qu'elle est toujours de bonne humeur ! Elle est toujours souriante. Elle est toujours positive. Elle n'est jamais dans ce spleen à la con qui fout ta vie en l'air. Béatrice, c'est « *never explain, never complain* ». C'est pour ça que je suis avec elle depuis vingt ans. Je te parlerai de Béatrice une autre fois. Il faudra un jour qu'on se fasse une séance sur les femmes de ma vie.

Comme si je risquais, par inadvertance, d'oublier d'aborder le sujet ! Mais cette séance « Femmes », on ne la fera jamais vraiment. Pour la bonne raison qu'à chacune de nos rencontres, sous une forme ou une autre, il sera toujours question d'elles. Mère, amie, maîtresse, collaboratrice, épouse(s), elles sont et seront omniprésentes dans ces conversations.

Tu vois, Philippe, je repensais hier à tout ce que je te raconte là, depuis le début, et je me disais : « Putain, est-ce que ça fait pas un peu *Les Misérables*, ou *Poil de Carotte*, tout ça ? » J'ai l'air de me plaindre tout le temps. J'ai l'air de faire un portrait accablant de mes parents. Mais ce n'est pas vrai non plus. J'essaie de te raconter les choses comme je les ai ressenties. Mais putain ! C'est vachement dur, ou injuste, ou incomplet. Il me manque toujours quelque chose pour nuancer. Je cherche. Je pense, le soir, à ce que je t'ai dit dans la journée. Comment tu vas bien pouvoir mettre tout ce fouillis bout à bout ? Et qu'est-ce que je vais ressentir quand je vais lire tout ça ? Là, par exemple, je me suis rendu compte, hier, que j'ai oublié de te parler d'un truc vachement important, c'est la culture de mes parents et ce que je leur dois. (*Il n'est pas trop tard, allons-y.*)

Comme tu l'as compris, mes parents ne sont pas d'une extraction sociale très haute. On est des Français tout ce qu'il y a de moyens. Ni pauvres ni riches. Modestes, très modestes, même. On manque de rien, mais on a que dalle. Je vis dans cet univers catho invraisemblable où, déjà tout petit, on t'explique que c'est très bien de ne pas avoir de blé. Qu'être pauvre, c'est presque une qualité. Que le fric, c'est sûrement pas ce qui peut rendre l'homme heureux. Qu'il y a toujours plus malheureux que soi. Et qu'il faut prendre ce malheur des autres en considération, les aider, souffrir avec eux, éprouver de la compassion... Bref, tout pour te faire accepter ton sort et remercier Dieu d'être déjà si chanceux d'exister ! On t'inculque la résignation absolue. La soumission totale. Toutes les bonnes vieilles valeurs qui te donnent envie de te révolter et de foutre le camp... Étrangement, quarante ans plus tard, je pense que tout n'est pas si con dans ce laïus. Mais franchement, à la fin des Années Cinquante, il ne passe pas.

Mon père est « ingénieur », mais va savoir s'il a un diplôme ? Ma mère n'a que son BEPC. Mais ils ont ce petit supplément d'âme et de culture qui fait toute la différence. Mon père trouve toujours le temps de nous emmener au cinéma, ou, au moins, d'allumer le tourne-disques : Glenn Miller, Aimé Barelli, Ray

Ventura... Beaucoup de jazz facile ou de variétés en vogue. Les disques, c'était cher, comme le reste, et on n'en avait pas des dizaines. Un peu de Piaf, Les Compagnons de la Chanson, Charles Trenet, et ce jeune mec dont mon père était fan : Bécaud. Du classique aussi. Enfin, plutôt les tubes du classique. Ma mère ne se lassait pas d'écouter le *Casse-Noisette* de Tchaïkovski, les *Polonaises* de Chopin, le concerto de ceci, le prélude de cela.

Même avec deux mômes turbulents à élever et une belle-mère à supporter, j'ai toujours vu ma mère écouter de la musique ou bouquiner. Elle était abonnée à une sorte de club, et elle recevait des paquets qu'elle attendait impatiemment avec dedans des trucs comme *Les Lettres persanes*, *Zadig*, *Le Rouge et le Noir*...

Il n'y avait pas de télévision. Avec mon frère, on improvisait des spectacles à la maison. On baissait le rideau entre la salle à manger et le salon, et quand on l'ouvrait, on reprenait des refrains de Sacha Distel devant nos parents, on se peignait le bout du nez en noir et on faisait : « Ouah, ouah, ouah, ouah. »

Et puis, le mercredi, il y a le cinéma.

« Arêches compte à peine mille habitants, aussi n'y a-t-il "cinéma" qu'une seule fois par semaine dans l'arrière-salle du café Blanc, au rez-de-chaussée de la maison où nous habitons en attendant que la construction du chalet soit terminée. (...)

Chaque mercredi, c'est la même peur de ne pas la voir arriver, d'être obligé de rentrer me coucher sans ma provision de rêves pour la semaine. (Mais les minutes sont encore plus longues derrière la fenêtre de ma chambre quand la neige m'interdit d'aller au-devant des magiciens.)

La Traction passe à cent à l'heure.

Je prends le raccourci pour rejoindre le cinéma Blanc, où seul encore dans la salle, je m'assois au premier rang, juste devant l'écran qui sent bon la lavande, la meilleure place pour avertir Cochise du danger sans se faire remarquer.

Pendant la demi-heure suivante, le projectionniste cale dans l'obscurité sa machine encore vide de film qui éclaire violemment le drap du magique rectangle.

J'en profite pour me projeter mes films à moi. Thierry a souvent le premier rôle.

Il faudra que je vous raconte *Le Trésor de Gorgona.* »

T. A., *Cinémoi*, Paris, Seuil, 1973.

On en était où, déjà ?

On en était quelque part en Savoie, fin des Années Cinquante. Un endroit nommé Arêches...

J'ai dix ans. Je vais à l'école communale. Rien à signaler. Je suis le bon élève qui s'emmerde un peu en classe. (J'apprends plus en lisant le *Larousse illustré*, pendant des heures, allongé sur le tapis du salon.) Hors de l'école, je suis soit un hyperactif très agité qui organise les westerns du jeudi, soit l'introverti ténébreux qui collectionne toutes sortes d'objets dans une boîte en bois fermée par un cadenas, celle qui me suit de déménagement en déménagement, mon trésor. Soit solitaire. Soit chef de bande. Une petite bande. Ce qui est sûr, c'est que c'est moi le chef. Ça ne fait pas question. C'est naturel. Mes potes me suivent. On organise des jeux, des balades, des guerres. On est à fond dans le trip Cow-boys et Indiens. Et on joue avec le feu.

« Mon arc en bandoulière, je suis fier d'être Pou Rêveur, l'indomptable Cheyenne. (...)

Alors, pour la première fois de ma vie, il m'arrive ce qui malheureusement se reproduira bien souvent ensuite : le monde m'apparaît à travers cet étrange hublot aux coins arrondis que découpe le faisceau de la projectionniste sur un écran de cinéma.

Le jeu cesse d'être un jeu.

Je deviens *réellement* Pou Rêveur, le vrai, celui du film, prêt à mourir pour défendre sa terre convoitée par les visages pâles.

Une étrange émotion envahit le farouche Cheyenne. Il

décide d'enfumer les cow-boys pour les obliger à se rendre. (...) Il prend une boîte d'allumettes dans son carquois.

Plus tard, caché dans la forêt de noisetiers, abandonné par ma tribu en déroute, j'éclaterai en sanglots en entendant le tocsin rassembler des volontaires pour aller éteindre le feu chez le père Jacquet.

Je ressentirai pour la première fois mon désespoir de n'être que Thierry Ardisson. »

T. A., *Cinémoi*, Paris, Seuil, 1973.

Cette idée d'incendier une grange pour obliger les Cow-boys à en sortir a été la connerie de trop. Le propriétaire n'a pas apprécié. Foutre le feu à une belle grange pleine de bon foin, ça ne se fait pas ! Surtout quand il y a des gosses dedans. Bon, j'imagine qu'il a dû y avoir une sorte de conseil de famille auquel je n'ai pas été invité... Quelqu'un a dû dire : « On n'en peut plus de ce môme, faut faire quelque chose, lui donner une leçon... » Résultat : après celui dû à la naissance de mon frère, nouvel exil ! Là encore, je n'ai pas vu venir le coup. C'étaient les vacances scolaires, on m'a expédié en colonie. Le pénitencier. Un truc affreux, à Sospel, au-dessus de Nice, où je me suis morfondu tout l'été. J'ai vécu ça comme une nouvelle trahison. Un sale coup dans le dos.

Pour faire passer la pilule, mes parents m'avaient dit : « T'en fais pas, on viendra te voir d'ici une semaine... » Une semaine passe, personne ! Ni celle d'après... Ni trois semaines plus tard. Et là, j'ai retrouvé ce sentiment atroce du gosse qui croit que ses parents l'ont abandonné. Qu'ils ne veulent plus de lui. Jamais ! Avec le recul, tu peux sourire. Sur le moment, c'est une horreur sans nom. Je suis resté un bon mois dans cette colonie de merde. J'avais été renié. Je n'étais plus rien. Aujourd'hui, avec les portables, on peut même pas se rendre compte... Mais à l'époque, il n'y avait pas de téléphone chez nous. Avoir le téléphone, dans la France de la fin des Années Cinquante, c'était un luxe de riche. Pour disposer d'une ligne, il fallait en avoir les moyens, compter deux ans d'attente, et justifier une adresse fixe. On ne répondait à aucun de ces critères.

Je suis donc resté un mois avec ma peur, jour et nuit, de ne plus revoir ma mère. Mes parents voulaient juste me punir, bien sûr, mais ils m'ont puni infiniment plus que je ne le méritais. Quarante-cinq ans plus tard, rien à faire, je continue à trouver inique cette sanction.

Ce qui est sûr, c'est qu'à mon retour – parce qu'on a fini quand même par se souvenir que j'existais – ma vie va changer. Terminé, le jeu avec les allumettes. La décision a été prise en mon absence. Terminé, les quatre cents coups. À la rentrée 59, j'entrerai en sixième chez les Curés.

V

C'est à Mme Blanc-Mappaz, l'institutrice de l'école communale d'Arêches, une femme qui disait doctement « Ouachinton » pour « Washington », que je dois d'être allé chez les Curés. Elle avait expliqué à mes parents que leur Thierry n'était sans doute pas facile à vivre, mais qu'il avait des capacités. Quelque chose comme : « Écoutez, cet enfant, il est doué. C'est trop bête de le laisser là, avec des élèves qui attendent le certificat d'études. Vous devriez l'envoyer au collège... » On m'a donc inscrit dans la grande ville : Annecy. Interne au collège Saint-Michel.

Tous les dimanches après-midi, mes parents me descendent en voiture jusqu'à la gare routière d'Albertville, d'où je prends l'autocar pour Annecy. Même chose, en sens inverse, le samedi, d'Annecy vers Arêches. Entre les deux, c'est : messe, prière, cours, réfectoire, prière, cours, prière, dortoir. (*Passer du western montagnard à l'internat religieux, ça doit faire un choc, non ?*)

L'école religieuse n'a pas été pour moi une surprise. La religion, je baignais dedans depuis mon premier jour. Elle imprégnait toute la famille. Sans en être conscient, je grandissais dans un milieu catho, avec tout ce que ça comporte de mystères, de superstitions et de rites. Mon père, tous les soirs avant de se coucher, s'agenouillait pour faire sa prière. (On ne l'avait pas voué à la Sainte Vierge pour rien.) Ce sont des choses que tu n'oublies jamais. Le père, dans l'échelle des valeurs enfantines, c'est quelqu'un de fort, un mec puissant, qui te protège et t'aime. Quelqu'un qui ne s'abaisse pas. Alors, voir le sien se mettre à genoux pour murmurer des choses à Dieu, c'est une sensation très étrange. Étrange, mais pas négative. Je ne prends jamais sa piété pour de la faiblesse. Je ne comprends pas bien ce qu'il fait, mais je ne l'interprète pas comme la posture d'un homme fragile. Pas du tout.

« Quand rien n'est au rendez-vous, il se console en se répétant que "baisser la tête devant quelque chose d'immatériel au moins une fois par jour constitue le minimum obligé de l'hygiène mentale". Et il reste à genoux. »

T. A., *Rive Droite*, Paris, Albin Michel, 1983.

Mon père, c'était Indiana Jones : feutre cassé sur le front, pantalon de cheval rentré dans les bottes, grosse canadienne en cuir, moustaches fines. Mon père, qui part en Jeep Hotchkiss-Willis à n'importe quelle heure du jour ou de la nuit et qui revient avec un trésor dans le creux de la main : des cristaux de quartz, blancs, roses ou mauves, arrachés à la montagne au fil de l'avancée des travaux. Un père aventurier, explorateur, quoi.

Son boulot, pour moi, c'était mythique. Il maniait la dynamite. Il faisait parler la poudre. Il domptait la nature. Deux ou trois ans plus tard, quand il participera au creusement du tunnel sous le Mont-Blanc, il m'emmènera dans ce boyau incroyable, avec une voûte à sept ou huit mètres de hauteur, sous la plus haute montagne d'Europe. T'imagines ! Quand toi tu rêves de jouer avec les allumettes, ton père, lui, il fait carrément sauter des pans de Mont-Blanc !

Il y avait quelque chose de pharaonique, pour ne pas dire biblique, dans ce que faisait mon père. D'ailleurs, quand je verrai pour la première fois le film qui a le plus marqué mon enfance, *Les Dix Commandements*, je découvrirai que si Moïse avait le pouvoir d'ouvrir la mer Rouge, mon père dynamitait les Alpes en y trouvant des pierres précieuses !

C'est en Savoie que j'ai pris conscience du cinéma et, surtout, que je me suis mis à en faire dans ma tête.

« Quand ils demandaient la vie réelle, ils voulaient la vie telle qu'on la voit au cinéma. »

(Andy Warhol)

Le ciné, à partir de cette époque, c'est une drogue avant l'heure de toucher aux vraies. Je suis complètement addict. Je te résume la situation. Je te fais le pitch de l'enfance Ardisson. C'est l'histoire d'un garçon d'une dizaine d'années qui se fait chier chez lui et au collège. Son monde, il n'y croit pas. La réalité, c'est le cinéma. Il découvre que la sortie de secours de sa vie, c'est le grand écran (et plus tard, le petit). Dans ce début des Années Soixante, en plein gaullisme triomphant, paumé dans un bled alpin, le cinéma, c'est le remède à tous les maux. C'est Europe N° 1 et *Paris Match* puissance mille. La très grande évasion. En VistaVision.

Toute mon enfance, j'ai entendu parler de cinéma. Mon père était un fou de cinéma. Un accro qui m'a transmis sa passion. Il avait un véritable culte pour des gens comme Henri Jeanson, Michel Audiard, Aurenche et Bost. C'était un fanatique de la réplique, comme je suis un fan de la vanne. Quand il regardait un film, c'était jusqu'à la fin du générique. Il connaissait tous les noms. Il nous inondait d'informations sur Untel qui avait fait la lumière, sur Machin, le compositeur de la musique, et même le labo qui avait traité la pellicule. Plus tard, je ferai exactement comme lui avec les disques. Je ne peux pas en toucher un sans regarder immédiatement qui a écrit les paroles, la musique, qui a produit... Lui, c'était les films. Il était mûr pour *Monsieur Cinéma*, sauf que l'émission n'existait pas, et que c'est bien plus tard qu'on aurait la télévision. Il avait le plus grand respect pour tous ceux qui faisaient le Cinéma. Il nous parlait de Julien Carette, Jules Berry ou Harry Baur comme s'il les avait rencontrés l'après-midi même au bistrot. Il imitait Saturnin Fabre : « Tiens ta bougie bien droite ! » Il racontait *Les Belles Bacchantes* en mimant la troupe des Branquignols, Robert Dhéry, Colette Brosset, de Funès. Il était inconditionnel de Francis Blanche, Jean Poiret, Michel Serrault, Jacqueline Maillan. Il était fasciné par l'humour absurde d'*Hellzapoppin* où un mec traverse l'écran à plusieurs reprises en tenant un pot de fleurs qui grandissent à chaque passage, jusqu'à devenir des arbres.

Mais son idole, c'était Pagnol. Marcel Pagnol ! Je t'ai dit un jour que mon père était un émigré, un Méridional parti dans d'autres pays : la Creuse, l'Algérie, la Savoie, parce qu'il fallait gagner de quoi vivre. Mais il est toujours resté ce qu'il était : un homme du Midi. Un Provençal. Il était comme tous les travailleurs qui n'ont pas de véritable chez-eux, qui déménagent tout le temps. Forcément isolé. Sans légende familiale. Les quelques histoires qu'on aurait pu se raconter n'étaient justement pas racontables parce que pleines de drames que tout le monde préférait oublier. La vie quotidienne n'était déjà pas folichonne, alors on n'allait pas, en plus, se mettre à entretenir la mémoire de moments encore pires, comme la jeunesse gâchée de ma mère, les privations de la Guerre, la mort de mon grand-père ou le malheur d'avoir quitté le soleil.

Tout ça pour te dire que la famille Ardisson s'est donc inventé, de toutes pièces, une légende à elle, une mémoire de substitution en quelque sorte. Enfin, c'est mon père qui s'y est collé, en allant pêcher pour nous les histoires de famille de Pagnol. *Marius*, *Fanny*, *César*, il était fou de la Trilogie, mais aussi de *Manon des Sources*, *La Femme du boulanger* ou *Le Schpountz*. Il en connaissait par cœur des scènes entières et il en a fait notre distraction préférée. Il mimait. Il déclamait. Il savait être irrésistible. Tout était prétexte à raconter dix fois, vingt fois les pérégrinations des héros du grand Marcel. J'étais son meilleur public. J'adorais ces histoires qui réussissaient si bien à redonner un peu de sourire à ma mère.

« Le dimanche, après l'île flottante, les gâteaux secs et la bouteille de monbazillac, nous avons droit aux grands classiques qui ont ébloui la jeunesse de mon père.

Bien avant les Marx Brothers, Charlot ou les Broadway Melodies, il y a la *Trilogie* de Pagnol, dont il connaît chaque

rôle par cœur et qu'il joue devant nos yeux émerveillés avec la même émotion qu'un élève du Conservatoire le jour du concours.

Ni mon frère ni moi n'avons vu ces films, c'est sans doute pour cela que ces scènes mimées, déformées comme toute légende transmise oralement, prennent dans nos têtes des proportions mythiques que rien n'effacera jamais, pas même la découverte des bandes originales. »

T. A., *Cinémoi*, Paris, Seuil, 1973.

Mais le grand truc, c'est d'aller au cinéma à Chambéry. Je me souviens du jour où nous sommes allés voir *Les Dix Commandements*. On est parti d'Arêches en Jeep dans l'après-midi. Il faisait froid, beaucoup de neige, mais beau. J'ai mangé des yeux les quatre heures du film. Tellement long qu'il y avait un entracte au milieu. C'était prodigieux de voir passer le peuple de Moïse entre deux falaises d'eau, la flamme qui grave les Tables de la Loi, le bâton qui se transforme en serpent...

Quand on prend la voiture pour rentrer, il a beaucoup re-neigé dans la montagne. À un moment, dans un virage en épingle entre Beaufort et Arêches, la Jeep n'accroche plus. Elle commence à patiner sur le verglas à partir en vrille et à glisser doucement vers le précipice. Le danger, quoi. Bon, la bagnole part dans le ravin. Ça dure pas cinq secondes, mais ça me paraît des heures. Alors, je saute de la voiture. Je me mets à genoux comme j'ai vu faire Moïse dans le film. La Jeep s'arrête au bord du vide. Comme la mer Rouge s'est ouverte.

Le cinéma est un miracle.

Ma vie chez les pères salésiens du collège Saint-Michel d'Annecy n'est pas difficile à imaginer. Tous ceux qui ont connu l'internat religieux comprendront. Les autres n'ont qu'à essayer de se projeter, enfant, entre les murs sombres d'une école où tu commences par aller à la messe tous les matins de bonne heure et où tu n'arrêtes pas d'étudier jusqu'à l'heure où tu vas te coucher en n'oubliant pas, encore, de prier. Étrangement, je n'en garde pas le mauvais souvenir qu'on pourrait croire. Au début, je supporte très mal la discipline, la rigueur, l'austérité des pères enseignants. Mais, je sens que tout ça n'est pas inutile.

À quatre heures, tous les jours, on nous donnait une grosse tranche de pain et une barre de chocolat. C'étaient des barres de chocolat avec « Kohler » écrit dessus, pas des carrés. Parmi les élèves, il y avait ceux qui bouffaient le chocolat d'abord, et qui, après, venaient te voir en disant : « Oh la la, j'ai plus que mon pain, donne-moi un bout de choc' ! » Et puis il y avait ceux qui bouffaient d'abord le pain et qui gardaient le meilleur pour la fin, le chocolat. Tu vas te foutre de moi, mais ce fut ma première métaphore sur la vie. Toujours bouffer le pain d'abord.

Là où je fais moins le mariole, c'est pendant les cours de gymnastique, quand il faut passer le portique. J'ai le vertige. J'y arrive pas. Im-pos-sible. Et pourtant, faut le faire, et même parfois redescendre par la corde à nœuds, voire la corde lisse. Cette peur panique, paralysante, horrifiante, je la retrouverai vingt-cinq ans plus tard, au moment d'entrer sur un plateau de télévision.

De toute manière, une fois enfermé dans une école pareille, ce que tu peux faire de moins chiant en attendant le prochain samedi et le retour à la maison, c'est encore de bosser. Ça aide à passer le temps. Je suis un bon élève et je le resterai. Acquérir les bases d'une bonne culture, faire ce qu'on doit faire avec efficacité, ce sont des choses que je dois à mon passage chez les Curés.

Cette formation, je l'ai détestée. Je me suis rebellé contre dès que j'ai pu. Mais c'est vrai que ce sont ces bases qui m'ont sauvé la vie. Sans la pratique d'une stricte discipline à cette époque-là, sans l'apprentissage de l'obstination qui allait avec, et sans cette fragile croyance qui un jour deviendra une vraie foi, je ne serais pas là. Je serais mort, et plusieurs fois. Depuis longtemps. Mort pour de vrai. Ouais, ouais, *dead.*

J'ai eu finalement beaucoup de chance d'être éduqué dans un catholicisme un peu dur. À l'échelle de ma vie, le collège Saint-Michel a été comme une douche glacée le matin. Après une douche glacée le matin, la vie te paraît soudain plus simple à vivre. Tu sais qu'il ne peut plus rien t'arriver de pire de la journée. Tu as vécu le plus dur au réveil. La suite ne peut qu'être meilleure. Voilà. C'est pareil. Tu as mangé le pain, reste le chocolat.

Quand je rentrais chez moi pour la fin de semaine, ça ne s'arrêtait pas. J'avais à peine retrouvé ma mère, ma chambre, mes bouquins, le samedi après-midi, qu'il fallait retourner à la messe le dimanche matin ! Mais, malgré ma haine du système, j'aimais le décorum de l'Église, le théâtre de la religion. J'aimais l'encens, les ostensoirs, l'harmonium, les lis immaculés et le charme de la messe dite en latin. J'ai un souvenir très fort des jours où nous assistions à l'ordination de futurs prêtres au collège Saint-Michel. C'est extraordinaire, quand tu as encore les yeux d'un enfant, de voir une dizaine de mecs adultes allongés sur le sol de marbre d'une église, les bras en croix, visage contre terre. Il se dégage alors de ce spectacle l'expression d'une incompréhensible mais puissante soumission.

« Dans la chapelle du collège Saint-Michel, Louis de Vallanges est allongé au pied de l'autel, face à terre, les bras en croix : l'évêque d'Annecy l'ordonne prêtre. »

T. A., *Rive Droite*, Paris, Albin Michel, 1983.

Cette sensation de pouvoir absolu exercé sur des hommes, je la retrouverai quelques années plus tard, la même, exactement, à Juan-les-Pins quand j'assisterai à des soirées où des mecs se faisaient enculer, allongés sur le sol, les bras en croix, visage contre terre.

Non, ce n'est pas une hallucination. Ni une coquille. Vous avez aussi bien lu. J'ai bien entendu. Le mot « enculer » vient de perforer (lecteurs psys, oui, je sais, je sais... mais c'est le verbe qui convient) une conversation jusque-là conviviale et tous publics. Vais-je devoir introduire (encore ?) une signalétique particulière, comme à la télé, déconseiller des paragraphes aux moins de seize ou douze ans ?

Ardisson vient de balancer une petite grenade orale dans le jardin du Bristol où nous dînons. La nuit tombe à peine. Autour de nous s'affairent des serveurs en blanc. Pas beaucoup de monde. J'ai beau m'habituer, progressivement, aux changements de ton, aux oscillations vocales de Thierry, tantôt adulte récitant raisonné de son existence, tantôt enfant verbalement incendiaire, il vient une fois de plus de me surprendre.

Le côté très théâtral qu'il vient d'évoquer à propos de l'enseignement religieux, c'est exactement celui auquel il vient de recourir devant moi, dans cette cour ouverte, sous fenêtres et balcons. Je viens de voir l'Ardisson tout en noir, plus noir que noir dans la demi-obscurité, se dresser sans prévenir au-dessus de la table, élever plus encore la voix dans les graves, écarter les bras en croix et mimer l'allongement face contre terre, l'aplatissement d'une joue contre le sol. La soumission en question.

Le père Ardisson vient de s'ordonner lui-même sur l'hôtel du Bristol. Il m'intrigue de plus en plus. Je me demande s'il faut reprendre sur ce mot « enculer », au risque de ne paraître sensible qu'à l'aspect sulfureux du propos... Je choisis de procéder par étapes. Pas de doute que nous viendrons à en parler. Mais autant commencer par essayer de savoir ce qu'il en a été de l'éducation sensuelle, sinon sexuelle, aux premières années. Quid des nourritures terrestres... Questions auxquelles il apportera des réponses dont le naturel, le naturalisme parfois, ne cesseront de me surprendre. On continue ?

Ben, à la maison, on ne parlait évidemment ni d'amour ni de sexe, sauf en mentionnant un film, à la rigueur. C'est aussi pour ça que j'ai tout de suite adoré le cinéma. J'avais compris qu'on pouvait y voir ou entendre parler de choses déclarées interdites par les adultes... Quand ma mère me cachait les yeux au cinéma, je devinais que c'était le plus intéressant que je loupais. Pour moi, le cinéma est vite devenu l'autre église, celle où l'on célébrait le Diable en levant les yeux vers l'écran, alors qu'à l'église on devait les baisser devant Dieu.

À la maison, le sexe n'existe pas. Alors, la sensualité passe par la cuisine. On a une cuisine d'immigrés. Exactement comme des

Algériens ou des Asiatiques qui ont à cœur de savoir faire un vrai couscous ou du riz cantonnais. C'est une façon de garder le lien avec ses racines. De conserver une culture.

Où qu'on déménage, ma mère met un point d'honneur à faire des plats provençaux, et ça, c'est un bonheur que tu n'oublies jamais. Le plaisir des pâtes. Les gnocchis à la romaine. La pissaladière : la pizza niçoise. Et les tians... Tu connais ? Non ? Mais attends, là, Philippe, si tu connais pas les tians, tu connais rien ! (*Je me doutais qu'il y aurait à essuyer des remarques au cours de ce travail, je ne me doutais pas que ce serait sur des lacunes en cuisine méditerranéenne.*) Les tians, ce sont des gratins de courges, c'est un truc à mourir ! Quand on mange des tians en Savoie, on est aussi décalés que la famille marocaine qui prépare ses tajines en Picardie. Aujourd'hui, à Paris, tout le monde croit bouffer provençal. Passons... C'est notre cuisine qui a conquis le monde ! (*Un accent de nationalisme provençal. J'en profite pour une question d'actualité : à Paris, l'animateur Ardisson a des habitudes alimentaires, gastronomiques... Tu vas où ?*) Je vais toujours dans les mêmes restaurants pour manger les mêmes choses. (*Gosse, qu'est-ce que tu détestes manger ?*) Ma soupe, resservie le lendemain matin quand j'ai refusé de la manger la veille, et, par-dessus tout, les endives ! J'ai horreur de ça. Je l'ai dit un jour à *Paris Match* qui en a fait un titre : « À seize ans, je suis parti de chez moi à cause des endives... » En gros, on nous obligeait à tout manger. La mémoire des privations pendant la Guerre, sans doute. Et des comportements ancestraux.

Le sexe, on n'en parle pas et on le montre encore moins. Si mon père me voyait traverser une pièce à poil, il me criait : « Va t'habiller, petit dégueulasse ! » Il était total catho. Le corps, c'est sale. Le sexe, c'est encore plus sale. Interdit de voir. Interdit d'en parler. Interdit de toucher. Pas bien d'y penser. L'Église est là pour nous rendre propres et dignes.

J'ai grandi là-dedans... L'avantage, c'est qu'après j'ai eu plein de trucs à transgresser.

Heureusement, même dans les vies les mieux réglées, il y a toujours un truc qui t'ouvre les yeux. Je dois mon éveil sexuel aux chiottes de la gare routière d'Albertville.

Je ne sais plus sur quelle page de mon bloc, mais je me rappelle avoir noté « gare/filles/grafs » quelque part, à sa demande. On y arrive.

Le samedi après-midi, j'ai dû te le dire, je quittais le collège Saint-Michel d'Annecy en autocar pour rejoindre Albertville, où mon père descendait d'Arêches pour venir me chercher. Il m'arrivait de l'attendre un moment. C'est comme ça que j'ai découvert cet endroit magique : les chiottes de la gare routière d'Albertville. Les murs étaient couverts de graffitis porno. Ils furent mon cours d'éducation sexuelle personnel. Un moment de formation accélérée et de forte activité onaniste. Je lisais tout. Je décryptais des positions. Je reconnaissais des situations. Je pouvais rester de longues minutes à lire et relire des : « J'aime ta queue », « Défonce-moi la chatte », « Viens m'enculer », des annonces remplies de « Bites », « Couilles », « Fentes », toutes plus prometteuses les unes que les autres.

C'était à la fois très explicite et très poétique. Des vies entières défilaient là. Ma plus grande frustration, c'était de découvrir des petites annonces du genre : « Très salope, je suce ici tous les soirs à huit heures », alors que j'étais comme un con ne sortant de l'école que le samedi après-midi !

J'ai gardé un goût pour ça. Pour les annonces sales, les confidences cochonnes, les photos glauques. J'y pensais la semaine dernière. Je rentrais de Normandie. J'étais dans le train. J'avais acheté trois, quatre magazines pornos où il était question de douche de sperme et de double péné. En les feuilletant, je me suis souvenu, d'un seul coup, de la gare routière d'Albertville, en me disant : « Tiens, faut que j'en parle à Philippe. »

« Dès le premier coup d'œil, je l'ai trouvée belle, comme cette fille photographiée en Bikini sur la Croisette dont j'avais fait la connaissance en feuilletant *Ciné-Revue*, enfermé à double tour dans les W.C. familiaux.

Notre idylle avait duré six mois. »

T. A., *Cinémoi*, Paris, Seuil, 1973.

« Pour Louis qui à quatorze ans délaisse de plus en plus les pénitences du père Rhodes pour les photos de *Ciné-Revue*, Claudine incarne immédiatement "le lancinant supplice de l'inaccessible amour". »

T. A., *Rive Droite*, Paris, Albin Michel, 1983.

Dis-moi, on parlait d'Albertville, de graffitis et de ton père qui vient te chercher le samedi... Mais le jour du Seigneur ? Tu fais quoi de tes dimanches d'enfant ?

Je me fais chier à mort. J'ai passé la semaine chez les Curés. J'ai la tête farcie de mots en trois langues, de latin, de prières. Je rêve de toutes les salopes qui se font enculer dans les chiottes de la gare routière d'Albertville. Je retourne à l'église le dimanche matin ! Après la messe, c'est pire. Il y a le déjeuner familial. Ma grand-mère nous prend la tête avec des sujets qui n'intéressent personne. Ma mère est éternellement triste. Elles pleurent à tour de rôle. Mon père fait ce qu'il peut avec Pagnol. Et ça se termine invariablement par une séance de biscuits secs, des « Champagne » religieusement trempés dans du mousseux tiède. J'ai horreur de ces repas du dimanche. Je voudrais mourir.

Le dimanche, c'est aussi le jour où, le ventre trop plein, l'esprit très sombre, on m'embarque dans des balades qui me fracassent le moral. On part en voiture. Après la Juvaquatre, on a eu une 2 CV. L'été, pour aller en vacances dans le Midi, on passait tous les grands cols du Tour de France avec cette « deux pattes ». L'Izoard, le Galibier, le Télégraphe. Aller à la mer, ça se mérite ! Ensuite, on a connu le luxe absolu avec une Dauphine. Le luxe, en fait, il était surtout dans le nom : « Dauphine *du Barry* », une appellation très chic, due en fait à la couleur, un gris. Mes parents avaient fait le voyage à Paris pour aller la chercher à la sortie de l'usine, t'imagines ! À part ça, cette Dauphine était tellement mal équilibrée, avec son moteur à l'arrière, que mon père avait fait placer une gueuse en métal, vissée à l'intérieur du coffre, pour faire du poids à l'avant.

« Le propriétaire de la Dauphine blanche immatriculée (froissement de papier) 1281 GK 73 est prié de déplacer son véhicule... Je répète... Le propriétaire... »

T. A., *Cinémoi*, Paris, Seuil, 1973.

D'ailleurs, ça me rappelle un truc, cette histoire de gueuse. À la même époque, à Saint-Michel, je jouais avec des modèles réduits de bagnole, des Dinky Toys. Des voitures qu'on faisait rouler en les lançant avec le pouce. On organisait des courses dans les caniveaux de la cour de récré. J'avais une petite Talbot Lago, un bijou, mais légère elle aussi, et j'avais fait comme mon père avec la Dauphine. J'avais enlevé le fond pour y couler du plomb fondu. Voilà comment on devient Fangio.

Je me demande si je n'ai pas encore cette Talbot chez moi, en Normandie, dans ma boîte à souvenirs.

C'est dans la « du Barry » paternelle que j'ai le plus souffert de ma condition sociale. Je me rends compte qu'on a une vie minable. À un moment, tu commences à comparer ta vie avec celle des autres. Ce que tu as et ce qu'ils possèdent. Où tu crèches et dans quoi ils vivent. Tes parents et les autres. Tu compares et tu te dis, forcément, qu'il y a mieux ailleurs. Et moi, c'est le dimanche, quand, pour m'éviter l'autocar, mes parents me conduisent à Annecy, que ces comparaisons me torturaient. Autour du lac, ce n'étaient que superbes propriétés avec des jardins qui descendaient vers l'eau. Des chalets splendides. Des châteaux sublimes. Je me morfondais à l'arrière de la Dauphine en rêvant à la vie des gens qui habitaient des baraques pareilles. Je regardais les mômes habillés en blanc, les belles bagnoles garées dans des allées fleuries, les gens qu'on apercevait en train de faire du tennis ou du ski nautique. *Le Jardin des Finzi-Contini*. Je pigeais que c'était pas pour nous. On n'était pas dans le coup. Je n'ai jamais oublié la sensation désespérante que j'avais, en frôlant ces manoirs de montagne, de passer à côté de la vraie vie.

Déjà enclin à douter de mes origines, je me disais alors que je n'étais qu'un vilain petit canard noir. Que je n'avais rien à faire là. Que, décidément, je n'avais pu tomber dans cette famille banale et fauchée que par hasard, par erreur, par injustice. Que mon avenir n'était de toute évidence pas avec ces gens-là. Que la révélation de cette supercherie finirait par se produire. Et ce qui était une interrogation devenait mois après mois une conviction. En regardant mes parents, je n'arrêtais pas de penser : « C'est pas possible. Ce ne sont pas mes vrais parents. C'est des gens qui m'ont adopté et qui n'osent pas me le dire... Je ne peux pas, moi, rouler dans une Dauphine. C'est une tragique méprise. »

J'aurais voulu être un « tricheur » comme *Les Tricheurs* du film.

« Autopsie du look. 1960 : Tricheur

Panoplie : le chic tricheur, c'est Marina & Renoma. Les mocos sont Weston, la montre Cartier, le briquet Dupont et la Triumph TR3. Le tricheur n'écoute que des 45-tours import qu'il vole de préférence chez Sinfonia et qu'il passe (Vive la France !) sur un Clarville. Le Tricheur ne lit pas.

Idéologie : se viander en Jag. En attendant, le Tricheur veut de l'argent et des filles, l'un servant à obtenir l'autre. Et vice versa.

Style de vie : réveillé à 11 heures par sa mère qui se demande ce qu'il va devenir, le Tricheur évite son père, sauf absolue nécessité : "Papa, peux-tu me prêter 100 000 francs ?" (pour emmener Cécile au Pappy's Club). Il traîne l'après-midi sur les Champs (Drugstore et Pam-Pam) en cherchant un coup, en espérant une héritière. Le soir : boum ou partouze sur un air de be-bop, on boit du Black Label en attendant d'utiliser la

chambre des parents, on sort en beauté : vases Ming par la fenêtre ! »

T. A., *Paris Hebdo*, 12 février 1980.

À Arêches, un beau jour, à l'entrée du village, soudain apparaît sur la route une vision incroyable. Un miracle automobile. Une DS 19 noire. L'élégance sur quatre roues. Une splendeur.

Quand la DS était arrivée sur le marché, putain, cette voiture, on la regardait tous comme un ovni, mais seulement dans *Match*. Tout le monde parlait de sa ligne, son confort, sa vitesse, sa suspension hydraulique, elle « montait » avant le démarrage. Mais on ne risquait pas d'en voir par chez nous. Et moi, là, j'en avais une sous les yeux, de DS 19 ! J'ai flippé comme un malade à cette seconde. Quelque part une voix hurlait : « Mais qu'est-ce que tu fous là, connard ! Oublie les Dauphine ! Casse-toi. Va vivre ! » Si j'avais connu l'expression à l'époque, mais je ne la découvrirai qu'en commençant à lire de la science-fiction, je te dirais que j'avais le sentiment d'être le prisonnier d'un « monde parallèle ».

Je venais de croiser le vrai monde. À cet instant, je me suis juré de tout faire pour en changer et posséder un jour, moi aussi, des femmes qui en redemandent, des demeures au bord d'un lac, des bagnoles trop chères. La totale des fantasmes de môme. Sauf que j'avais la conviction que pour moi ce serait vrai.

Les vacances ? Ben, on les passait toujours au même endroit, dans le Midi, à Draguignan. Là, on habitait chez la sœur de ma mère, ma tante donc, celle du scooter Bernardet. Jamais à l'hôtel parce qu'on n'avait pas de fric. Tous les matins, en 2 CV, puis en Dauphine, on partait à la mer, aux Issambres, chez Poupette et Raton, une plage privée. Enfin, nous on était à côté de la plage privée. À midi, on mangeait des tomates, servies dans un saladier en Pyrex, sur une table pliante. Et le soir, on rentrait à Draguignan. On blaguait très tard devant la porte. On prenait le frais. Quand on n'allait pas à la mer, on allait à Nice voir de la famille, mon parrain, sa femme, tout ça, la sœur de ma grand-mère, son mari, leurs enfants. On allait tous les voir comme en procession. On allait au cimetière. On priait sur des tombes. On parlait de gens qu'on n'avait jamais connus. Des morts. Et c'était tous les étés la même galère. Fallait se taper tous les vieux de la famille. Fallait se taper ce cirque. C'est fou comme les gens peuvent se chier la vie avec des trucs pareils.

Le seul truc vraiment excitant, chaque année, c'était le Festival de jazz d'Antibes-Juan-les-Pins. Coup de bol, parce qu'on avait aussi de la famille à Antibes, figure-toi, le frère de ma grand-mère. On allait donc là-bas, et j'ai découvert les arpèges d'Ella Fitzgerald ou les grognements de Louis Armstrong dans cette pinède de Juan-les Pins où je reviendrai en vainqueur. (*Je ne sais pas si c'est le moment, mais tu m'as plusieurs fois fait noter le mot « caisses ». Y a une raison, je suppose...*) Ah ouais, absolument. Les caisses... Putain, c'est quelque chose ! Donc, on déménageait souvent. J'ai même l'impression qu'on déménageait tout le temps, alors qu'en fait on se posait quand même dans des endroits pour deux ou trois ans. Mais c'étaient des mois ou des années qui tombaient n'importe comment par rapport au calendrier scolaire. Je ne m'y retrouve pas toujours moi-même. Je sais qu'après mon passage chez les Curés d'Annecy on m'a mis dans un lycée, au Fayet, à côté de Saint-Gervais, pas loin de Chamonix où l'on s'est installé, peut-être en 1961, pour le tunnel sous le Mont-Blanc.

Il faisait encore nuit quand j'allais prendre le train à la gare de Chamonix pour Le Fayet. Certains matins d'hiver, j'avais de la neige jusqu'aux genoux. Je bouffais à la cantine et le soir je remontais à Chamonix, voilà. Seule consolation à ce moment-là : j'ai découvert ce qu'était un lycée mixte. Je devais être en cinquième... Il y avait une gonzesse au premier rang qui ressemblait à Jeanne Moreau. Elle avait la bouche de Jeanne Moreau, Philippe ! Donc, je suis tombé fou amoureux d'elle. Je suis toujours tombé amoureux des bouches à la Jeanne Moreau.

Mais bon, parlons des « caisses ».

Il y avait un côté forain dans ces déménagements, mais des forains tristes. On vivait dans une espèce d'attente et d'incertitude continuelles. Dans l'appréhension quotidienne du soir où mon père rentrerait à la maison en nous annonçant une fin de chantier par son « On s'en va ». Là, quand le moment arrivait, à tous les coups je voyais que ma mère avait les larmes aux yeux. Pour elle, déménager, ça voulait dire d'abord défaire tout ce qu'elle avait patiemment organisé pour cohabiter avec sa belle-mère.

Chaque fois qu'on change d'endroit se pose la question non dite : « Où la mettre ? » À chaque fois il faut trouver une solution. Quand j'ai été en âge de comprendre, j'ai su qu'à la première occasion je me barrerais de cette galère.

Ce qui est très con, c'est que, dans bien des cas, on aurait pu trouver des arrangements. Prendre deux petits appartements quand nous étions dans une cité. Ou louer une maison voisine de la nôtre quand nous avions la chance d'en occuper une. Mais penses-tu ! Pour mon père, il n'en était même pas question. Il y avait toujours un truc insurmontable : un problème de fric, de distance ou de sécurité... Enfin bon, on comprenait qu'il n'accepterait jamais de se séparer de sa mère. C'est tout. Selon nos points de chute, les situations étaient variables, mais jamais bonnes.

D'année en année, ça n'a fait qu'empirer. La soupe à la grimace. Les silences épais. Les regards lourds. Les crises de ma grand-mère quand il arrivait que mon père donne raison à ma mère. Ou l'inverse. J'étouffais.

Certains soirs, sans prévenir, ma grand-mère se mettait à chialer. Ma mère fondait en larmes. C'était une dramatisation permanente de l'existence. N'importe quoi pouvait devenir un problème... Tu vas me dire, évidemment, qu'on aurait pu, aussi, lui trouver une maison de retraite correcte sur la Côte. Mais c'était impensable. L'idée de mettre sa mère « à l'hospice », pour mon père, c'était niet.

On passait d'endroits moches comme Notre-Dame-de-Briançon à des lieux de rêve. À Chamonix, on aura une belle maison, trois étages en centre-ville avec ma grand-mère au dernier. Puis, au contraire, on se retrouvera un jour à Avignon dans une cité de merde, uniquement parce que la jolie maison que nous avions d'abord visitée ne convenait pas. « Elle est très bien, Thierry, mais il n'y a pas de place pour ta grand-mère. »

J'ai tiré de toutes ces années une détestation totale de la vie de famille. Et de tout ce qui ressemble, de près ou de loin, à une existence conventionnelle et sans pognon.

Mais je voudrais en finir avec cette histoire de caisses.

Pour déménager aussi souvent, il faut un dispositif d'enfer, une organisation quasi militaire, et chez nous, ce dispositif, c'est des caisses. Mais attention, Philippe, pas n'importe quelles caisses ! Non ! Des sacrées putains de caisses en bois, faites sur mesure sur le chantier de mon père.

C'était un rite. Chaque lendemain matin du jour où mon père prononçait le fatidique « On s'en va », on se mettait au boulot. Il fallait faire rentrer toute la baraque dans la collection de caisses qu'on gardait précieusement à la cave ou au grenier. Tu connais le proverbe : « Une place pour chaque chose, et chaque chose à sa place. » Eh ben, nous, c'était : « Une caisse pour chaque chose... » Il y avait une caisse spéciale pour les draps, une pour les rideaux, une pour les tapis. Une à la taille du poste de radio. Pour les livres. Pour la vaisselle. Pour les outils. Les vêtements. On mettait les bibelots dans la caisse à bibelots. La machine à laver dans la caisse à machine à laver. Dès qu'on achetait quelque chose de nouveau, un petit appareil ménager, par exemple, mon père faisait fabriquer la caisse qui irait avec. Moi, il m'avait fait faire une caisse personnelle pour mes affaires. J'ai traîné cette caisse de ville en ville. C'était tout ce que je possédais. Mon trésor. Des bagnoles. Des breloques. Des lettres. Des poèmes. Des photos. Des fleurs séchées. Le tabernacle itinérant de ma vie nomade. Et puis, quand on arrivait quelque part, on rangeait les caisses vides, en attendant le prochain « On s'en va ».

Voilà pourquoi, quand tu me dis « Enfance », moi je pense « Caisses ». Mais il y avait aussi toutes les conséquences d'un déménagement. On se séparait de gens. Je serais incapable de te dire, comme plein de gens peuvent le faire : « Tiens, je te présente Untel, c'est un ami d'enfance. » Je ne sais même pas ce que c'est, un « ami d'enfance ». Déménager, ça voulait dire quitter du jour au lendemain les quelques potes que j'avais réussi à me faire pendant le séjour. Mais surtout, ça signifiait arriver dans un endroit où il faudrait tout recommencer depuis le début. Quand on débarquait dans une ville, je ne connaissais personne. Il me fallait des mois pour apprivoiser l'endroit. Des mois pour amadouer les gens. Voisins. Élèves. Profs. Et puis on repartait !

J'ai gardé de ces déménagements un sentiment d'inquiétude permanent. Depuis quarante ans, je suis en alerte, sur le qui-vive. Comme s'il allait falloir tout larguer dans les dix jours. Pour moi, rien n'est jamais gagné pour de bon. Rien n'est stable. Tout est précaire. Je sais que tout peut s'arrêter d'un coup et finir dans des caisses. En même temps, cette enfance m'a donné une incroyable capacité à « tourner la page », à « passer à autre chose ». Et à m'adapter.

Thierry reste alors presque cinq minutes sans rien dire, reparti vers cette enfance loin du Bristol, où le pianiste se met à l'œuvre.

Tiens, v'là l'autre ! Faut y aller, Philippe, il joue trop mal ! Tu sais quoi ? Je pensais aux cérémonies du Centenaire du rattachement de la Savoie à la France. Avec les Beaufortains en costumes traditionnels. Et les cloches au cou des vaches tarentaises. « 1860-1960 » : c'était écrit en bleuets, en marguerites et en coquelicots.

VI

Un jour de juin, j'ai rencontré Marion. Marion de Blaye. Elle travaille avec Thierry depuis des années. Ils sont parents. Marion est la cousine de sa femme. Elle s'occupe de Paris Dernière*, l'émission de Frédéric Taddéï sur Paris Première. Thierry lui a demandé de mettre à ma disposition toute la documentation possible sur lui… Au premier rendez-vous (Holiday Inn République, nettement moins palace que le Bristol, certes, mais beaucoup plus près de chez moi), Marion m'explique l'ampleur du drame en perspective : articles, photos, cassettes, livres, il y en a des tonnes, des kilomètres, des wagons peut-être. Elle va établir des listings. À moi de lui demander tout ce que je souhaite consulter. Que je ne m'inquiète pas, ça prendra un peu de temps.*

Je ne me suis pas inquiété.

Depuis, régulièrement, Marion m'appelle et me transmet des dizaines de documents « sur » ou « de » Thierry. Un jour, Marion arrive avec un cabas empli de reproductions de coupures de presse inestimables pour moi. Un autre, elle m'invite à prendre livraison d'un carton plein de spots de pub, pilotes d'émissions, numéros historiques de Lunettes Noires *ou de* Bains de Minuit*… Éléments flatteurs ou assassins sur Thierry, Marion m'approvisionne et ne fait pas de commentaires. Elle ne pose pas de questions. Sa disponibilité et son efficacité ne me font que mieux comprendre l'intérêt que Thierry porte à ce projet.*

L'accès à cette masse d'archives me permet, à chaque rendez-vous avec Thierry, de revenir sur une question, de redemander une réponse, une précision.

J'ai toujours su, Marion, que si ce livre prenait forme et sortait, je ne consacrerais pas moins d'un paragraphe à faire ce qui en mérite certainement plusieurs : vous remercier.

Tu sais, Philippe, je me rends compte que j'ai une façon injuste de raconter mon enfance. La maison au climat pourri et tout, oui, c'est absolument vrai... Mais il est tout aussi vrai que c'est grâce à mon père si un certain sens du journalisme m'est venu très tôt. L'amour de la discussion, du débat, de la question à poser, c'est mon père qui me l'a donné. Je t'ai déjà parlé du rôle d'Europe N° 1 chez nous. Mais, il y a eu, aussi, la presse écrite avec *Paris Match*.

Match était attendu chaque semaine comme le Messie de l'Info. Aujourd'hui où l'on peut regarder cent chaînes en trois minutes, on ne peut pas comprendre la magie de *Match*. L'ouvrir, c'était voir le monde, les tragédies, les mariages, les vedettes, les bonheurs, les catastrophes, les guerres, les nouveautés de toutes sortes. Rien qu'en le feuilletant tu avais l'impression de pénétrer à la Maison-Blanche, à l'Élysée, au Kremlin, chez Picasso, Bardot, Vadim...

J'ai grandi en dévorant *Match*.

Je me souviens du coup de grisou dans la mine de Marcinelles qui nous terrifiait à cause de mon père qui creusait des tunnels. Le mot « grisou », c'était pour moi le truc le plus infernal qui puisse exister, une sorte de « rayon de la mort » souterrain. Je me souviens de la rupture du barrage du Malpasset à Fréjus. De Vincendon et Henry, ces deux types qui étaient tombés en hélicoptère sur un glacier des Alpes et qu'on avait retrouvés complètement gelés dans la carlingue, au printemps. Ou de la chienne, Laïka, que les Russes avaient envoyée dans l'espace juste avant Gagarine.

Avant d'aller attraper la silicose sur des chantiers, le rêve de mon père, c'était de devenir journaliste ! C'était ça, son ambition. Son truc secret. La vie ne lui a pas permis d'y penser plus que ça, mais c'est sûr qu'il avait des dispositions et que j'en ai hérité.

Tout ce que j'ai fait plus tard dans la presse ou sur un plateau de télé, je l'ai appris en le tarabustant avec mes questions. J'étais dans le rôle du fils aîné qui s'oppose à son père en le contredisant, pour le plaisir, tout le temps. C'est ce qui m'a permis de développer un certain sens de la synthèse. Et de la repartie. Dans ces moments-là, mon père ne me considérait pas comme un gosse. On parlait d'égal à égal. J'ai des souvenirs extraordinaires de conversations prolongées jusqu'à des heures impossibles. On discutait à l'infini des mérites comparés de nouvelles bagnoles qu'on pourrait jamais se payer, de films qu'on attendrait des mois avant qu'ils passent dans la région, de guerres qui avaient lieu sur une autre planète. Mais, évidemment, ce qu'on a suivi avec le plus d'assiduité, c'était la Guerre froide et les événements d'Algérie.

D'abord l'Amérique. Toute ma jeunesse a baigné dans le culte des Américains. C'étaient les sauveurs. C'étaient les plus grands. Les plus beaux. Les plus forts. N'oublie pas que les Américains n'ont pas seulement débarqué en Normandie, mais aussi sur la Côte, là où toute la famille avait subi des années de privation. C'est grâce à l'Amérique et aux GI que mes parents ont pu recommencer à manger à leur faim. Moi, j'ai suivi cet engouement. À douze ans, je rêve de l'Amérique. Ensuite, avec le Vietnam, je prendrai conscience de la violence de cet empire. Mais au début des Années Soixante, ce sont encore des demi-dieux qui nous ont rendu la Liberté. Point. On ne parle pas encore d'hyperpuissance. On parle de Cadillac, d'Hollywood ou de Plan Marshall. Voilà le décor.

Mon père a toujours été anticommuniste. Il disait qu'on n'avait jamais vu personne risquer sa vie pour passer à l'Est. Alors que l'inverse arrivait tous les jours. Il ne comprenait pas qu'on puisse écrire sur les murs de France des choses comme « *Yankees go home* ». Il me parlait de Patton qui aurait dû pousser son offensive jusqu'à Moscou après Berlin, de MacArthur qui, en Corée, bien avant Terminator, avait dit : « Je reviendrai. »

En 1954, Diên Biên Phu avait été une tragédie. Le début de la fin d'une époque. Heureusement, il nous restait plein de colonies. Écolier, je fantasme sur des lieux avec des noms magiques comme Pondichéry, Vientiane, Djibouti, le regard perdu sur un atlas des Années Trente. Le mot « colonies » n'a encore rien de péjoratif, ni celui d'« empire ». Quant à l'Algérie, personne n'imagine que ces départements français pourraient être autre chose qu'un morceau de France.

Dans la famille, on est « Algérie française ». Et quand de Gaulle arrive pour remettre de l'ordre dans le bordel qu'est devenue la IVᵉ République, mon père, et nous avec, commençons par applaudir. On vit avec des images d'Épinal. On sait où sont le Bien et le Mal. De Gaulle a sauvé la France comme Jeanne d'Arc et les Américains. De Gaulle est là pour nous sauver, une fois de plus. Et pour garder l'Algérie. Bon, tu connais la suite de l'histoire. Plein de choses me passent alors au-dessus de la tête, mais il surnage des mots. Il y a du sang dans *Match* et des larmes sur Europe N° 1. Des « terroristes » et des « activistes ». Mon père est furax contre ce qui se passe. Autant te dire que, quand on entend aux infos ceux qui prônent l'insoumission, l'indépendance, la négociation avec le FLN, les Fellaghas, c'est mal vu. C'est même douloureux. Ça le restera longtemps.

D'ailleurs, mon père commencera par faire la gueule quand je lui annoncerai, trente ans plus tard, que j'allais faire de la télé sur TF1, à l'époque dirigée par Hervé Bourges, un traître surnommé « Mohamed » parce qu'il avait travaillé avec le FLN.

Je te laisse deviner l'ambiance chez les Ardisson au moment du putsch d'Alger. On suivait ça minute par minute sur Europe. Mon père passait du ton grave à l'exaltation. Moi, j'étais en phase, à mort. Pour une Algérie éternellement française dans la France éternelle. J'y croyais. Salan, Jouhaud, Zeller, Lagaillarde, Degueldre, Susini, Ortiz : je connaissais par cœur les noms des types qui menaient l'affaire. Sur un mur de ma chambre, j'avais collé une carte de l'Algérie où je suivais avec des punaises de couleur l'avancée des putschistes, les villes sûres et les autres. Le côté « Cause perdue », « Seul contre tous », « Dernier des Mohicans », ça, c'est excitant ! Putain ! Une poignée d'hommes, seuls contre le Sens de l'Histoire ! Ah ouais, tu te marres ? Mais pour moi, c'était ultrasérieux. De Gaulle avait trahi. Mais la situation pouvait être retournée...

Sur ce, souviens-toi, le putsch se casse la gueule, les généraux « factieux » se feront arrêter, sauf Salan, « Soleil », qui passe en Espagne. Et après, naturellement, c'est la tragédie des « Accords d'Évian ». Alors là, pour nous, c'est indescriptible. C'est la France honteuse qui abandonne les siens. Le massacre des Harkis. Le retour des Pieds-Noirs. Le cauchemar.

Il me faudra des années pour comprendre que nous avions tort.

(*Tu parles d'Europe N° 1 et de* Paris Match, *mais la télé, elle arrive comment chez toi ?*) Par un coup de force, un coup d'État personnel, un putsch ! (*C'est-à-dire...*) C'est-à-dire que j'ai fait chier toute la famille pendant des mois pour qu'ils finissent par en acheter une. Te dire la date exacte, c'est impossible. C'est en 1961, ou 1962... On habitait Chamonix... Bref, ils disent d'accord, sûrement pour avoir la paix. C'est décidé, on l'achètera le samedi suivant. Ce jour-là, je suis dans tous mes états et, putain, le samedi arrive, passe, et on n'achète pas la télé ! Là, je fais une crise grave. Le caprice intégral. J'en fais tellement des tonnes que le lendemain, après l'inévitable messe du dimanche, mon père craque. On se rend chez un type qui vend de l'électroménager. Un mec dont la boutique était évidemment fermée. On le supplie d'ouvrir pour nous vendre un téléviseur. Comme ça ne devait pas lui arriver tous les jours, il le fait. J'avais gagné. Enfin c'est ce que je croyais.

On s'est retrouvé avec cette télé et une antenne, sans installation digne de ce nom. Le vendeur passerait le mardi. Imagine une seconde ce que pouvaient être les conditions de réception hertziennes, au début des Années Soixante, au fond de la vallée de Chamonix, sur un poste en noir et blanc mal réglé. Il y avait de la « neige » partout sur l'écran. Mais je m'en foutais. J'étais trop fier de les avoir convaincus d'entrer dans le XXe siècle. Je n'arrêtais pas de lancer à mes parents : « Vous allez voir, c'est formidable ! » Sauf que, quand on a enfin pu capter quelque chose d'à peu près regardable, j'ai été pétrifié de honte. Tout ce qu'on voyait, pour notre premier moment historique de télévision, c'était une sorte de championnat d'aviron commenté par Léon Zitrone. J'attendais la révolution en images, et c'était une retransmission sportive de merde sur une télé pourrave. Un des plus inoubliables spleens de ma vie.

Bon, quand même, faut dire que ça n'a pas duré longtemps comme ça. Très vite la télévision est devenue un membre à part entière de la famille et, pour moi, un compagnon indispensable dans l'univers de solitude qui était le mien. J'ai été un dingue de la télévision, heureux de la regarder, bien avant d'en faire. Mais ce n'était pas la télévision d'aujourd'hui. C'était le contraire. Cette télévision était un miracle puisqu'elle réussissait à être à la fois une école et un spectacle.

J'ai tout de suite flashé sur les émissions historiques : *Les Bonnes Adresses du passé* ou *La Caméra explore le temps*. Pourtant, c'était simple, et fait avec peu de moyens. Par exemple, on te montrait une rue pavée où marchait un homme dont on ne voyait que les pieds. Tout était filmé en caméra subjective. Il entrait sous un porche et on te disait : « Oui, c'est ici que vécut Voltaire, et nous allons maintenant découvrir la pièce où il écrivit *Zadig*. » Puis, on s'arrêtait un moment devant un guéridon XVIIIe, on montait un escalier de pierre en colimaçon, une petite musique baroque se glissait sous le commentaire et t'avais carrément l'impression d'être le premier et le seul à avoir la chance inouïe d'aller rendre visite à Voltaire.

C'était fabuleux.

Si, au début, mes parents n'en voulaient pas, la télé les a très vite conquis. On la regardait tout le temps. On accompagnait la marche du monde avec *Cinq Colonnes à la Une*. On retrouvait les écrivains avec *Lectures pour tous*. On allait au cirque avec *La Piste aux étoiles*. On suivait *La Vie des animaux* avec ferveur, pour les images, bien sûr, mais aussi pour le commentateur,

Claude Darget. Le dimanche, on ne ratait pour rien au monde *La Séquence du spectateur*, où on pouvait voir des extraits de films présentés par Jacqueline Caurat.

J'ai un culte pour cette télévision.

Pendant des années, j'ai été un téléspectateur assidu des *Raisins verts* de Jean-Christophe Averty, qui reste la première émission décalée que j'ai vue, de *Un égale trois*, ce show extraordinaire, drôle et provocateur de Jacques Martin et Jean Yanne, ou d'*Âge tendre et Tête de bois*, une des premières émissions rock, enfin, plus « yé-yé » que « rock », animée par Albert Raisner. Je le trouvais ridicule, Albert, avec sa coupe au rasoir, mais bon, de temps en temps il passait des chanteurs avec des guitares électriques. Je trouvais grotesque la Mireille du *Petit Conservatoire de la chanson*, alors que je suis vite devenu fan de Denise Glaser, un bout de femme incroyable, élégante et sombre, qui animait *Discorama*.

Discorama, pour moi, c'était le must absolu. Denise invitait des gens, connus ou pas, dans un décor inexistant, un fond blanc, trois projecteurs. Le dépouillement complet. Elle était capable de recevoir un jeune mec appelé Gainsbourg, l'air paumé, pas frais, et de commencer en lui disant : « Vous, ça ne va pas bien... hein ? » Putain ! Alors ça, j'étais scié ! Oser dire à un mec que t'invites à la télé : « Vous, ça ne va pas bien... hein ? », c'est du génie ! Denise Glaser était géniale. Elle est morte dans la misère. Seule, même à son enterrement.

Et puis, il y avait François Chalais. Il interviewait les plus grandes stars et les plus grands metteurs en scène. Tu entendais des questions intelligentes et des réponses qui ne l'étaient pas moins. Glaser et Chalais avaient la classe. Le talent. La manière. Le truc qui fait toute la différence, quoi. Exactement comme, plus tard, je serai en admiration devant *Samedi soir*, présenté par Philippe Bouvard, qui avait eu l'idée fantastique de s'installer Chez Maxim's. Bouvard maniait la langue française et le mot d'esprit comme personne. Et personne ne pouvait se permettre de refuser une invitation chez Bouvard.

Je dévore tout. Même le catch. Ouais, à cette époque, il y a des retransmissions de rencontres de catch, une vraie folie kitsch. Les mecs ont des noms pas possibles. Il y a le « Bourreau de Béthune », l'« Ange Blanc », « Chéri Bibi ». Ils ont des carrures de bestiaux, ils portent des cagoules en satin, des shorts cloutés. Et ça cogne dans tous les sens. Les étranglements, les bras tordus, les corps balancés dans les cordes. Un régal. On regarde avec mon frère, en savourant les commentaires de Roger Couderc, qui hurle des : « Mais que se passe-t-il, le Bourreau ne peut plus respirer... Il se débat. Oui, il va se libérer... Oh ! Oh là, il se dégage, mais, une manchette ! Et son adversaire n'en revient pas. Qu'est-ce qu'il va lui mettre ! Attention ! » (*Thierry mime avec ardeur, il ne lui manque que la cape et le ceinturon.*)

On se passionne pour les énigmes policières des *Cinq Dernières Minutes*, avec le commissaire Bourrel, Raymond Souplex. Qui pourrait deviner chez nous, en 62 ou 63, que, trente ans plus tard, le Thierry de la famille se retrouvera à faire sa toute première émission de télé dans le même décor que celui où Bourrel menait l'enquête, un commissariat de police reconstruit à l'identique aux Studios de Joinville : *Descentes de Police*. (*Tu parles sérieusement ?*) Ah ouais, évidemment, toujours !

Des émissions, je pourrais t'en citer des dizaines d'autres qui vont accompagner mes Années Soixante. Les feuilletons comme *Le Temps des copains*, avec Henri Tisot, épatant, *Janique Aimée*, si chouette sur son Solex, ou encore les épisodes de *Belphégor*. Mais il y en a une que je ne peux pas oublier : *Dim Dam Dom*, de Daisy de Galard. Avant que cette femme ne devienne une amie, son émission reste un de mes plus beaux souvenirs de téléspectateur. *Dim Dam Dom* a été le premier magazine vraiment moderne à la télé française, avec des sujets sur tout, les tendances et les problèmes de société, les choses graves et les futilités. *Dim Dam Dom* a formé mon goût.

VII

« On s'en va. » En 1963, mon père a fini sa part de boulot sur le tunnel du Mont-Blanc et sa boîte l'envoie dans la région parisienne. Motif : autoroute du Sud. On habite Milly-la-Forêt. Changement de trip. Après les montagnes et les neiges éternelles, c'est les bois et les champs de betteraves.

C'est à Milly que je deviens inconditionnel de *Salut les Copains* sur Europe. Une émission de Daniel Filipacchi et Frank Ténot ! Ouais. C'est chez Dan qu'on peut entendre des choses merveilleusement abominables pour les adultes, comme Bill Haley, Gene Vincent, Chuck Berry, Vince Taylor, Eddie Cochran, et les tout premiers titres des Beatles. Je vis ça comme une forme de transgression. Un moyen de franchir les tabous de cette période. Les jupes des filles raccourcissent. Les jeans moulent les garçons. On ne fréquente pas encore les cafés, mais quand on passe devant, on s'arrête devant la machine à scopitones, ancêtres du vidéoclip.

« Autopsie du look. 1962 : Rocker

Panoplie : Pento sur les cheveux et peigne dans la poche le Rocker a vu Brando dans *L'Équipée sauvage* et il n'est pas près de l'oublier. Mais sa Flandria n'est pas une Harley et il doit se contenter d'un *cheap-look* à la française. (Queue de Marsupilami sur le guidon, simili-panthère sur la selle et parents sur le dos.)

Idéologie : on frime les copains en se montrant avec des filles. On frime des filles en se montrant avec les copains.

Style de vie : sorti du lit par sa mère qui se demande pourquoi il manque 1 000 anciens francs dans son sac, le Rocker se recouche rapidement. Rien ne presse. L'après-midi, la principale activité sociale de la bande (Gene, Vince, Elvis) est le vol de Mobylette. Le reste du temps, entre deux bagarres avec les bandes adverses, accoudé au flipper, on écoute passer les heures. Plus tard, Golf Drouot ou Locomotive (Moustique, Les Pirates, Danny Boy et Les Pénitents). »

T. A., *Paris Hebdo*, 12 février 1980.

Je m'emmerde de plus en plus chez moi. Je commence à faire des complexes avec mon corps, alors que je trouve les filles de plus en plus attirantes. J'aime pas ma gueule qui boutonne à l'acné. Je trouve que j'ai un gros cul. Je suis pas assez baraqué. Je patauge parce que je suis à la fois gravement timide et très dragueur. Entre deux crises d'audace, je peux rester tout seul, comme un con, très sombre, avec l'envie de baiser la terre entière, mais sans oser faire le premier pas... Mon côté noir l'emporte sur tout dans toutes les situations. Tu vois le topo ?

Je suis en troisième au lycée François-Ier de Fontainebleau. Je bosse, mais sans plus. Je m'en tire grâce à la discipline que m'ont inculquée les Curés d'Annecy. Une bénédiction parce que sinon j'aurais plongé dans le bas du tableau scolaire.

Heureusement, à Milly-la-Forêt, je réussis à me faire un pote, un mec d'une quinzaine d'années. Je cherche son nom, son prénom. Beauvois ? Beauchamp ? J'espère que ça va me revenir... Beaujouan ! Gérard Beaujouan ! Gérard Beaujouan m'impressionnait. Élégant, intelligent, beau, blond, angélique. Et défoncé.

« Dans son rythme démesuré, le temps n'avait encore pas trouvé un concurrent de marque. Lourd sentiment que la solitude évocatrice de tant de présences ; insupportable silence, père de bruits indéfinissables et sans pitié.

La présence attendue amenait toujours des opportuns, le fond musical désiré soulevait constamment un vacarme insolite.

Il me fallait distancer tous ces mauvais compagnons, reprendre le dessus, dominer le néant, combler ma tristesse, trouver un état d'euphorie inspirateur.

Je l'ai découvert grâce au haschich qui me donnait une gaieté pure, une intelligence plus développée, un esprit infiniment plus vif. Le silence qui m'entourait ne permettait que le fond sonore souhaité.

Ma solitude s'imprégnait d'un visage, d'un corps, d'une pensée conçus à mon image et les minutes semblaient se blottir les unes contre les autres ; et si, par inadvertance, un regard distrait chutait sur le cadran d'une montre ou tout ustensile barbare de la même famille, un rire chaud, diabolique peut-être, s'écriait :

"Ce temps, quel lambin !" »

Gérard Beaujouan, « Le Haschich », 25 mai 1963.

Gérard écrivait des poèmes et se rendait de temps en temps à Paris, pour assister au *Club des Poètes* de Philippe Soupault. Rien que ça, ça me semblait déjà surréaliste : « Aller à Paris. » Je n'y avais encore jamais mis les pieds. Et puis, il me parlait de Jean Cocteau, qui habitait Milly, et chez qui il allait passer de mystérieuses soirées à lire de la poésie. Cocteau qui va mourir cette année-là. (*Le couple Cocteau-Jean Marais, on en parle chez toi ?*) Hein ? M'enfin Philippe, tu te rends pas compte ! Déjà qu'on ne parlait jamais de sexualité tout court, on risquait pas de s'aventurer sur le terrain de l'homosexualité ! Là, on était dans l'interdit absolu, les choses diaboliques. Deux mecs ensemble, attends, tu rêves !

On aimait Jean Marais pour *La Belle et la Bête* et *L'Éternel Retour*, mais je sentais bien qu'il y avait un problème avec lui aux yeux de mes parents. Autre chose que Piaf et Sarapo, son gigolo, mais tout aussi condamnable. Moi, je m'en foutais. Je devinais rien. Je ne comprenais même pas la moitié de ce que mon pote me racontait sur la poésie, mais c'était mon seul pote, et j'y tenais. On restait des heures à bavarder dans un coin à nous, une grange en lisière d'un champ qui devait servir de séchoir, mais pour sécher quoi, je me le demande... des feuilles de tabac, peut-être... On était entouré de champs de rhubarbe. Là, il me lisait ses poèmes. C'était bucolique, un peu sensuel, mais rien de sexuel. Ce mec était attirant. C'est tout. (*Et c'est vraiment tout ?*) Ouais, d'accord, Philippe ! C'est normal que tu poses la question, puisque je t'ai dit que je te raconterai tout. Mais justement, fais-moi confiance. J'ai accepté de te dire comment j'ai vécu, ça m'engage auprès de toi. Qu'est-ce que t'imagines ? Que je vais me planquer pour éviter de te raconter des trucs ? Ben non. J'en ai rien à foutre des convenances, si tu veux savoir. Je me lève pas le matin en me disant : « Putain, faut que je fasse gaffe à ce que je dis à Philippe. » Je ne bidonne pas. Je vais pas être assez con pour te raconter, à toi, des conneries. Je peux me tromper sur des dates, oublier des noms, des choses, en minorer d'autres, comme tout le monde, mais pas au point d'oublier si j'ai baisé avec un mec à quatorze ans. Bon, je te répète, on baisait pas, si c'est ta question. Ce n'était qu'une amitié vaguement amoureuse entre adolescents.

J'ai toujours eu besoin d'avoir « un ami de cœur ». (Je sais, l'expression a un côté nunuche.) J'ai toujours eu besoin d'un pote à qui raconter. Quand j'étais au collège Saint-Michel d'Annecy, j'avais l'habitude d'aller me promener, le soir, dans le parc qui séparait le collège de la basilique de la Visitation au sommet de la colline. C'était un chemin qui zigzaguait sous les arbres, un chemin de croix avec, à chaque virage, une statue du Christ dans sa souffrance. Je m'y baladais toujours avec le même copain. On avait d'interminables discussions sur l'état du monde, la bouffe du réfectoire et nos réussites respectives. C'était mon « ami de cœur » du moment.

Voilà. Si je te parle de ce pote à Milly-la-Forêt, c'est aussi parce que c'est un premier virage dans mon enfance très conservatrice. En même temps que *Salut les Copains*, je fais des découvertes qu'il m'aurait été impossible de faire à la maison. Gérard

Beaujouan me fait écouter des disques de Ferrat, de Ferré, de Gréco. Chez nous, on parlait souvent de cette Juliette qui s'était fait refaire le nez. Mon père adorait *Jolie Môme*. Et moi donc. Elle m'excitait sérieusement, Gréco, quand je l'entendais chanter : « T'es toute nue sous ton pull... » Elle disait « poule ». Mais la chanson à texte, de gauche, tu t'en doutes, surtout Léo Ferré, n'était jamais entrée sous notre toit. Alors, je me régale avec Gérard en écoutant Léo chanter : « Aux Gal'ries Lafarfouillette, ils farfouillent et font leurs emplettes, les rupins... »

C'est à l'époque où nous habitons Milly que je fais ma première escapade à Paris. Tout seul, en Solex. Je me rappelle être parti un matin, sans doute un jeudi sans cours. J'ai traversé des milliers de kilomètres, des immensités de champs de betteraves, avant de me retrouver sur un grand boulevard.

J'étais crevé, mais heureux. J'avais passé trois heures sur mon engin, mais je me retrouvais en train de l'attacher à une grille autour d'un arbre du côté de Montmartre. Impossible de te dire ce que j'ai fait ce jour-là, ni dans quels quartiers.

J'étais tout seul dans Paris. Rien que ça me suffisait.

Je me suis baladé toute la journée, à pied. Je m'en mettais plein les yeux en suivant les grandes avenues, en me risquant dans les petites rues. En regardant les monuments, les immeubles, les magasins. Les filles aussi, sûrement. Sans plus. Bien trop timide. J'étais perdu, mais je ne me suis pas paumé. J'ai retrouvé mon Solex là où je l'avais laissé.

Et je suis rentré en me retapant les champs de betteraves.

Je reviendrai.

VIII

Quand on débarque à Salon-de-Provence, c'est presque un retour au pays pour mes parents, et mon pays à découvrir pour moi.

Bon, qu'est-ce qu'on est venu foutre à Salon-de-Provence, tu vas me dire... Après Milly-la-Forêt et l'autoroute du Sud, mon père bosse sur le futur canal de la Durance. Un chantier spectaculaire, pharaonique, hollywoodien, avec des engins énormes, des scrapers de vingt mètres de long qui se traînent dans la poussière comme des diplodocus. On habite le pavillon « La Cigale », à Lançon-de-Provence, dans un ensemble acceptable par rapport aux horreurs qu'on a connues. Moi, on m'inscrit au lycée d'État de Salon-de-Provence, l'Empéri. Toujours de mémoire, j'ai dû faire là-bas ma seconde, ma première et le début de ma terminale...

Putain, ce que c'est compliqué de se souvenir de tout ça !

Salon-de-Provence en 63, c'est la ville des Pieds-Noirs. C'est toute la tragédie des rapatriés d'Algérie que je vais côtoyer. On est à peine un an après les « Accords d'Évian ». Et tu te rappelles qu'on est « Algérie française ». Que j'ai soutenu le putsch des Généraux du haut de mes douze ans. Bien. Mais qu'est-ce que je comprenais vraiment, moi, jusque-là, à cette guerre ? C'est une chose de se sentir sympathisant d'une cause lointaine quand tu vis au fond d'une vallée enneigée. C'en est une autre, beaucoup plus émouvante, bouleversante, quand tu te retrouves, toi, physiquement, affectivement, au milieu des victimes de cette cause. C'est exactement ce qui m'est arrivé à Salon-de-Provence.

Du jour au lendemain, je me suis pris d'une amitié totale pour tous ces gens qui venaient d'un pays qu'ils croyaient le leur pour toujours. Tu pourras jamais imaginer le bordel que c'était ! Et la putain de leçon d'existence qui va avec ! La réalité des Pieds-Noirs, je peux te dire que je l'ai vue de près. C'étaient des centaines de familles débarquées là, installées n'importe comment, avec des mômes, des vieux, des malades. Au milieu de bibelots berbères, de tableaux orientalistes, de petits meubles mauresques sauvés, on ne sait pas comment, sans doute embarqués à dos d'homme sur des bateaux surchargés. Avec des photos d'un monde perdu, définitivement englouti par l'Indépendance, fantomisé. Des gens paumés. Devenus des parias. Personne n'en voulait. Ils incarnaient la défaite. Ils avaient un lourd accent. Ils n'étaient pas comme tout le monde... Moi non plus.

Quand j'ai vu ce désastre de près, quand j'ai commencé à me faire des potes pieds-noirs dans le bar du père de Francette Salva, je me suis senti comme eux. À force de déménager, de changer d'école, j'avais toujours l'impression que nous, les Ardisson, on était du pays de nulle part. On était des déracinés. Et là, d'un coup, au soleil de Provence, mon enfance en Algérie est remontée à la surface. J'étais entouré de gens dont je me sentais proche. Ils racontaient des lieux que j'avais connus. Ils pleuraient quand ils parlaient de la fusillade de la rue d'Isly. Leur vocabulaire m'était familier. Ils mangeaient des plats que je connaissais. Je n'ai pas mis longtemps à me persuader que nous étions tous les exilés d'une même terre natale : l'Algérie. C'est comme ça que je me suis inventé une enfance pied-noire.

Moi aussi, j'étais de « là-bas ». Trop content de pouvoir enfin m'intégrer dans un groupe. Qui plus est, un groupe qui avait à lutter contre la connerie des braves Français de Métropole qui ne voulaient pas d'eux. De nous.

Il y a une mythologie ignoble sur les Pieds-Noirs. On a longtemps fait croire qu'ils faisaient suer le burnous en Algérie, et qu'ils étaient revenus avec plein de fric. C'était le cas de quelques familles fortunées qui ont su se barrer dans les Années Cinquante, bien avant que ça pète, pour s'installer peinard sur la Côte ou à Paris. Ceux qui avaient du pognon n'étaient pas cons au point d'attendre d'être obligés de partir, un petit matin, à la sauvette. Les autres se sont fait avoir. Des centaines de milliers de gens se sont retrouvés abandonnés par leur pays, assez naïfs pour croire que la France les accueillerait à bras ouverts. Tu parles ! Ils n'ont pas été déçus du voyage-retour avec leurs valises en carton !

Un jour de 1991, j'étais devenu animateur d'émissions de télé. J'avais déjà fait *Bains de Minuit*, *Lunettes Noires pour Nuits Blanches*, et j'avais une nouvelle émission qui s'appelait *Double Jeu*, sur France 2. Gilbert, le programmateur, me dit : « Thierry, est-ce que tu serais d'accord pour inviter Enrico Macias dans *Double Jeu* ? » Sur le coup, vu la ringardise de la suggestion, j'ai failli m'énerver. Macias ? Putain ! Pourquoi pas Sheila, tant qu'on y était... Donc, je commence par dire : « Macias, non. Je ne me vois pas du tout faire Enrico Macias. Et la semaine prochaine tu vas me filer Sacha Distel. Où est-ce qu'on va comme ça ? »

Bon, finalement, je cède, peut-être faute d'autres invités disponibles. Toujours est-il que ça m'emballe pas de l'avoir sur le plateau, Enrico. Je me dis qu'il est gentil, mais qu'on va bien se faire chier. Et c'est exactement le contraire qui se produit. Je n'oublierai jamais cet instant. D'un coup, sans prévenir, tout m'est revenu du fond de ma vie. Avec Enrico, on commence à parler de l'Algérie, simplement. Je l'écoute, comme ça, en pensant aux questions suivantes. Et là, je m'aperçois qu'il a des larmes dans les yeux. Il se met à pleurer. Il y a des moments où tu ne contrôles plus rien en télé. C'est ce qui m'arrive là. Je me mets à chialer comme un gosse. En un quart d'heure, Philippe, tout le monde chiale sur le plateau ! C'est là qu'il a pris sa guitare.

« J'ai quitté mon pays, j'ai quitté ma maison
Ma vie, ma triste vie se traîne sans raison
J'ai quitté mon soleil, j'ai quitté ma mer bleue

**Leurs souvenirs se réveillent, bien après mon adieu
Soleil, soleil de mon pays perdu
Des villes blanches que j'aimais, des filles que j'ai jadis connues [1] »**

(Enrico Macias)

À Salon-de-Provence, ma vie de lycéen continue donc, toujours aussi quotidienne. Un peu moins timide avec les filles, mais de plus en plus complexé physiquement. L'acné se calme, ma gueule ça va encore, mais le corps ! Le sport m'emmerde.

Mon drame, celui de tous les ados tu me diras, c'est que je tombe tout le temps amoureux. Je suis l'archétype du jeune énamouré qui n'y arrivera jamais parce qu'il est trop benêt. Être amoureux me rendait tellement con que je n'avais plus rien de séduisant, sauf peut-être auprès d'une femme qui n'aurait aimé que les niais et, franchement, Philippe, t'en connais toi ? Je m'embourbais dans la frustration. Et à part quelques flirts sans conclusion intéressante, je me vois rester puceau très longtemps. Ma vie sentimentale se traîne, dans l'impatience d'être un autre.

Mais, avec le temps, je commence à trouver des filles. Je commence à flirter poussé à droite à gauche. Je finis par y arriver. Je n'ai aucun souvenir de la première fille avec qui j'ai vraiment couché, que j'ai baisée, quoi. Je sais que tu me crois pas quand je dis ça... (*Oui, j'ai vraiment du mal. On a abordé cette question peut-être cinq ou six fois. Ardisson n'en démord pas. Il a oublié celle qui l'a dépucelé.*) Mais c'est vrai. Je m'en souviens pas, je te dis. À la longue, j'avais réalisé que j'étais pas plus moche qu'un autre. J'emballais. Soit en sortant des conneries plus grosses que moi, soit en utilisant mon tragique état de romantisme aggravé, ça déplaisait pas aux gonzesses. Tu vois ce que je veux dire ? (*Cinq sur cinq.*) Le problème, c'est qu'on pouvait tout faire sauf baiser. On est bien avant la pilule. On avait tous peur de faire des enfants, les mecs comme les filles. On se pelotait. On se suçait.

---

1. *Adieu, mon pays,* paroles et musique G. Ghenassiat © 1962. Disque Pathé.

On se léchait. On branlait et on se faisait branler. On se mettait les doigts partout ou on pouvait. On éjaculait au p'tit bonheur... Tu me suis ? (*Six sur cinq !*) Si bien qu'au bout d'un moment, quand y a eu pénétration, ça n'a pas dû faire une différence inoubliable. Et c'est comme ça que j'ai oublié la première.

Je ne vois que cette explication.

(*Et l'envie d'écrire. Elle vient quand ?*) J'écris très jeune, dès Chamonix, dès l'âge de treize ans. Des petits poèmes, des courtes nouvelles fantastiques, des petits textes dans la veine surréaliste que je conserve dans ma fameuse caisse en bois qui me suit de déménagement en déménagement. Ça a commencé très simplement, j'aimais l'acte d'écrire. Le côté solitaire et créatif de la chose. Mais aussi la dimension calligraphique de l'écriture. Simplement, à l'époque, je n'ai pas les sujets. Alors, je m'inspire de mon environnement. Je me souviens que la première nouvelle que j'ai écrite, c'était l'histoire d'un ouvrier, sur un chantier, qui vivait dans un Algeco. Ce type, un dimanche après-midi où il ne sait pas quoi faire, il fait l'amour avec une chienne, et va naître un enfant à tête de chien ! Quand j'y repense... Putain ! Comment j'ai pu imaginer une histoire pareille à treize ans ?

J'en ai fait pas mal, comme ça, des petites nouvelles. Et j'en ai même fait une sorte de livre écrit à la main et relié par moi-même, avec une couverture cartonnée. Ça s'appelait *Fugue en gros bémols*. Il y avait une préface que j'avais imaginée sous forme d'une auto-interview dont le caractère prémonitoire m'étonne encore aujourd'hui.

« Max Dayet : Cher Thierry Ardisson, vous présentez un livre, ou plutôt la première partie d'un livre qui s'appelle *Fugue en gros bémols* ?

Thierry Ardisson : C'est ça, oui.

M.D. : Vous avez quatorze ans et demi, donc vous allez en classe, comment avez-vous procédé pour concilier l'étude et la littérature ?

T.A. : Étant donné que je passais le brevet le 5 juillet, je n'ai pas voulu écrire durant le trimestre. Donc, j'ai relevé des

notes pendant le troisième trimestre, puis, sitôt les vacances, j'ai écrit mes nouvelles.

M.D. : C'est la première fois que vous écrivez quelque chose ?

T.A. : Non, j'avais commencé un roman sur les amours en cinquième, mais ça n'a pas marché.

M.D. : Êtes-vous catholique ?

T.A. : Je crois en Dieu. Et je suis partisan d'une religion que je décrirai peut-être plus tard dans un livre. Qui sait ?

M.D. : Vous écrivez une nouvelle en combien de temps ?

T.A. : Ça dépend. Une heure à peu près. (...)

M.D. : Donc, question traditionnelle : quels sont vos projets littéraires ?

T.A. : La deuxième partie est un petit roman. La troisième partie, une petite pièce.

M.D. : Et plus tard, que comptez-vous faire ?

T.A. : Du journalisme et écrire, toujours écrire. Quand on y touche, c'est comme la drogue.

M.D. : Mais est-ce que, à cette époque de twist, vous aurez du succès ?

T.A. : C'est pas classique. Non ? Ça ressemble à un policier. Ou presque.

M.D. : Dernière question : lisez-vous beaucoup ?

T.A. : Quand je vais en classe, oui. Mais pendant les vacances, je préfère regarder la TV et puis les livres qui pourraient m'inspirer.

M.D. : Merci. »

T. A., *Fugue en gros bémols.*

(*Ce livre auto-édité, ce texte visionnaire, Thierry me l'a rapporté de Normandie. Je l'ai entre les mains. C'est hallucinant.*)

Je conserve ces manuscrits dans ma boîte à trésors. J'ai personne à qui faire lire. J'ai pas non plus envie de faire lire. Mais je me dis que, plus tard, j'écrirai, je ferai des livres, c'est sûr. (*Qu'est-ce qu'il y a d'autre dans ta boîte à trésors ?*)

J'avais inventé un truc complètement fou. Un système représentant ma vie en abscisse et en ordonnée. (*Effectivement, c'est pas banal, mais ça marchait comment ?*) Je faisais des tableaux, avec des colonnes « Amour », « Parents », « Argent », « Amitié », « Lycée » en abscisse. En ordonnée, je mettais les dates. Je me donnais des points. Je mettais des notes à ma vie comme les profs te notent. Et je faisais des courbes. J'obtenais une représentation graphique de mon existence. Je voyais tout de suite si en novembre ça allait plus ou moins bien qu'au mois d'octobre.

Ce truc me rassurait énormément. J'avais l'impression d'enfin maîtriser ma vie. Aujourd'hui, mon vrai talent, c'est de savoir mettre les données d'un problème créatif en abscisse et en ordonnée. C'est-à-dire savoir classer, répertorier, ranger.

J'ai une certaine capacité à organiser le chaos. (*J'ai, moi, l'impression que tu es surtout en train de me dire que, depuis l'enfance, tu te conduis en chef de chantier, comme ton père. Que ta dynamite à toi, c'est de parler de tout ce qui dérange pour faire sauter des tabous. Et que ton histoire d'abscisse et d'ordonnée, c'est une grille de programmes télé avant l'heure, accompagnée des indices d'audience et de satisfaction...*) Putain ! Philippe, c'est pas mal vu ! J'y avais jamais pensé comme ça, mais c'est pas faux. Je dis toujours : mon vrai trip, ç'aurait été d'arriver en Afrique-Équatoriale Française en 1925, et de dire : « Bon voilà, les mecs. Là, on va faire le Port. Ici, on fera la Route n° 1. À l'intersection du fleuve et de la route, on construira une ville nouvelle qui sera la Capitale, et on va l'appeler... » J'ai en moi ce côté bâtisseur. Et comme je l'ai pas fait sur un chantier, je le fais dans les médias. Tous les médias.

Putain ! Quelle heure il est ? Minuit, presque... Très bien, on arrête là ! On avance bien, là, tu ne trouves pas ? On se voit dimanche ? Au 93... Non, au Bristol. Je t'appelle.

IX

« La même année, après avoir perdu la foi et trouvé l'amour, Louis va donc découvrir le rock anglais, les caleçons américains, les mocassins italiens et le whisky sans étiquette. »

T. A., *Rive Droite*, Paris, Albin Michel, 1983.

Mon père travaille toujours sur le canal de la Durance, mais on a quitté Lançon. On habite Avignon, un F4 dans une cité pourrave sur la route du Pontet. La charmante maison provençale à l'intérieur des remparts, que j'adorais, ne convenait pas à notre situation familiale. La malédiction continue.

Au début de l'été 1966, je suis reçu au bac. Moi qui étais nul en maths, j'ai résolu le problème en cinq minutes : un miracle. Le sujet de philo, lui, m'a marqué pour la vie. Une phrase de Malraux : « Le but d'une vie est de transformer l'expérience en conscience. » Très beau sujet. Très belle idée. (*Et Malraux, en 66, pour toi, c'est qui ?*) Un casse-couilles ! « Entre ici, Jean Moulin, viens voir les trésors que j'ai piqués à Angkor ! » C'est le Malraux du général de Gaulle, pas le Malraux famélique et ombrageux des Brigades internationales. C'est un vieux cinglé. En plus, je comprends pas pourquoi il est comme ça, toujours agité, j'ignore encore qu'il est accroché à l'opium.

Reçu, je suis dans un état de fébrilité rare. Pour moi, le bac, c'est le signal de la rébellion. Le temps du refus. J'ai seize ans…

(*Non, si je calcule bien, né en 49, tu en as dix-sept en 66...*) Hein ? Attends... 49... Putain, ouais, t'as raison ! Tu sais quoi ? Ça va faire quarante ans que je me vante d'avoir eu le bac à seize ans ! Merde. « Seize », c'était plus sympa comme chiffre. Bon, « dix-sept » c'est pas mal non plus, quand même, non ? En tout cas, c'est comme dans la chanson : « Pour moi la vie va commencer... » Maintenant, c'est moi qui commande. Je suis résolu à en finir avec cette existence de merde. Je veux larguer au plus vite la grand-mère, le frangin, les parents, les chantiers, les cités. Tout ! La vie de famille m'a assez pourri l'existence. Je vais foutre le camp. Et ça va pas traîner.

Je n'oublierai jamais. Le soir du bac, tout content, mon père me demande :

— Alors, Thierry, c'est bien, tu l'as eu. Qu'est-ce que tu veux comme cadeau ? Qu'est-ce qui te ferait plaisir ?

— M'en aller.

— Ah... Et tu voudrais aller où ?

— Juan-les-Pins.

Pourquoi Juan-les-Pins ? C'est ce qui m'est venu en premier à l'esprit. Juan, on y allait souvent lors de nos visites familiales à Antibes quand j'étais gosse, c'étaient mes meilleurs souvenirs, le plus bel endroit que je connaissais. La proximité d'un luxe inabordable. La dimension Riviera, Yacht Club, Eden Roc... Tout un cinéma personnel autour des Facel-Vega et de Balenciaga. Juan-les-Pins, c'était le must des stations balnéaires des Années Cinquante. C'était avant Saint-Tropez.

Je n'ai toujours pas compris pourquoi (sûrement parce qu'ils n'étaient pas aussi rétrogrades et coincés que je les voyais à l'époque) mes parents me disent : « D'accord. » Si tu veux mesurer l'importance de la décision, il faut savoir qu'en ce temps-là, tu ne peux rien faire de ta propre initiative avant dix-huit ans sans un document pour t'émanciper. Et que la majorité est à vingt et un ans. Moi, j'en ai seize... Euh, dix-sept, ouais, pardon. Je dis : « Je me casse. » Et c'est bon.

Généreux, mon père me file trois mille balles, pas mal pour lui et pour l'époque, et je prends le train pour Juan. Direction le terrain de camping entre la mer et le chemin de fer. C'est l'aventure. J'ai une toute petite tente où je dors, et je suis là, à rien foutre. Il fait beau. Je me baigne. Je glande. Je m'emmerde un peu. Et même, disons les choses comme elles sont, je rumine... Je rumine parce que la situation n'est pas aussi simple et limpide que tu pourrais le croire. Je suis fou d'une fille d'Avignon que je considère comme ma « fiancée », pour employer le vocabulaire de 1966. Une très jolie Pied-Noire. La belle Algéroise. Mais c'est la galère. On ne pouvait pas aller chez elle pour la même raison qu'on ne pouvait pas aller chez moi : la pauvre grand-mère qui avait été traînée de là-bas à ici, qu'on avait mise dans une chambre en attendant qu'elle meure et qui, du matin au soir, ne parlait que de ce qu'elle avait laissé derrière elle, à commencer par le corps de son mari à Saint-Eugène. Et donc, cette fille, je sortais avec elle depuis quelques mois et, bon, tiens-toi bien : elle était vierge et j'hésitais à prendre l'initiative de la dépuceler. Parce que voilà, à l'époque, il y avait encore des espèces de lois non écrites, comme ça. J'avais déjà niqué des gonzesses, mais elle c'était ma « fiancée ». C'était pas pareil. Et puis, elle n'y tenait pas vraiment. Quand je suis arrivé à me faire prêter une chambre par un pote, je la touchais pas plus. On flirtait mollement. Je ne la baisais pas et j'étais malheureux. Je l'étais d'autant plus que je lui avais proposé de venir à Juan-les-Pins avec moi et qu'elle avait refusé.

J'avais trouvé ça catastrophique et bizarre.

Je suis donc le connard tout seul au camping. (*Et alors ? Et alors ?*) Ben, à force de l'appeler au téléphone, je finis par la convaincre de me rejoindre. Elle vient. Pendant un jour ou deux, ça va. On dort côte à côte, mais on fait rien. J'en meurs d'envie, tu devines. Mais je suis dans le rôle du mec qui ne veut rien précipiter. Un peu fleur bleue. Et puis, ce qui devait arriver arrive. Non. Pas du tout ce que tu crois, Philippe !

Un soir, on est sous cette toute petite tente de merde, elle éclate en sanglots. Et elle me balance pourquoi, d'un trait, comme ça : « Écoute, Thierry, voilà, pendant que tu étais parti, j'ai couché… avec un garçon… » Prends ça dans ta gueule. Je suis dans un état pas possible. Je sais pas quoi dire. Je croyais que notre histoire, c'était encore mieux que *Paul et Virginie*, et voilà qu'elle me dit qu'un autre l'avait possédée avant moi. Putain ! J'en suis malade. Comme j'arrive pas à articuler quelque chose de cohérent, elle croit bon de me donner des détails. C'est l'horreur absolue. J'apprends qu'elle s'est fait tirer par une espèce de gros dragueur d'Avignon, que je connais, en plus. Un fils de famille plein aux as, qui saute tout ce qui bouge, un play-boy de province.

Personne ne peut imaginer l'humiliation que je ressens. Tout s'effondre. Je suis là, avec cette gonzesse en larmes et cette révélation épouvantable. Croyant arranger les choses, elle essaie de me dire que, bon, c'est pas si grave, qu'avec le temps… Moi j'en peux plus, alors : « Casse-toi ! » Elle se casse. Pour retrouver le connard qui l'a dépucelée, sans doute. Et moi je reste au camping, dans cette tente de merde, encore plus seul et sinistre qu'en arrivant. Pour couronner le tout, je ne suis pas à Juan depuis huit jours et j'ai déjà plus un rond. J'ai claqué les trois mille balles de mon père. Je commence à tout voir en noir, mais j'ai trop la honte pour rentrer à la maison.

J'en suis là de ma grande aventure en solitaire hors de la cellule familiale quand arrive le truc qui va tout changer.

Un matin, je suis en train de gamberger comme un couillon sur la plage et je me fais littéralement draguer par un mec. Un drôle de type. Très maigre, avec une tête d'oiseau, un profil d'extraterrestre et des lunettes de vue sans monture. « Bonjour, qu'est-ce que vous faites par ici, jeune homme ? » Je lui dis que je suis en vacances et que j'ai plus de pognon. En plus, ma nana s'est tirée. Lui, ça le fait marrer. Il me lance : « Moi, j'ai un boulot pour vous. Je dirige une boîte, Le Whisky-à-Gogo. Je cherche quelqu'un pour s'occuper de la musique. Est-ce que ça vous dirait d'être disquaire (on disait pas encore « disc-jockey ») au Whisky-à-Gogo ? » J'ai pas réfléchi un dixième de seconde. J'ai dit : « Ouais. »

C'est comme ça que ma vraie vie, la mienne, à moi, a démarré. Ce type, qui s'appelait Johnny Honeywood, m'a mis sur la voie de ce qui serait ma vie. Une vie avec de la musique, du spectacle, de la drogue, des voyages, des femmes, du sexe, du fric, des journaux, des livres, la télé... Tout est parti de ce coin de plage, à Juan-les-Pins, pendant l'été 66. Je ne connaissais rien à rien et on me propose de mettre l'ambiance dans une des plus belles boîtes de la Côte. (*Mais tu acceptes parce que tu as déjà une discothèque bien fournie, une culture musicale étendue ?*) Non, pas du tout. Chez moi, j'avais quelques disques, mais je n'étais pas fan, et encore moins collectionneur. Ma culture musicale se réduisait à ce que j'entendais dans *Salut les Copains*. Merci, Daniel !

Le Whisky-à-Gogo, c'est le club dans le vent de l'époque. Une piste à ciel ouvert. Un arbre au milieu. (Maintenant, ils ont coupé l'arbre et couvert la piste. Les voisins ont vieilli.) Un monde fou. Les nuits tièdes. La lumière bleue. Des tas de filles superbes. Quelle gueule ça avait ! Le premier soir, je suis mort de trouille. J'ai dit oui pour être disquaire sans même savoir en quoi ça pouvait consister. J'en avais une idée très vague : on met des disques, et puis voilà. Une fois sur place, je comprends. J'ai pas droit à l'erreur. Le chef barman me prévient gentiment : « Attention, s'il y a un temps mort, la salle se vide. Et si la salle se vide, t'es vidé. » Alors, j'ai tout appris en quatrième vitesse. Débarquer dans un endroit inconnu et m'adapter, cela faisait seize ans, non, pardon, dix-sept, que je m'entraînais ! Plonger dans le grand bain et apprendre à nager : j'avais l'habitude.

Évidemment, à l'époque, le CD n'existe pas encore. J'ai des piles de 33 et de 45-tours. Un trésor inestimable. Les groupes anglais de Decca, Odeon ou Pye. Toute la Tamla-Motown. Tout Stax. Et chez Atlantic : Percy Sledge. 1966, c'est l'été de *When a Man Loves a Woman*. À part ça, chaque fois que je dois passer d'un disque à l'autre, j'ai des sueurs froides. Il faut me voir faire mes enchaînements avec mon casque sur les oreilles ! Bien avant de faire de la télé, je connais la hantise du « blanc ». À chaque morceau que je choisis, j'ai les jetons que les danseurs désertent la piste. Cet été-là, je me suis donc donné un mal de chien pour être un disquaire potable. Et j'y suis arrivé.

« Je fais sérieusement des choses superficielles. »
(Andy Warhol)

Ce qu'il y a de génial, quand tu es disquaire, c'est que les rôles sont inversés. Ce sont les filles qui viennent te draguer. Parce que tu leur plais, ou pour te convaincre de passer un morceau qu'elles aiment. En tout cas, elles viennent. Autant te dire que je ne suis pas resté longtemps dans le deuil du grand amour fracassé par le fils de famille d'Avignon. Je gagnais cent francs par jour. J'étais en vue dans la boîte. J'ai entrepris de baiser tout ce que je pouvais. Avec un morceau un peu long, si la fille était d'accord, je pouvais m'éclipser quelques minutes. Sur *Aftermath*, des Stones, par exemple, *I'm Going Home* fait onze trente-cinq exactement. C'était le mieux.

« Enfin – et bien avant l'explosion des Sixties – quelles aventures, sinon les plus secrètes et les plus brèves, nous ont laissé les souvenirs érotiques les plus violents ? Quand on ne se connaît pas et que l'on ne se reverra plus, on peut tout faire. Quand ça ne dure pas longtemps, on peut concentrer son énergie. Le tossing, c'est plus sexy ! »
T. A., « USA : la fièvre du tossing », *Playboy*, août 1979.

Je me souviens de la première fois. La gonzesse me fixait en dansant. On s'est compris des yeux. On s'est cassé vite fait dans la pinède en face du Whisky-à-Gogo. Cette fameuse pinède où l'on venait en vacances écouter Ella et Louis avec mes parents. Mais, à peine arrivés, juste allongés dans le gazon, j'ai joui avant même de la mettre à poil. La peur de pas avoir le temps, du blanc sur la platine, de perdre le job. Pourtant, la durée moyenne de l'acte sexuel chez les humains est de onze minutes. Comme *I'm Going Home*.

Il m'arrive de repenser en me marrant à cette éjaculation inopinée dans la pinède de Juan-les-Pins (*Rien que ce mot, « pinè-*

de », serait piquant à commenter, mais je m'abstiens), alors qu'il y avait deux ou trois cents personnes sur la piste du Whisky-à-Gogo... En tout cas, mon expérience de disquaire me confortait dans la conviction que j'avais eu raison. La vie, la vraie vie, ça pouvait être un truc vraiment sympa. Surtout la nuit.

C'est à Juan-les-Pins que j'ai découvert la nuit, la face cachée de la vie. Les zones d'ombre et de folie. J'avais déchiffré assez de graffitis dans les chiottes de la gare routière d'Albertville pour me faire une idée de ce que pouvait être la recherche du plaisir. Mais ce que j'ai commencé à voir là-bas dépassait mon imagination pourtant pas stérile. Le Whisky-à-Gogo fermait vers quat' du mat', mais la nuit commençait. J'étais devenu très pote avec Johnny Honeywood et les mecs qui travaillaient dans la boîte. Ils avaient l'habitude de sortir en bande après la fermeture, et de terminer la nuit ensemble. Dès le deuxième jour, ils m'ont proposé de les accompagner.

On allait d'abord boire des verres à Cannes, dans les endroits encore ouverts, comme le Zanzibar, et on finissait la nuit dans des chambres de Juan-les-Pins où les mecs baisaient entre eux. C'étaient des exhibitions invraisemblables où il n'y avait que des hommes en train de s'enfiler ! Une folie orgiaque ! Je voyais des types épais comme des planches à pain qui se faisaient mettre des trucs énormes, Philippe, vraiment énormes, des trucs de poney, quoi, des engins ahurissants. Allongés. Bras en croix. Face contre terre. Comme à l'ordination des prêtres de Saint-Michel à Annecy. (*Nous y voilà...*) Je voyais ces types qui, trois heures avant, vendaient des gin-tonics au Whisky-à-Gogo se donner en spectacle, le cul offert. Un s'allongeait, un autre arrivait, toujours avec une bite démesurée, et on était tous, autour, à se dire : « Est-ce qu'il va arriver à la lui mettre dans le cul ? », tellement ça paraissait improbable qu'il y arrive... Mais l'autre en voulait, demandait, et prenait énormément de plaisir. Est-ce que ça m'a traumatisé, tu veux savoir ?

Cette question posée un soir, en terrasse du Bristol par un Thierry en plein récit à très haute voix de ces exhibitions, au milieu des tables où dînent des gens qui sont comme au spectacle, cette question, donc, en synthétise évidemment une douzaine d'autres. La treizième étant, comme vous l'avez déjà deviné : « Est-ce que tu participes ? »

Eh ben non. Non, je ne participais pas. Je regardais. J'étais excité aussi, évidemment, mais je n'avais pas envie. Je restais spectateur. C'était aussi surréaliste et instructif que de se retrouver dans un cours de biologie où on t'explique comment ouvrir en deux la souris ou la grenouille qui est sur la paillasse. Non. Moi, à cette époque, j'ai envie de me taper des gonzesses. Plein de gonzesses.

Mais tu m'as dit que le patron du Whisky-à-Gogo t'avait dragué sur la plage. Façon de parler, ou dragué sexuellement ?

Johnny s'était pris d'affection pour moi. Il m'aimait bien. Je devais lui paraître un peu fragile. Il avait plus envie de m'aider que de m'enculer. Si bien qu'un jour il m'a fait la morale. Dans les grandes lignes, ça donnait : « Écoute, Thierry, si t'as le choix, ne deviens pas pédé... Si tu commences à toucher des queues, tu vas aimer ça. Ne te fais pas baiser, tu finiras par y prendre goût. Évite... » Il me balançait ça froidement, l'air de dire : « Bon, moi, je suis pédé, de toute façon, je ne peux rien y changer. C'est trop tard. Tandis que toi, tu as le choix... Alors fais pas de conneries... C'est pas une vie. » (*Donc, jamais essayé ?*) J'ai essayé, oui, pour voir. Un peu plus tard, quand je serai dans la pub, je me retrouverai à bosser avec Yves Navarre, le fameux romancier homo qui était à ce moment-là directeur de création dans une boîte où je bossais. Il me draguait un maximum. Il organisait des dîners pour moi. Je le trouvais sympa, sans plus.

En revanche, un de ces soirs de dîner chez Navarre, je me suis fait un mec, une sorte de jeune star du business de la mode, assez connu à l'époque, le nom importe peu. Il me raccompagnait. On s'est roulé des pelles dans la voiture. Il est monté chez moi. Je ne peux pas te dire que j'y ai pris du plaisir. Non. Quand tu prends du plaisir, tu fais tout pour recommencer. Quand tu n'en as pas, tu ne recommences pas. J'ai tout essayé dans ma vie, mais je ne suis jamais allé au bout de l'expérience homosexuelle. Peut-être certains tabous judéo-chrétiens sont plus forts que tout.

Juan-les-Pins. J'y suis retourné pour la première fois à la fin des Années Soixante-dix.

« Juan-les-Pins (France) 7 juillet 1979.

10 h 20. Il y a une heure que je tourne dans Juan-les-Pins et je n'arrive pas à m'arrêter. Je suis fasciné. Ça existe encore. Ça n'a pas changé. C'est toujours aussi bien. Ce que je préfère, ici, c'est qu'il n'y a pas de vieille ville, de vieilles pierres. Avant, il n'y avait rien, et des villas 20 aux "palais" 30, des immeubles 50 aux tours 70, tout a toujours été voulu absolument moderne. Je retrouve la Pinède, le Provençal, le Casino, le carrefour Crystal/Pam-Pam/Festival, la galerie Eden Beach et le Juan Buttler's. Je redécouvre tout avec émerveillement et je me dis que ça ne fait que commencer, que j'ai vingt-quatre heures à passer ici avec rien d'autre à faire que danser un slow.

17 h 57. En passant devant le Bar de la Pinède, je rencontre Johnny qui animait le Whisky-à-Gogo. Il est toujours pareil ! C'est presque étrange ! On s'installe, on parle : maintenant, il est en face, au Voom-Voom, l'ex-Vieux Colombier, on commande. Johnny me raconte les potins de Juan-les-Pins comme si j'avais été là l'année dernière.

Le temps n'existe pas. »

T. A., « Le Slow de l'Été », *Playboy*, septembre 1979.

Johnny Honeywood, je l'ai revu une dernière fois, un soir au début des Années Quatre-vingt. Je venais de prendre cet appartement, rue du Faubourg-Saint-Honoré, et j'allais acheter des cigarettes au drugstore Publicis, au Rond-Point des Champs. Il était au bistrot, au coin Mermoz-Ponthieu. On a bavardé un moment. Il tenait le Club Écossais et il vivait avec sa mère à Chantilly. J'ai appris sa mort, quelques années plus tard, par un barman du Kilt. Ce mec a changé ma vie.

X

Changement de décor. Domicile-bureau-plateau d'émission, rue du Faubourg-Saint-Honoré, au 93. Quatrième étage. Dans la cuisine. Placards bleu et jaune, façon Giverny. Alignement de boîtes de médicaments disposées en piles de taille croissante. Lave-linge et gazinière sans âge. Téléviseur sur le frigo.

Thierry fait glisser deux flûtes d'un joli bleu sur la table. Il ouvre le réfrigérateur et lance : « Bon, Philippe, qu'est-ce que tu veux boire... » Je m'attends à ce qu'il sorte une bouteille de vodka ou de champagne et j'entends : « Je te propose, au choix, quoi, alors... Volvic ? Granini ? Actimel ? »

De l'Actimel dans du cristal bleu, ce sera l'expérience du jour.

Tout a une fin. L'été à Juan-les-Pins aussi. Quand les touristes ont commencé à partir, mon job de disquaire s'est arrêté. Quand je reviens de Juan à Avignon, je fais carrément peur à mes parents. Je viens de passer trois mois sur la Côte d'Azur. Ils s'attendent à retrouver un Thierry épanoui et bronzé. Je suis verdâtre. Bon. Ils ont commencé par m'engueuler, puis ils ont compris que je ne faisais que passer. J'avais décidé de me barrer et les trois mois à Juan ne m'avaient pas fait changer d'avis. Loin de là. Pour éviter des discussions inutiles, j'invoque la poursuite de mes études. En fait, je n'ai pas la moindre idée de ce que je veux faire. Finalement, j'opte sans surprise pour la filière Lettres. Quant à l'université où aller, j'ai le choix entre Aix-en-Provence et Montpellier. Tout le monde m'a dit : « Pour Lettres, Aix, c'est mieux », mais je m'en fous. Je cherche pas à faire des études. Puisque je sais tout.

Quand j'arrive à Montpellier, en septembre 1966, j'habite seul pendant un temps, dans une piaule minable, rue du Pont-de-Lattes. Camping-gaz pour raviolis en boîte et froid de canard. Puis, je vis avec quelques potes étudiants, garçons et filles, dans un immense appartement du centre-ville. Les mecs, on a une vie communautaire assez simple. Elle se résume à discuter sans fin au « Y'a bon », jamais au « Y'a mieux », place de la Comédie, L'Œuf, à boire du pastis au mètre avec la bande de Manitas de Plata, et à organiser des concours de baise. Chaque fois qu'on tire un coup, on laisse une allumette sur la descente de lit, bien en évidence... Et au matin, le grand jeu, c'est de les compter.

La première année, j'ai vaguement fait illusion à l'université. La deuxième, je me suis ramassé. J'ai reçu *Sgt Peppers*, la veille de l'examen. Ça faisait des semaines que *Melody Maker* me mettait l'eau à la bouche. Je l'écoute toute la nuit. Le lendemain, je dors sur ma table. Je t'épargne mes résultats.

Pour en finir avec mon cursus universitaire, il faut juste que je te dise que j'ai menti toute ma vie. Chaque fois qu'on m'a demandé quels étaient mes diplômes, j'ai répondu sans hésiter : « Licence d'anglais. » Coup de bol, personne n'a jamais eu la curiosité de me demander de fournir le papier. Je n'ai jamais eu de licence d'anglais. L'anglais, je l'ai appris avec les paroles des Beatles.

Pour le pognon, mes parents m'en filent un peu, et je m'en sors en faisant le disquaire ici ou là. Les trois mois passés au Whisky-à-Gogo me servent de carte de visite. À Montpellier, il y a le Silly Box, une boîte minuscule, dans le centre, où je travaille la première année. Sinon, dans le coin, la boîte en vogue s'appelle La Churaskaïa, on dit « La Chou », c'est du côté des Saintes, en Camargue. Elle appartient au fameux manadier Jean Laffont. Toutes les célébrités des Sixties sont passées par La Churaskaïa, à commencer par Jackie Kennedy. C'était l'endroit hyper-chic. J'y allais très souvent avec Fafa, mon grand pote.

Je me souviens d'un soir où sa voiture ne marchait plus. C'était l'Alfa de son père, un promoteur immobilier, que Fafa conduisait avec un taux d'alcoolémie non répertorié, elle était en rade. Il était tellement bourré qu'il a commencé à démonter le moteur de la bagnole pièce par pièce. En temps normal, ça aurait pu être une solution au problème, mais là, il faisait ça devant la porte de La Chou ! Une à une, il posait les pièces sur le sable, où, évidemment, elles s'enfonçaient. Fafa n'arrêtait pas de dire : « Tu vas voir, on va tout démonter, on va tout nettoyer et tout remonter. Après, ça ira... » C'était l'horreur. On marchait sur des bouts de moteur. On ne retrouvait plus rien. Ce fut un massacre automobile.

Mais ce qu'il y a de plus marquant pendant ces deux années montpelliéraines, c'est ma passion pour Londres. Dès que j'ai un peu de fric, je vais à Londres avec mes nouveaux amis du « Y'a bon ». Quand on se tire à Londres, c'est avec un vol direct, en snobant Paris. Paris, c'est la ville de de Gaulle et de Guy Lux. Londres, c'est une monarchie illuminée par le rock'n'roll. Rien à voir. Personne aujourd'hui ne peut réaliser le délire de se balader dans Carnaby Street en 1967. En pleine fureur Beatles, Stones, Kinks, Troggs, Faces, Smoke, Who, Zombies et les larsens contrôlés de Hendrix ! Au milieu des filles en minijupe. Dans cette foule anglaise où les chapeaux melons côtoient les cheveux longs, les vieux taxis noirs sont repeints en arc-en-ciel. Le Swinging London, c'est l'endroit où il faut être.

De là naît mon culte des Beatles. Ils n'ont pas de chance, ceux qui ont connu les Beatles après leur séparation. Le pire étant pour les auditeurs de *L'Album rouge* et *L'Album bleu*. Ceux-là n'ont pas franchi une à une les marches de l'initiation. Ils n'ont pas assisté en direct à l'explosion du génie. D'abord, des remakes de rock'n'roll importés des USA par les marins de Liverpool. Puis, la rencontre avec George Martin et les instruments classiques européens, la harpe, le hautbois, le clavecin. Et enfin, la découverte de l'Inde, des tablas, des sitars avec George Harrison, l'invention de la world music. Les Beatles ne m'ont pas ouvert que les oreilles, Philippe, ils m'ont ouvert l'esprit. (Quant aux Stones, c'est un grand groupe de rock. Point.)

Mai 68, je le passe en bonne partie en Auvergne, où je suis venu voir mes parents qui habitent désormais Issoire. (Ils y resteront jusqu'à la retraite de mon père.) Quand je ne séjourne pas chez eux, je retrouve un copain dans une vieille baraque, près de la cathédrale de Clermont-Ferrand, où il loue une chambre de bonne. C'est là qu'on refait le monde en buvant du gros rouge et qu'on baise des militantes sur des matelas gonflables.

On joue aux Gardes rouges dans les rues de Clermont. Armés de manches de pioche, on arrête des bagnoles. On fait sortir les gens et on leur demande avec la plus grande autorité : « Bonsoir, camarade ! Qu'est-ce que tu transportes dans ton coffre ? Ouvre-le ! » Et là, le mec tout penaud ouvre son coffre. On découvre qu'il fait comme tout le monde, il transporte quelques kilos de sucre ou de riz. Ces cons-là faisaient des provisions. Ils croyaient que c'était le Grand Soir. Ça n'était qu'un chahut fondamental.

« Autopsie du look. 1968 : Gaucho.

Panoplie : le Gaucho porte une parka trop grande, un pull trop large et des pantalons trop courts. Quand il est en groupe, il écoute des chants révolutionnaires (français/cubains/albanais) et quand il est seul, les Bitolles (*Sgt Peppers*). Il lit Althusser et Balibar. Il va voir Marker et Godard.

Idéologie : elle est tripolaire : resto U, cité U, nana U. Quand la vie est si simple, il faut bien la compliquer un peu : Révolution !

Style de vie : le Gaucho est réveillé tôt par sa copine pour qu'il ne rate pas son cours de sémiotique à Paris X-Nanterre. S'il n'a pas de copine, il a le poly. 13 heures : réunion de cellule (JCR/AJS/PCMLF). On prépare des tracts et des banderoles pour la manif de l'après-midi. ("XXX, le Peuple aura ta peau !")

Le soir, le Gaucho mange tôt : plat de nouilles (Forza) et vin rouge (Darnaga). "Allô, maman, le mandat est en retard..." »
T. A., *Paris Hebdo*, 12 février 1980.

Voilà pour Clermont. Quand je redescends vers Montpellier, un autre « Mai » m'attend. Dans la journée, on défile place de la Comédie contre le pouvoir pourri en criant « CRS = SS ! » Et le soir, dans les boîtes qui donnent de plain-pied sur la route des plages, on voit les mêmes CRS arriver à moto jusqu'au milieu de la piste, sous les spots, en faisant vrombir leurs moteurs... Ils viennent boire des pastis avec les « Révolutionnaires ».

C'était un jeu. On rejouait 1789, 1830, 1848, 1871, et puis en juin de Gaulle a dit à la radio : « Bon, les gars, c'est la fin de la récré. » Je me rappelle l'avoir entendu, dans un jardin public de Clermont-Ferrand, avec ma mère. Je tenais un petit transistor sur les genoux. Après, on est rentré à Issoire.

Tout ce que je vois, à l'été 68, c'est que je n'ai aucune envie de me faire chier une troisième année à faire semblant d'être étudiant. Basta. De toute manière, avec le retour de de Gaulle et les grandes manifs de droite à Paris sur les Champs, symboliquement, la fête est finie. Mon adolescence aussi. Je vais bientôt avoir vingt ans et ma nouvelle ambition, c'est de gagner ma vie à Paris, avec la femme que j'aime ! (*Quelle femme ?*) Comment ça, je ne t'ai jamais parlé de ma première femme ? Ben, je croyais, pourtant... T'es sûr ? (*Ah ouais, ouais, sûr à mille pour cent !*) Je ne t'ai jamais parlé des « Demoiselles d'Avignon » ? Bon, alors, on fait un saut en arrière. Je suis en terminale au lycée Frédéric-Mistral d'Avignon. J'ai dix-sept ans, tous les handicaps psychiques et physiques que tu sais et je découvre les deux plus belles filles de la ville ! Deux sœurs, Michèle et Christiane. Christiane, la brune, la plus jeune, sera mon premier vrai grand amour et je déciderai bientôt d'en faire ma femme. Nous resterons mariés dix ans.

Christiane, comme sa sœur, est déjà en fac à Montpellier. Quand elle revient pour passer le week-end à Avignon, je suis le mec le plus fier de la ville. Le samedi après-midi, on va au Mistral, place de l'Horloge. Le samedi soir, on sort en boîte, on va à La Péniche, sur le Rhône, ou à La Jasse, à Eygalières. Pour les vacances scolaires, on part à Vars, faire du ski, dans la 4 L d'un copain, en écoutant *Rubber Soul* sur un mini-cassette.

« She's the kind of girl you want so much
It makes you sorry
Still, you don't regret a single day[1]. »

***Girl* (Lennon/McCartney)**

C'est avec Christiane que j'ai commencé à fumer du haschich. (*Mais ta première cigarette, c'était quand ?*) Ma première clope, c'était un pétard ! On était allé passer des vacances au Maroc et, un soir, on est resté au lit à se défoncer. J'ai trouvé ça formidable. De retour en France, où l'on ne trouvait pas de shit aussi facilement qu'aujourd'hui, pour essayer de retrouver cette sensation, je me suis mis aux Gauloises Bleues, puis aux Gitanes. Après, je continuerai à fumer, longtemps, mais plutôt des blondes, des Rothmans rouges, beaucoup.

C'est sans doute un soir de haschich que j'ai mis Christiane enceinte. Et j'ai fait pire. J'ai décidé de la faire avorter. C'était avant Simone Veil. Ça s'est passé sur la table de cuisine d'une faiseuse d'anges de Marseille, à coups d'aiguilles à tricoter, après avoir crapahuté toute l'après-midi sur La Canebière pour décrocher le fœtus. Le gosse est parti dans les chiottes.

Je n'avais pas d'autre issue que de me réfugier chez mes parents, la queue entre les jambes. Avant Paris, purgatoire à Issoire, donc.

---

1. © 1965. Northern Songs.

DEUXIÈME PARTIE

I

Vibration de portable. Milieu d'après-midi. Je suis à mon bureau à Bastille. « Ouais, Philippe, c'est Thierry. Dis donc, là, je réfléchissais à notre projet et je crois que j'ai trouvé un meilleur titre. On pourrait appeler ça : "Les Larmes du Robot" ? Qu'est-ce que t'en penses ? Pas mal, non ? Tu vois, mon côté mécanique, métronomique, androïde...

— Pourquoi, tu veux faire larmoyant ?

— Ben non, qu'est-ce qui te fait penser ça ?

— Peut-être le mot larmes... mais c'est juste une hypothèse...

— Ah ouais, non, mais c'est que je déprime un peu en ce moment. Ça va passer. »

Le soir même, j'ai décidé de rebaptiser « RÉPLICANT » le dossier que j'avais d'abord appelé « BABY BOOM ». Clin d'œil au Dick de Blade Runner *et de* Total Recall. Confessions d'un réplicant ?

On est fin 68, à Issoire, chez mes parents. Je zone. Je gribouille des histoires. J'ébauche des nouvelles. Je torche des bafouilles à Fafa. Je calligraphie des lettres d'amour à Christiane. Je m'emmerde. J'ai vingt ans. L'âge de faire quelque chose et de gagner un peu de fric. J'ose même pas penser que je pourrais le faire en écrivant. Je place la littérature sur un tel piédestal qu'il est hors de question que cela devienne une affaire d'argent. Les livres, c'est sacré. Mais je suis certain, au fond de moi, que j'ai des capacités pour vivre de ma plume. J'ai la passion des mots, des formules, de la réplique qui fait mouche. Je tiens ça de l'amour de mon père pour les dialogues de Jeanson, les tirades de Pagnol ou les vannes d'Audiard. Ce plaisir de la phrase courte qui met dans le mille, je le ressens chaque fois que je lis ou que j'entends un slogan bien foutu. Les slogans commencent à envahir le monde. Depuis la « Révolution de Mai », on n'a jamais autant parlé de la société de consommation. Et c'est vrai qu'on achète tout ce qu'on peut. Et tout ce que l'on achète a fait l'objet de campagnes de publicité. Depuis quelques mois, il y en a même à la télé. C'est pas un choix que je fais du jour au lendemain, mais un cheminement qui me pousse à me dire qu'au fond, ouais, pourquoi pas, j'aimerais bien travailler dans la pub. Sans avoir la moindre idée de ce à quoi ça ressemble.

Je me dis, d'abord, qu'on doit bien se marrer à inventer des slogans. Que ça se passe forcément à Paris. Et qu'on doit se faire du blé. Et se taper des gonzesses.

Ah oui, j'oubliais. Il y a une chose qui m'a conforté dans cette idée : un concours. Les chaussettes Stemm avaient organisé un concours de slogans par correspondance, et moi je m'étais distingué en proposant : « Stemm... Un peu... Beaucoup... Passionnément... » Bon, ce concours ne débouche sur rien de concret. Sauf que je me dis : « C'est possible ! »

Mes parents vont se faire une raison, mais cette idée d'aller à Paris faire de la pub, ça les emballe pas du tout. Avec le temps, mon père est devenu le responsable de sa société pour les chantiers de la région Auvergne. Ils sont enfin installés. Et ils aimeraient que je reste dans le coin. Leur grand rêve secret, c'est de me voir entrer comme journaliste au quotidien local, *La Montagne*.

La Montagne ! Clermont-Ferrand ! Moi qui ne jure que par Carnaby Street ou Portobello Road, les Beatles et Hendrix... Je suis effondré par une perspective pareille. Je ne sais pas si tu peux imaginer un quotidien régional dans le Puy-de-Dôme vers la fin des Années Soixante... Mais rien qu'à cette idée, tu peux comprendre pourquoi, dès que j'ai pu, je me suis cassé à Paris.

Je me suis sauvé.

Voilà. J'ai vingt ans. Je déserte. Et pour longtemps. Pendant dix ans, je ne reverrai pas mes parents ni le reste de ma famille. Je n'irai ni aux enterrements ni aux baptêmes. Je voulais qu'ils sortent de ma vie. Je ne voulais plus entendre parler d'eux. Je suis entré dans le reniement de mes origines. La négation de mon milieu. Le rejet des normes de toutes sortes. Pas un rejet réfléchi, raisonné ou idéologique. Un rejet viscéral, instinctif, injuste. Ni père. Ni mère. Ni frère. Ni grand-mère.

Tout m'exaspère et me fait envie. Tout et son contraire. Je veux vivre une rébellion, mais je veux que ce soit avec du fric. Je me vois faire le tour du monde, ouais, mais en première classe. Et cinq étoiles en arrivant à l'hôtel.

(*À propos de frère, tu en as un et depuis le début de ce livre, il n'existe pas. C'est comme le reste de ta famille, tu l'as zappé, Patrick ?*) Non, mais je le vois rarement. On a longtemps dormi dans le même lit étant gosses, faute de place. Gamins, on était assez copains, et puis nos vies ont bifurqué... Je me suis barré de la famille. Je crois que ce qui nous a vraiment séparés, c'est que mon frère a accepté d'être comme mes parents. Moi, je voulais être tout le contraire. Lui, il prenait ça avec beaucoup de résignation. Il est fou de foot. Moi, le sport ne m'a jamais intéressé. Lui, il a failli faire carrière à Saint-Étienne, à la grande époque des Verts. Il était doué, équipe « Espoirs ». On a cru qu'il allait devenir un très bon. Et puis, est-ce qu'il y a eu cette blessure ? Est-ce qu'il a manqué d'énergie ?

Je ne l'ai plus vu pendant des années, et puis, un jour, c'était au début des Années Quatre-vingt, il est venu à Paris. En vacances, en Espagne, il avait rencontré une Allemande, belle comme le jour, seize ans... Je sentais qu'il se débattait contre l'idée de s'exiler, pour aller vivre avec elle, à Hambourg. Il avait l'air un peu paumé. Je me dis : « Mon garçon, je vais te sortir de là. » J'ai essayé de le faire bosser à Paris. Il s'est très bien démerdé. Son truc, c'est plutôt genre tourisme, contact humain. Tu vois, mon frère, il aurait tenu un bistrot ou un hôtel, il aurait été parfait. C'est le bon camarade, tout d'une pièce, pas tordu. Je l'ai branché avec des copains dans le tourisme. Il allait en Grèce, en Égypte, à Las Vegas pour le compte d'un mec qui organisait des voyages de motivation pour des sociétés. Mais rien à faire, il était toujours un peu triste. Je pigeais pas pourquoi. Je lui disais : « Mais qu'est-ce que t'as ? Qu'est-ce qui va pas ? T'habites Faubourg-Saint-Honoré. T'as un travail. T'es avec moi. Où il est, le problème ? »

Bon, il se languissait de son Allemande. Alors, il est reparti en Allemagne. Il s'est marié. Il y est resté. Je le vois l'été, il me voit à la télé. On s'aime en silence.

« She (We gave her most of our lives)
Is leaving (Sacrificed most of our lives)
Home (We gave her everything money could buy)
She's leaving home after living alone
For so many years. (Bye, bye) [1] »

***She's Leaving Home* (Lennon/McCartney)**

Je suis donc parti d'Issoire un matin de 1969. Tout seul. Avec un sac. En auto-stop. Je dois avoir cinquante balles, que ma mère m'a filés. C'est pas une légende. La seule personne que je connais à Paris, c'est une amie de Montpellier, elle s'appelle Anne-Marie, c'est également une grande amie des « Demoiselles d'Avignon ». Elle est de Nîmes, en fait. Sa famille est assez friquée, je crois qu'ils ont fait fortune en Égypte, dans les chemins de fer. Elle est à Paris pour faire Sciences po. Elle m'héberge. Et, comme le lit est trop petit pour dormir sans coucher, je dors sur la descente de lit. Christiane poursuit ses études de droit à Montpellier et doit me rejoindre dès que j'aurai trouvé quelque chose de rentable à faire dans la capitale.

Voilà, ça se passait au sommet du boulevard Montparnasse, rue Henri-Barbusse, pas très loin de La Closerie des Lilas que je ne connaissais pas et où je n'aurais même pas eu de quoi me payer le plat du jour. Je suis à Paris. J'ai un endroit où dormir. J'ai un objectif : trouver du boulot dans la publicité. (*Rastignac ?*) Oui. « À nous deux Paris ! » Je me dis que ça va être simple et compliqué. Compliqué, parce que je n'ai aucun diplôme, aucune

1. © 1967. Northern Songs.

relation, aucune recommandation. Simple, parce que pour moi, à l'époque, le mot « publicité » est synonyme d'un seul nom : Publicis. La grande agence historique, la boîte de Marcel Bleustein-Blanchet, l'homme qui a transformé la réclame en pub et qui a construit un empire.

C'est là que je dois absolument entrer.

Un matin, je me pointe donc comme une fleur en haut des Champs-Élysées, chez Publicis. Je n'ai pas la moindre idée de ce que je vais pouvoir dire. Je suis un inconscient conscient de l'être, c'est peut-être là ma botte secrète. J'y vais au flanc. J'entre par le drugstore et je demande juste à « voir quelqu'un pour du travail ». En deux minutes, je suis reçu par un mec dans un bureau. Mais la conversation, elle aussi, va durer deux minutes. Avant que j'aie eu le temps de dire quoi que ce soit, il me demande : « Est-ce que vous avez fait votre Service Militaire ? » Putain ! Tout s'écroule ! Non seulement je n'y avais pas pensé, mais je m'en foutais complètement. Jusqu'à ce jour, la perspective de bousiller deux ans de ma vie à faire le con en uniforme me paraissait être d'un autre monde. Là, ça devenait subitement un emmerdement à prendre en considération.

J'étais mal. Il me dit : « On pourrait vous engager et vous former, mais dans un an, vous partirez à l'Armée, alors... pas la peine. » Bref, le mec m'a gentiment fait comprendre qu'on en reparlerait quand je serais « libéré des obligations militaires ». Ça commençait bien, ma conquête de Paris !

Je sors de là un peu déprimé. Je commence à descendre les Champs-Élysées et, au 73, je vois une plaque, avec en grosses lettres « BBDO », « Batten, Burton, Durstine & Osborne », et la mention « Agence de publicité ».

Ni une ni deux, je monte au septième étage.

« Après mai 68, il ne "s'établit" pas en usine, il s'attable chez les patrons. »

T. A., *Rive Droite*, Paris, Albin Michel, 1983.

Je tombe sur un endroit délicieux. Une moquette épaisse comme ça (*Geste indicatif : pouce et index à angle droit*), des fauteuils Knoll, des lampadaires Zanusso, un endroit comme on n'en voyait qu'au cinéma. Je m'approche de la fille à l'entrée, celle qui disait « bibidi-oh » chaque fois que le téléphone sonnait. Je dis : « Voilà, je m'appelle Thierry Ardisson et je voudrais faire de la publicité. » Elle me répond : « Oui, mais quoi ? » Je dis que je sais pas, mais que je voudrais faire de la publicité. La fille me dit de m'asseoir et passe un coup de fil.

Une minute plus tard arrive un mec étrange, avec une tête d'oiseau (*« tête d'oiseau », comme Johnny Honeywood du Whisky-à-Gogo ?*) Exactement. Mais lui, il a les cheveux longs, une silhouette dégingandée, un look gainsbourien. Il se présente : « Bonjour, Georges Svoboda... Qu'est-ce que vous voulez faire dans la publicité ? Moi, ici, je m'occupe de la promotion des ventes, est-ce que ça vous intéresse ? » Je ne sais absolument pas de quoi il s'agit, mais je réponds : « Ah oui, tout à fait. Ça m'intéresse. Tout m'intéresse... »

« Impossibilité être avec vous dimanche. Commence travail conception studio dès lundi matin. Voyage remis à huit jours pour plus longtemps sans doute. De tout cœur avec toi pour la Fête des Mères. Mon plus beau cadeau sera ma réussite. Vous embrasse bien fort. Thierry »

Télégramme envoyé par T. A. à sa mère, 31 mai 1969.

Me voilà engagé à mille francs par mois au service Promotion des ventes chez BBDO. L'agence s'occupe du budget « Prisunic », et le boulot de Georges, donc aussi le mien désormais, c'est de promouvoir les nouveaux magasins que la chaîne crée un peu partout en France. Ma toute première mission a été de trouver un truc qui rende ces ouvertures plus spectaculaires. Alors, j'ai inventé des personnages à perruques fluo jaunes ou vertes, minijupes en lamé argent, des créatures qui avaient l'air de sortir d'un film de science-fiction de série Z et que j'ai baptisées « Les Prisuniennes ». On embauchait des jolies filles pour porter le costume. Elles animaient l'inauguration et elles étaient en photo dans le journal local le lendemain... Ça plaisait. Ça me plaisait. J'étais bien payé. Je dormais rarement seul. La vie commençait à sourire.

Je me souviens qu'un jour, on ouvrait un magasin à Strasbourg, en découvrant l'affiche qui annonçait l'arrivée des « Prisuniennes », un vieil Alsacien s'était écrié : « Ah ! Bon Dieu ! V'là les Prussiens qui reviennent ! »

C'est là qu'Yves Navarre arrive à l'agence BBDO. C'était déjà une vedette. Il était à la fois directeur de création chez Publicis et romancier homosexuel à scandale. Il venait de publier un livre hyper-trash pour l'époque, *Lady Black*. Le mec n'était pas banal. Il portait des bas résilles dans les *back-rooms* de New York en 1969.

Navarre se pointe comme directeur de création et, très vite, on sympathise. Il commence par me draguer. Naturellement. Il me demande ce que je fais là, ce que j'ai envie de faire. Je lui explique que la promotion des ventes, c'est bien, mais que ça me déplairait pas de faire de la création. J'ai pas envie d'ouvrir des Prisunic toute ma vie. Bref, je lui dis que je pense avoir des idées. Et c'est comme ça que j'ai commencé à faire des campagnes. En fait, au début, j'ai continué, à mi-temps, à m'occuper de promotion. Le matin j'étais « promo » et l'après-midi « créa ». Mais j'avais compris que mon vrai boulot, ce serait d'inventer. Et dans ce domaine, j'étais pas mauvais.

Au bout de quelques mois, mes relations avec Yves Navarre se dégraderont. Je pense qu'il était devenu un peu jaloux de moi. Peut-être aussi que son échec dans ses tentatives pour me séduire n'y était pas pour rien. C'est pas faute d'avoir organisé des dîners en mon honneur, mais sans résultat... Quand la situation n'a plus été supportable avec Navarre, j'ai quitté l'agence pour aller dans une autre, puis dans une autre encore. Chaque fois qu'on me proposait mille francs de plus par mois, j'y allais. J'en ai fait tellement que j'ai oublié lesquelles, et dans quel ordre. C'est drôle, mais j'ai dû déménager dans autant d'agences que mes parents avaient dû faire de chantiers.

Comment essayer de donner un sens à tout ça... Je sais pas. On est là, Philippe, trente-cinq ans plus tard, peinards dans ma cuisine. Quand je me remémore tout ce qui s'est passé depuis mon arrivée à Paris... Mais, bon, tu es déjà au courant de pas mal de choses. Je t'ai déjà parlé de ma tentative de suicide. Pas besoin de rentrer à nouveau dans les détails.

J'ai oublié si nous étions, ce soir-là, à la Volvic, à l'Actimel ou au Granini, mais je me souviens très bien avoir posé brusquement mon verre sur la table :

— Un suicide... Mais quel suicide ? Depuis qu'on se voit, tu n'as jamais évoqué de tentative de suicide, je m'en souviendrais...

C'est au tour de Thierry d'avoir l'air plus qu'étonné. Il est surpris et comme déçu que celui qu'il présente en souriant comme son « biographe » ait pu commettre l'impair majeur d'oublier un épisode aussi marquant.

— Putain, mais bien sûr que si, Philippe, je t'ai raconté mon suicide... Tu rigoles ou quoi ? (Mais bien sûr que non, Thierry ! Je sais même pas de quoi tu parles...) Merde alors, t'es sûr...

J'ai vite compris que nous marchions l'un et l'autre sur des œufs. Pour la première fois, j'avais en face de moi un Ardisson décontenancé. Je devinais qu'il s'était peut-être persuadé de m'avoir déjà raconté un événement qu'il imaginait donc ne plus avoir à évoquer. Voulait-il vraiment croire à ce récit qui n'avait pas eu lieu ? Ou bien n'avait-il mentionné le mot « suicide » que pour provoquer cette réaction et mon insistance ? Pendant quelques secondes, nous nous sommes jaugés du regard. Thierry paraissait convaincu d'en avoir déjà parlé. Mon incrédulité devait être plus convaincante encore.

Un instant, je me suis demandé s'il ne déciderait pas de tout arrêter pour ne pas revivre certaines séquences du film de sa vie... L'instant d'après, j'étais (et je reste, des mois plus tard) persuadé que cette vraie-fausse interrogation n'avait surgi que pour permettre au sujet « Suicide » d'émerger dans la conversation. Au fond, me dire : « On en a déjà parlé » revenait à me faire savoir que le sujet n'était pas tabou.

Dubitatif, Thierry s'étire, se frotte les joues et les yeux à pleines mains, comme pour s'éveiller, et reprend.

On est en 1970. Je ne dors plus sur une descente de lit, j'ai pris un studio sur la rive gauche, rue de Savoie, un placard qui me coûte la moitié de mon salaire. Je papillonne d'une agence à l'autre. J'ai un peu d'argent. Je brille d'un petit éclat. On me reconnaît un fragment de talent pour inventer des slogans. Mais c'est pas le paradis attendu. La vérité, c'est que je suis complètement à la ramasse. J'ai vingt et un balais. Je sens que j'ai un énorme potentiel, mais la montagne à gravir pour réussir me paraît encore plus énorme. La piscine est au sommet du Golgotha. Je vais peut-être y arriver, mais ça va me prendre toute ma putain de vie. Et moi, ce que je voulais, vite, c'était du fric, de la liberté et par-dessus tout : Écrire. Écrire des livres, des romans, des nouvelles. Jouer avec les mots. Raconter des histoires. Ça me paraît un objectif hors d'atteinte.

En fait, tout va de travers. D'autant plus que depuis des mois que je suis à Paris, j'essaie de convaincre Christiane, ma « Demoiselle d'Avignon », de venir vivre avec moi. Et qu'elle est toujours pas là.

Pour faire simple, disons qu'elle n'en a pas très envie. Elle finit sa licence à Montpellier. Elle vient à Paris deux jours. Elle repart. Elle fait ça sans arrêt. En fait, elle hésite entre moi et un autre. Elle m'apprend un jour, en passant à Paris, qu'elle a couché avec lui, lors d'un séjour dans une île, au large de Bonifacio, à Cavalo. Le mec avait joué dans *Crin Blanc*. Un beau mec, sportif et tout. Un ami de Jean Castel. Le jour où elle me dit ça, on s'engueule, bien sûr. (C'est le remake de la scène sous la tente, au camping de Juan-les-Pins avec la belle Algéroise !) Elle se casse. Et voilà. Je me fous dans la baignoire et je m'entaille plusieurs fois les veines du poignet gauche avec une lame de rasoir.

J'aurais pu y passer. C'était un vrai suicide. Une attitude d'ado tourmenté qui veut vraiment en finir. Ce qui m'a sauvé, c'est qu'elle est repassée rue de Savoie complètement par hasard pour chercher des affaires qu'elle avait oubliées.

Après le SAMU, on m'enferme dans une chambre d'hôpital avec des barreaux à la fenêtre et des couverts en plastique. Dès qu'un toubib vient me voir, je lui dis : « Écoutez, les barreaux et les couverts en plastique... Faut pas exagérer. Je ne suis pas fou... » Les mecs me répondent à peine. Genre : « Ouais, ouais, ils disent tous ça. » C'est clair qu'ils me prenaient pour un dingue. Combien de temps je reste ? Je ne sais plus.

Heureusement, mon père est arrivé pour me sortir de là. C'est *Le Voyage du père*. Je ne sais pas si tu as vu le film, avec Fernandel. Il y joue le rôle d'un brave type ordinaire du Jura qui va retrouver sa fille, qui bosse à Lyon ou à Grenoble, enfin dans la grande ville, quoi. C'est l'aventure. Il prend une micheline, tu sais, rouge et jaune. Quand il arrive, il ne la trouve pas, et il va finir par découvrir qu'elle est devenue pute et qu'elle est partie exercer à Paris. Là, mon père débarque. C'est l'hôpital qui l'a prévenu. Il vient voir son fils qu'il imaginait heureux et prospère dans la pub. Il est ému et paumé comme tu ne peux pas imaginer. Il n'y comprend rien. Moi non plus. Je me souviens seulement d'une scène surréaliste. Quand on sort de l'hosto, on va déjeuner dans un endroit qui s'appelait La Cafetière, rue Dauphine ou... rue Mazarine, faudrait vérifier. Y avait que des cafetières dans le resto, c'était la déco, y en avait des dizaines... Avec mon père, on n'avait absolument rien à se dire à part nos commentaires sur les cafetières. C'était terrible de gentillesse et d'incompréhension. Des années plus tard, avec le temps, je me suis rapproché de mes parents. C'est venu tardivement, mais je les appelle, je m'occupe d'eux, je les aime. À l'époque, c'est le contraire. Je les évite. J'écris jamais. Je ne prends pas de nouvelles. Et donc, je ne sais pas quoi dire à ce père qui a fait le voyage. On mange en silence. Je ne sais pas ce que j'attends de lui. C'est loin, mais c'est juste hier.

« Ce dont rêve sans doute mon père, c'est d'avoir avec moi le même genre de rapports bourrus, paternalistes et bon enfant que ceux qui existaient entre Marius et César. Des rapports "tolérants", d'après le fameux : "Et tu dis que je ne suis pas tolérant, moi... dis ?" de César en colère. »

T. A., *Cinémoi*, Paris, Seuil, 1973.

Après ce déjeuner, mon père rentre à Issoire et j'ai rendez-vous avec un psy. On parle un moment. Je lui dis d'où je viens, ce que je fais, ce que j'ai envie de faire. Il m'écoute, sans plus. Au bout d'un moment, je lui dis : « Mais enfin, vous voyez bien que je viens d'essayer de me suicider. Il faudrait peut-être que je fasse une psychanalyse... »

Il m'a répondu : « Je vous écoute, et ce que j'entends, c'est que vous êtes plutôt quelqu'un de créatif, un peu artiste. Le revers de cette médaille, c'est aussi une difficulté à vivre. Alors voilà, l'analyse peut vous soigner. La médecine aussi. On peut vous donner des cachets qui vous rendront à une certaine normalité. Toute la question pour vous est de savoir si vous désirez entrer dans cette normalité ou si vous choisissez d'assumer une certaine dose de folie, donc de mal-être... »

Je lui ai dit : « Je vais vivre avec. »

Je n'avais aucune idée des conséquences d'une décision pareille. J'ai complètement zappé le nom et le visage de ce psy. Mais je me souviens encore de la manière dont il m'a fait comprendre que je n'étais pas comme les autres. Que ça pouvait être une force dans la vie. Mais que j'allais devoir affronter des situations pénibles.

Il croyait pas si bien dire, le mec.

Mais avant, je me suis marié. (*Justement, tu te maries quand, et avec qui ?*) La première fois ? Ben, avec Christiane ! Elle finit par m'épouser, à l'été 70, en juin. Et en blanc tous les deux, à l'église, Philippe ! Église des Carmes. Moi, j'étais fou d'elle. Elle n'était pas si sûre. Elle devait bien sentir que j'étais trop jeune. Il aurait sans doute mieux valu qu'elle se trouve un mec plus âgé, plus solide, plus, voilà...

Dès le soir du mariage, j'ai fait le con. J'étais d'une jalousie maladive. Quand je l'ai vue danser avec un de ses cousins, je lui ai fait une scène épouvantable. J'ai ruiné la fête. Le lendemain, on s'est barré pour une semaine de lune de miel à Ibiza. En arrivant, j'ai loué une Mini Moke que j'ai explosée aussitôt contre un olivier. À part ça, c'était sympa comme débuts dans la vie conjugale.

De retour à Paris, on emménage dans un studio tout blanc, rue Laugier, dans le 17e arrondissement. Quartier cossu. Immeuble neuf. C'est là qu'un jour je recevrai une convocation pour le Service Militaire. Fallait que j'aille à Limoges ! Donc, me voilà parti un matin, en train, pour Limoges. Je suis arrivé à la caserne et j'ai dit : « Moi, je peux pas le faire, votre truc, parce que je suis fou. » Je profite à fond de l'effet « tentative de suicide » quelques mois plus tôt. Je vois des tas de toubibs et mon discours est toujours le même, genre : « Perdez pas votre temps, je vous le dis : je suis fou. »

Puis, j'arrive au niveau du chef-psychiatre : « Vous, vous allez comprendre, hein. Je suis vraiment fou, moi, je peux pas la faire, l'Armée. » Compréhensif, le mec me dit : « C'est pas grave, quand votre état psychologique sera meilleur, vous reviendrez. » Quoi ! Finalement, j'explique au psy que j'ai une femme, un boulot, un avenir, que ça me ferait bien chier d'avoir à revenir dans un ou deux ans pour faire cette putain d'Armée. Autant la faire tout de suite... Ou jamais. Je l'ai tellement embrouillé qu'au bout d'un moment, à l'arraché, il m'a réformé.

20 heures, un soir de juillet, à la veille d'une Fête nationale qui mobilise déjà un grand nombre de CRS en faction tout au long de la rue du Faubourg-Saint-Honoré. Uniformes, casques, ceinturons, écussons... Thierry et moi sortons du Bristol après deux heures d'entretien non-stop. Nous remontons la rue sur quelques mètres au milieu d'une profusion d'aimables et souriants « Bonsoir, monsieur Ardisson », « Bonsoir, Thierry », émanant des CRS qui l'ont tous reconnu. Étrange sensation. Et le moins étrange n'est pas d'entendre Thierry répondre avec patience et presque gentillesse « Bonsoir, ça va, vous ? » Je m'enquiers :

— C'est un reste de bonne éducation qui te fait répondre aussi poliment ?

— Pas du tout, c'est la conscience d'être un animateur qui se doit à son public, quel qu'il soit. C'est vrai que c'est drôle, y a trente-cinq ans on se donnait des sueurs en gueulant CRS/SS...

Thierry part faire du bateau entre les îles grecques. Je pars, au gré des routes et des échangeurs, vers la Norvège. C'est un peu au-dessous du cercle polaire, au matin d'une nuit où il a fait jour, que je reçois l'amical SMS qui suit :

« Je note plein de trucs ! J'espère que tu ne te reposes pas trop... »

II

Retour de vacances. Bristol again. Thierry est arrivé avec une poignée de feuilles intitulées « TOPICS ». Trois, quatre pages de mots-clefs avec des flèches en renvoyant certains à d'autres. Je parcours ces dizaines de mots et d'expressions organisés selon un ordre connu de lui seul. Florilège :

« Gramme-Cincinatti... Enfants – En avoir ou pas... Dinky... Voyages – Montserrat... Nuit – Façade... 15 août de la vie... *Nevermore*... Juan... Pain et chocolat... Village englouti... »

Il faudra des heures d'entretiens pour débroussailler tout ce que cachent ces sésames.

Une femme très belle. Un job dans un secteur porteur. Un appart' dans un beau quartier. Une caisse classe, une Triumph Herald, que je mets un point d'honneur à pas conduire. Vu de l'extérieur, tu dirais : « Putain, ce mec a la belle vie ! »

Faut juste pas se fier à toutes ces conneries.

C'est jamais comme ça a l'air d'être. La preuve ? L'envie de tout plaquer m'est tombée sur la gueule sans prévenir, un jour de printemps. Comment ? J'étais allé au ciné, à l'heure du déjeuner, comme je le faisais toutes les fois que je pouvais. Ce jour-là, dans une salle de la rue Lincoln, je vois *More*, de Barbet Schroeder. Une histoire d'amour, de came et d'errance. Le méga-choc ! Ce film m'a complètement bouleversé. L'histoire de cette dérive, le refus des valeurs conventionnelles, le rejet d'une société matérialiste, ce mec qui se shoote à mort à Ibiza, la musique de Pink Floyd, tout me parlait. Tout m'était adressé comme un message personnel. Ce film avait été fait pour moi.

Je suis sorti du cinéma assommé et enthousiaste. Je ne savais plus où j'étais. Je suis rentré à l'agence dans un état second. Je me suis retrouvé comme un con dans mon super-bureau de créatif de pub avec ma moquette de douze centimètres d'épaisseur. Quelque chose n'allait pas. Je me gourais de vie. Tout cela n'était pas pour moi. Il était urgent de faire autre chose. Je me suis dit : « Mon pauvre Thierry, ça ne va pas, là. Tu fais fausse route. Tu vends ton âme au Diable. » Alors, avec Christiane, on a mis tout ce qu'on avait au garde-meubles et on s'est barré avec la Triumph. Direction la Grèce. Faut dire qu'au cinéma j'avais vu *Zorba*, aussi.

« Si un jour au Roxy en t'embrassant sur la bouche pour la première fois, derrière le pilier en bronze façon colonne dorique, je n'avais pas gardé un œil ouvert sur Alan Bates rencontrant Zorba, Thierry ne serait sans doute pas aujourd'hui allongé sur le pont arrière de l'*Evangelistria*, enroulé dans une couverture indienne brodée de fils de soie, plongé dans un livre de sorcellerie acheté ce matin à un vieux juif de Plaka, complètement étranger à ce vapori qu'il connaît par cœur, depuis qu'avec Miss Monde et Milou, ils ont parcouru une à une toutes les îles de la Méditerranée à la recherche du trésor de Gorgona. »

T. A., *Cinémoi*, Paris, Seuil, 1973.

Une semaine plus tard, on s'installait sur l'île d'Ios. Je n'avais pas d'idée très précise. Je voulais faire un roman.

J'ai essayé de mettre en place tout ce que j'avais dans la tête, de construire une histoire, celle d'un mec qui est allé trop jeune au cinéma et qui ne sait plus de quel côté de l'écran il est. C'est ça, le pitch de *Cinémoi*. Mon personnage passe à travers l'écran comme Alice à travers les miroirs. Ou, plus tard, comme les acteurs de Woody Allen dans *La Rose pourpre du Caire.*

À Ios, on vivait avec la sono à fond, sous les treilles d'une maison isolée au fin fond du campo, loin des plages, loin du village. J'écrivais. Christiane peignait. Le cliché résume l'époque.

« I can't live if living is without you
I can't live, I can't give anymore
Can't live if living is without you
I can't give, I can't give any more »
***Without You* (Harry Nilsson)**

La grande sortie de la semaine, c'était le repas dominical chez Niko, le proprio. Angelina, sa femme, avait préparé un demi-agneau rôti et du gâteau à la pastèque. On buvait leur vin trop sucré jusqu'à tard dans l'après-midi. Et ils pleuraient en nous regardant descendre le chemin empierré de la Chora vers le campo. Ils pensaient à leurs enfants, à leurs petits-enfants, tous partis s'exiler en Amérique.

Et puis, un matin d'automne, c'est nous qui sommes partis. Direction Paris.

Je revenais avec un paquet de trois cents pages. Je tenais enfin mon premier roman. J'ai peaufiné le manuscrit, jusqu'au jour où j'ai envoyé *Cinémoi* par la poste à plusieurs éditeurs.

Par la poste, sérieusement ? Tu veux dire que tu es à Paris depuis trois, quatre ans, graine de star dans la pub, et tu ne connais personne dans les maisons d'édition ?

Ben, ouais, c'est la vérité. Je suis parisien, mais pas encore parisianiste. Je ne fréquente personne. Je fais du blé dans la pub. C'est tout. C'est même pire, parce que j'ai une espèce de rejet, un refus viscéral de tout ce qui s'apparente à une vie sociale bourgeoise classique et formatée. L'élite française m'emmerde. Tout cet univers me semble totalement ringard. Particulièrement la littérature française contemporaine. Quand j'ai ressenti le désir de devenir écrivain, au début des Années Soixante-dix, j'ai regardé autour de moi les auteurs dont on parlait. Je n'ai aucune envie de ressembler à ces gens-là. Si c'est pour avoir l'air triste d'un prof de lettres qui attend toute sa vie d'avoir le Goncourt pour s'acheter un *flat* dans la banlieue verte, non merci !

Je n'ai pas de modèle littéraire français. Pas d'idole. Aucun guide spirituel. Pas d'aîné vers qui me tourner. Pas envie d'aller chercher une protection, une bénédiction, un adoubement chez les anciens d'une académie ou d'un jury. Moi, cette démarche me fait chier. Le cliché du jeune romancier qui fait le tour des vieux du secteur pour trouver un papa, ça me fait gerber. Je ne risquais pas de me pointer chez un Nourissier pour lui dire : « Je vous admire énormément... » Comme un chien à la recherche d'un maître !

Donc, pour en revenir à ta question, ouais, j'envoie mon manuscrit par la poste et, tiens-toi bien, il est tout de suite accepté par deux éditeurs. Et pas n'importe lesquels, puisque c'est Grasset et Le Seuil. Matthieu Galley pour le premier et Jean Cayrol pour le deuxième. J'ai choisi le Seuil, comme ça, au feeling.

« Le roman d'un Issoirien

Depuis quelques jours, on peut trouver, dans les librairies de la ville, un livre à la couleur rouge et blanche des éditions du Seuil. Il s'agit d'un roman qui a pour titre *Cinémoi* et dont l'auteur s'appelle Thierry Ardisson. C'est le fils de M. Ardisson, de "Borie et Limousin", et donc le frère de Patrick Ardisson. Ce livre, selon son auteur, est un "livre d'images" écrit par un passionné du cinématographe. Il a adopté une sorte de construction par plans successifs, un peu comme au cinéma, pour raconter ses aventures avec des stars aux noms certes imaginaires, mais qu'on retrouve assez facilement pour peu qu'on ait fréquenté quelques salles obscures.

Un livre intéressant à bien des points de vue... »

La Montagne.

J'ai une tendresse particulière pour *Cinémoi.* C'est mon premier bouquin. Les premiers vrais papiers. Le livre est assez bien accueilli. Je ne vais rien vendre, mais c'est sans importance. Mon nom est sur la couverture. On me voit en photo. J'existe. Les journalistes parlent de mon apparence, on n'emploie pas encore le mot « look », mais c'est l'époque où je porte les cheveux longs et la moustache. J'ai un trou dans l'oreille et le petit diamant qui va avec. Rastignac tendance *rock glitter*, bientôt *glam rock* ! Je suis ridicule avec mon foulard en soie autour du cou et mes bottes en python. Et puis, porter un jean moulant avec le cul que j'ai, c'est peut-être pas la bonne idée... Je dis ça maintenant, mais sur le coup, je m'aime. Ouais, content de moi.

J'ai publié un livre.

Ceux qui auront, comme je l'ai eue, la curiosité d'aller lire ou relire les romans signés Ardisson seront peut-être agréablement surpris. La trame et la matière première en sont sa vie, ses films et ses lectures. Comme ceux qui suivront, Cinémoi *est un condensé de culture populaire et de fantasmes plutôt réjouissant à découvrir pour qui s'intéresse au personnage ardissonnien. Un enchevêtrement d'histoires, une plongée dans une sarabande de séries B ou Z, sur un ton de bande dessinée mise en musique par la crème du psychédélisme.*

Livre d'images et hommage au cinéma américain, égocentrisme sur grand écran (comme son titre l'indique), Cinémoi *est une lecture qui devient troublante à la lumière de tout ce que Thierry dit de lui depuis le début de ces* Confessions.

Troublante parce que c'est déjà l'histoire d'un héros qui veut vivre sa vie comme un roman, trente ans avant qu'il n'en vienne à faire ces « Télémoi » hebdomadaires que sont Tout le monde en parle *et* 93, Faubourg Saint-Honoré.

« Il vit sans savoir de quel côté de l'écran il est. Le héros de ces aventures s'appelle Thierry Ardisson. Dans sa vie comme dans son roman, Thierry Ardisson joue avec son père aux personnages de Pagnol, Marius et César. (...) Thierry Ardisson se présente volontiers comme un auteur d'une "inculture complète". Il n'a jamais lu une ligne de Voltaire

ou une ligne de Sartre. Il affirme fièrement qu'il appartient à "la première génération qui puise ses citations aux sources du cinéma". (...) Il a réussi dans le royaume de la publicité, il se plaint – presque – de gagner trop d'argent (...) Avec ses longs cheveux, sa moustache, sa veste à carreaux, ses bottes et sa démarche à la Gary Cooper, Thierry Ardisson a vraiment l'air d'un cow-boy des Champs-Élysées. »

Jean Chalon, *Le Figaro*, 14 octobre 1973.

III

« Aux gaz lacrymogènes, il préfère l'acide lysergique : la révolution qu'il imagine est intérieure. »

T. A., *Rive Droite*, Paris, Albin Michel, 1983.

Avec *Cinémoi*, je suis remarqué. Mais ce n'est pas la gloire. Après quelques semaines à faire le beau avec les journalistes qui viennent voir à quoi je ressemble, j'ai repris le boulot dans la pub, chez TBWA. J'ai un bon deal avec Bill Tragos, le patron de l'agence, un Gréco-Américain qui bâtira un réseau mondial. Il me laisse le temps dont j'ai besoin pour faire ce qui me plaît, partir écrire au bout du monde et retrouver mon job en rentrant, en échange de quoi faut que je sois excellent. C'est bien payé, dans les trente mille balles par mois. En 73. Correct.

Et puis, Tragos, comme Filipacchi plus tard, me fait marrer. Je me souviens d'un jour où, la porte de mon bureau était ouverte, je vois passer un jeune chef de publicité qui court dans le couloir, très essoufflé. Et derrière lui, essayant vainement de le rattraper, Tragos ! Qui s'arrête, enlève ses chaussures, et les lance de toutes ses forces sur le chef de pub ! J'ai fini par apprendre que l'autre venait de faire perdre à l'agence le budget des Meubles Lévitan. Je trouvais génial que le grand Bill Tragos, star de Madison Avenue, retrouve ses réflexes ataviques pour corriger l'employé fautif.

Pendant les six mois qui suivent, je deviens une sorte de vedette de l'agence. Pour expliquer à la grande distribution dans la presse spécialisée que Cérébos va investir dans une campagne de publicité massive, j'écris : « Sucrez-vous », au-dessus d'une boîte de sel en gros plan. Pour démontrer la maniabilité des skis Rossignol, je fais photographier, vu d'en haut, un très beau virage dans la poudreuse, et j'écris : « Apprenez à dessiner. » Mais mon grand fait d'armes, c'est le fromage Samos ! Il faut préciser que les quatre fondateurs de TBWA venaient de quitter ensemble l'agence Young & Rubicam où ils avaient lancé Kiri, « le fromage des gastronomes en culottes courtes ». Ils étaient un peu secs. C'est là que j'ai sorti pour la première fois ma grande théorie de la surenchère et de la différence : face à l'approche glamour de Kiri, il ne fallait pas essayer de faire plus glamour, mais au contraire aborder le problème sous un autre angle, celui de la composition du produit, par exemple. D'où le concept : « Chaque fois que votre enfant mange une portion de fromage Samos, c'est comme s'il buvait un grand verre de lait. » Restait plus qu'à trouver un gosse en jeans et en tee-shirt. Quand il approchait le Samos de sa bouche, le lait frémissait dans le verre posé à côté de lui... Et quand il le mangeait, le niveau baissait !

À part ça, je commence à faire du business, j'apporte le budget Kodak. Tragos me regarde différemment. Les annonceurs veulent tous bosser avec moi. Je sens un peu d'admiration et d'envie, ça me plaît. Et pourtant, il me manque quelque chose. Je rêve d'aventure et d'écriture. *Cinémoi* n'a été qu'un coup d'essai. Je sais que pour devenir quelqu'un à mes propres yeux, pour voir si j'ai quelque chose dans le ventre, il faut que je foute le camp. Je suis face à mon thème de disserte au bac. Malraux *again* : « Le but d'une vie est de transformer l'expérience en conscience. » Avant d'écrire, il faut vivre. Je veux me casser.

Je vais pas te décrire la France de ces années-là. C'est un pays où on s'emmerde. Tout est vieux, dépassé, archaïque. La fiesta de Mai 1968 est déjà loin derrière. La chance que j'ai, au fond, c'est de travailler dans le seul domaine qui soit réellement créatif. La pub n'est pas le rêve de ma vie, mais il s'y passe des choses. Il y a des tas d'agences qui se montent partout. À un moment, moi aussi, avant TBWA, j'avais monté une petite boîte avec un pote, Risto Chantich. Ce mec était déjà une vraie star de la pub quand je l'ai rencontré en arrivant à Paris. Il s'habillait en combinaison Cardin et dînait chez Lasserre. Un jour, on s'est dit : « Plutôt que de bosser pour les autres, on n'a qu'à créer notre petite entreprise. » C'est comme ça qu'on a lancé une petite structure de création qu'on a baptisée Free One.

J'écoute et relève, sans rien dire, que vingt-cinq ans plus tard, le même Ardisson qui voudra créer une chaîne de télévision câble/satellite radicalement différente des chaînes traditionnelles donnera au projet le nom de « Free One ». De la fidélité à certaines idées de jeunesse... À partir de maintenant, la suite de ces Confessions *regorge de coïncidences et d'intuitions prémonitoires du même ordre.*

Nous étions des « free lance », des pigistes de la pub. On ne travaillait pas directement pour des annonceurs, mais pour différentes agences qui sous-traitaient à des sociétés comme la nôtre pour la création. On avait plein de boulot, mais Free One n'a pas duré très longtemps. Je n'avais pas encore assez de dispositions pour diriger une société. Mais je savais que ça viendrait un jour.

J'ai toujours voulu avoir plusieurs vies. Des vies parallèles, comme on parle de mondes parallèles. Ne pas être enfermé dans une seule et unique réalité. Vivre des réalités fractionnables à volonté. C'est exactement ce que je vais trouver dans la science-fiction et l'acide.

« L'inspecteur Basseterre a définitivement classé l'affaire.

Pour lui, mon coma et ses conséquences sont dus à une trop forte dose d'un mauvais LSD absorbé lors d'un bal costumé.

Le Dr Farlok semblait s'amuser de cette interprétation des faits.

Au-delà du rêve, il y a une autre réalité.

La sait-il ? »

T. A., *Cinémoi*, Paris, Seuil, 1973.

Comme toujours, les choses n'arrivent pas toutes seules. Elles sont déclenchées par des rencontres. En l'occurrence, celle des frères Gingembre.

Quand j'ai rencontré les trois Gingembre ? Difficile à dire. Les états dans lesquels on s'est mis pendant les années qui ont suivi ne facilitent pas la mémorisation...

Je croyais que tu allais réagir au nom « Gingembre », mais je vois que non, alors je vais te les situer.

Ça évoque vaguement quelque chose, mais impossible de dire quoi. Je sais seulement qu'il apparaît sur mes listings de questions, à la mention : « Rive Droite/Roman/dédié à Jean-Guy Gingembre. »

Les frères Gingembre avaient un oncle, Léon, qui était le patron du Syndicat des petites et moyennes entreprises. (*Ça y est, je vois !*) Eux étaient les fils de Maurice Gingembre. C'était une richissime famille de Pieds-Noirs qui possédaient des mines à Soukaras, au sud d'Alger, là où est né saint Augustin. Au moment des « événements », Maurice s'était mis en tête de financer l'OAS à tour de bras. Mauvais choix. Il s'était fait arrêter. La taule. Résultat, l'orgueil de la famille en a pris un coup. Et le train de vie aussi. Pour les enfants, même s'il restait un peu de fric, l'existence était devenue subitement dure. Les trois étaient paumés. J'ai fait la connaissance de Jean-Guy Gingembre chez TBWA où il était concepteur-rédacteur, comme moi. Le mec était aussi sympa qu'intelligent. Mon côté pied-noir imaginaire, ex-Algérie française, a sans doute fait le reste. On est devenu très amis.

À l'époque, ce que je bouquine avec délectation, ce sont les trucs ésotériques, mystiques, surréels. À commencer par les numéros du magazine *Planète* que dirige Louis Pauwels. Il a écrit un truc sidérant avec Jacques Bergier, *Le Matin des magiciens*. Très controversé, mais passionnant. Toujours avec cet arrière-plan qui est que la réalité n'est peut-être pas ce qu'on croit, qu'il existe d'autres mondes, d'autres dimensions, d'autres perceptions. C'est ça qui me captive. Le sentiment que ça pourrait être autrement. J'ai toujours été attiré par les hypothèses divergentes, par le côté : « La vérité est ailleurs. » J'aime les constructions imaginaires, les hypothèses du genre : « Et si ça ne s'était pas passé comme on nous le dit... »

En l'écoutant, comment ne pas penser au scandale que déclenchera l'invitation à Tout le monde en parle *de Thierry Meyssan, auteur de* L'Effroyable Imposture, *où est mis en doute le fait qu'un avion se soit abattu sur le Pentagone le 11 septembre 2001 ? Ce qu'il dit à cet instant n'explique ni n'excuse rien, mais permet de comprendre un peu mieux comment ses propres crashs d'animateur auront pu se produire...*

Le soir, j'ai pris l'habitude d'écouter *Campus*, l'émission de Michel Lancelot sur Europe N° 1. Après l'époque *Salut les Copains*, *Campus* est la grande émission de référence sur toute la culture underground. En français de l'époque : la contre-culture. Ça me va très bien. J'adore être contre.

C'est Jean-Guy qui me branche sur Norman Spinrad, Van Vogt, Theodore Sturgeon, Isaac Asimov, Lovecraft et Philip K. Dick. Je vais dévorer les romans de Dick les uns après les autres, au fil des traductions, notamment dans la collection « Ailleurs & Demain ». Je me suis immergé dans ses univers à tiroirs, ses réalités falsifiées, ses clones plus qu'humains, d'*Ubik* à *Simulacres*, en passant par *Dr Bloodmoney*. La lecture de Dick a agi sur moi comme un révélateur. Ce mec avait tout anticipé. L'effondrement du réel. La montée en puissance du virtuel. Et, bientôt, les nanotechnologies. Il a deviné l'empire et l'emprise des drogues sur nos vies. J'ai une passion pour Dick depuis cette époque. C'est lui qui a cristallisé mon goût pour les uchronies, ces mille et une manières de réécrire l'Histoire en partant d'un postulat comme : « Et si les Nazis avaient gagné la Seconde Guerre mondiale ? » dans *Le Maître du haut-château*.

Je place Dick au-dessus de tous, mais quand tu lis pour la première fois le *Jack Baron et l'éternité* de Norman Spinrad, tu restes scotché. (*Je confirme. Encore un hasard dans la bouche du futur provocateur Ardisson ?* Jack Baron *est sans doute le plus éton-*

nant roman jamais écrit sur la puissance des médias audiovisuels et le pouvoir d'un animateur de talk-show briseur de tabous, décidé à provoquer les forces les plus occultes, les puissances les plus riches des États-Unis...) Pareil avec son *Rêve de fer* où il imagine qu'un dénommé Adolf Hitler, auteur de romans de SF, fait un best-seller où il raconte l'anéantissement d'un peuple de sous-hommes.

Avec Christiane, on est aussi très copain avec un musicien black, Joël, et sa femme, Marianne, une belle Antillaise, que j'avais employée comme Prisunienne. Ce mec était le bassiste du groupe Magma, un truc de rock progressif où chantait Armande Altaï ! Eh oui, Philippe, c'était bien avant la *Star Ac'* ! Le soir, on prenait des acides sur fond de musique psychédélique. On écoutait tous les disques planants de l'époque. George Harrison, mais aussi Ravi Shankar, et puis Pink Floyd, King Crimson, Génésis et Robert Wyatt. La palme du grand voyage revenant à Hendrix et à son *Electric Ladyland* qu'on se repassait comme des fous sur la platine, en trippant sur des dessins de M.C. Escher.

J'étais fasciné. Je trouvais ça fantastique. On était persuadé d'être des mutants qui captaient les vraies ondes de l'Univers. (Surtout grâce au papier alu et aux boîtes d'œufs qui tapissaient la pièce.) Je voulais échapper à la vie quotidienne : j'étais servi. Je ne demandais qu'à communiquer enfin avec les extraterrestres. J'avais des choses importantes à leur dire. Ils pouvaient venir. On était prêts. Et quand je revenais sur terre, c'était pour me plonger dans un nouveau bouquin de Dick ou un recueil de nouvelles de Lovecraft. Tu vois le tableau ?

« Il n'était plus dans "la" réalité mais dans toutes à la fois. Il percevait le monde en milliards de taches de couleur sans aucune signification. Un chaos abstrait. S'il baptisait "feuille" la tache verte qui taquinait son nez et s'il regroupait des "feuilles" selon une certaine logique, il obtenait un "buisson". Mais il entrevoyait à la même seconde des milliers d'interprétations possibles pour la "tache verte". Sa vie sur

terre n'était que le plus précis de plusieurs états de conscience. Il imaginait des centaines de logiques différentes pouvant ordonner les "taches de couleur". Il saisissait pour la première fois l'existence d'un esprit tout-puissant capable de changer de "réalité" comme les hommes changent de chaîne de télé. Il était en présence du Tout-Puissant. Enfant, il se plaçait devant une fenêtre donnant sur le noir et il jouait à choisir de voir soit le monde extérieur à travers la vitre, soit l'intérieur de la pièce se réfléchissant sur le verre : cette nuit, il passait ainsi d'une réalité à l'autre. »

T. A., *Rive Droite*, Paris, Albin Michel, 1983.

IV

« En 1974, si le voyage d'Asie est depuis quelques années le passage obligé, Bali n'est pas encore Goa. Plutôt Tanger vingt ans plus tôt. Ou mieux, la Riviera des Années Vingt. »
T. A., *Rive Droite*, Paris, Albin Michel, 1983.

Mars 1974. Christiane et moi. Vol Garuda Airlines. Direction Bali. Parce que Katmandou, c'est ringard. Et Goa, démodé. On est parti sans aucun plan. J'avais juste l'intention de m'installer sur un coin de plage, dans un endroit peinard, pour écrire, fumer des pétards, et goûter à plus fort si possible. Tout ce qu'on sait, c'est qu'on va retrouver quelques potes rencontrés à Paris au cours des derniers mois, et les deux autres frères Gingembre, Bruno et Patrick. Et puis, des gens qui gravitent dans ce monde migrateur, des tas de *beautiful people* en vadrouille, des Suisses, des Australiens, des Brésiliens. Ils vont d'un pays à l'autre. Ils vivent, on ne sait trop comment. Personne ne pose de questions. Bali, c'est le terminus de la Route. Bali, c'est une planète magique, un mélange de vaudou hindou et d'acid rock. Une collision harmonieuse entre les fantasmes de l'Occident et les mystères de l'Orient. Ce que ça évoque ? Du Martini Dry avec des *flavours* de clou de girofle comme leurs cigarettes, les kretek.

« Au bout du sable, ils arrivent à Petitinguet, une clairière recouverte d'un gazon anglais, partagée en parts égales par une paresseuse rivière où s'agitent des carpes à l'ombre d'un

pont de bois. Trois vaches, deux canards, un chien. À droite, sous le feuillage, un petit warong. À gauche, au bord du paysage, une grande maison coloniale. Dominant l'ensemble d'une centaine de marches, protégé du temps par un arbre millénaire : le temple sacré. Près de l'eau, une famille fait ses offrandes rituelles à la mer sous une ombrelle en soie peinte...

T. A., *Rive Droite*, Paris, Albin Michel, 1983.

Au début, on habitait au temple de Petitinguet, la maison coloniale. Le gardien nous louait une chambre pour quelques dollars. Dans la journée, des dizaines de Balinais défilaient, mais le soir, c'était désert. Pas très rassurant... Et puis un jour, sur la plage de Legian, je croise un mec qui se balade à moto avec une fille derrière. Il s'arrête. On commence à parler en anglais et il me dit, en montrant la fille : « Moi, je cherche des coquillages ? Et toi ? »

Je lui raconte ma vie. Je fais de la pub. Je viens de publier un roman. J'ai pris six mois sabbatiques pour en écrire un deuxième. Il me dit :

— T'habites où ?

— Ben là, au temple...

— J'ai une maison pour toi.

Julian était milliardaire. C'était mon premier milliardaire. Je n'en avais jamais approché. Et donc, évidemment, il m'a passionné. J'étais fasciné par sa désinvolture, celle des riches, celle qu'aucun argent ne peut acheter. Son nom complet était Julian A. Moulton. Il était l'un des héritiers de la Chase Manhattan Bank et actionnaire de Pepsico, un truc comme ça. Il m'explique que Pepsico a fait construire un hôtel immense et luxueux à Bali, le Kayu Aya, et que je suis le bienvenu dans la maison qui a été spécialement édifiée pour héberger les cadres du chantier, les ingénieurs, les architectes, les décorateurs. Le lendemain, je m'installais donc avec Christiane, les Gingembre et nos potes dans une superbe maison balinaise, poutres sculptées et toit de chaume, à Légian.

Mais, au lieu de profiter de la douceur de la véranda, des balades à moto et des couchers de soleil sur la mer, je me pourris la vie à essayer d'écrire. Mon roman n'avance pas. Et, au bout de quelques semaines, je pense plus qu'à la dope. Il faut dire qu'on habite dans cette baraque, avec une bande de mecs et de nanas tous plus allumés les uns que les autres. Ici, la défonce commence au réveil avec les fameuses omelettes aux champignons hallucinogènes des warongs de Kuta. Évidemment, comme breakfast, ça te met dans un drôle d'état pour le restant de la journée. Mais on est tous là pour ça, non ?

On a vécu comme ça, dans l'insouciance totale, jusqu'au jour de l'incendie... (*Quel incendie ?*) Ben... J'ai foutu le feu à la maison. (*Comme à la grange du Père Jacquet...*) Ouais. Un accident à la con. Dans la cuisine, nous avions un frigo qui fonctionnait au gaz. Une nuit, en rentrant après une balade à moto, je ne sais pas ce que j'ai foutu, j'ai voulu monter le niveau de froid et le réfrigérateur s'est transformé en torche. En trois minutes, la baraque s'est mise à flamber comme un feu de paille. C'est un des moments les plus beaux de ma vie. On s'est tous retrouvés sur la plage à regarder la superbe maison balinaise brûler à grandes flammes devant le soleil levant. C'était magique.

Patrick Gingembre avait réussi à se tirer de là en emportant du Dom Pérignon. On s'est mis à boire en contemplant l'incendie quand, d'un seul coup, j'ai réalisé que ma drogue et mon livre étaient planqués sous mon lit. J'ai réfléchi à rien. J'ai foncé dans ma piaule que les flammes commençaient à attaquer. J'ai soulevé le lit. J'ai sauvé la dope et le premier manuscrit d'un roman qui n'avait pas encore de titre, mais qui s'appellera *La Bilbe*.

Donc, la maison est en cendres. Et là, Julian, au lieu de m'accabler, nous invite, Christiane et moi, à venir vivre dans l'hôtel proprement dit, le Kayu Aya, dont l'ouverture à la clientèle était imminente. Un ensemble de bungalows de grand standing qui alliait l'art local et la technologie mondiale, fresques naïves et climatiseurs sophistiqués, gamelan et télex. Je me souviens d'un luxe et d'un service inouïs. Et de la dope. J'avais des petites boîtes. Ma petite boîte d'héroïne. Ma petite boîte de cocaïne. Ma petite boîte d'herbe. Enfin, tu vois l'organisation. J'étais là, toute la journée sur mon lit. Je mettais la clim' au max'. Il faisait un froid de cryogénie dans ma piaule. Je me faisais des lignes. Je me disais : « Bon, là je vais me faire un peu de coke, parce que je suis un peu fatigué. » Et puis, un peu après, je me disais : « Oh là, oh là ! Je suis peut-être un peu énervé là, je vais me faire un gros pétard... » Comme l'herbe me calmait pas, il était temps de sniffer un peu d'héroïne, et ainsi de suite. J'étais du matin au soir occupé à me défoncer la gueule...

J'avais besoin de fric, pas pour l'hôtel qui était gratuit, mais pour la dope. Alors on a monté une embrouille aux Travellers Chèques. Classique. On dit qu'on se les est fait voler pour se les faire rembourser. C'est quand même l'escroquerie la plus con du monde... Donc, toujours avec Christiane, je pars de Bali, direction Jakarta pour me faire rembourser les Trav's. Évidemment, c'était pas aussi simple que mes copains avaient bien voulu me le raconter. Parce que s'ils remboursaient les Trav's à tous les connards qui font semblant de se les être fait piquer, ça se saurait. (*Mais tu pars pour où ? Pour faire quoi ? T'as un projet, une idée, un plan ?*) Que dalle ! J'ai envie, une fois de plus, d'aller voir ailleurs.

On est allé à Bangkok. (Mais sans le pognon des Trav's. Faudra un an pour le récupérer.)

À Bangkok, à l'Oriental Hotel, c'est plus la douceur balinaise ! Des camés, qui vivent dans leur chambre, shootés à mort, sans jamais sortir. Tu suis leur rythme de vie juste avec les plateaux-repas qu'on dépose devant la porte de leur chambre. On leur apporte un plateau. Ils bouffent. Ils le remettent devant la porte. Ils referment la porte à clef. Ils recommencent à se shooter. Les deux seules visites qu'ils ont, c'est le room service et le dealer. (*Ça te faisait peur ?*) Non, c'est bien le drame.

Je me suis tiré de Bangkok. J'en avais marre. Je n'arrivais pas à écrire. Je savais qu'il fallait penser à rentrer parce que le fric commençait à se faire rare, mais je voulais pas retourner en France. J'ai décidé d'aller voir à quoi ressemblait cette ville dont j'avais toujours trouvé le nom envoûtant sur l'atlas du BEPC de ma mère : « Vientiane ».

« Je remonte la rue des marchands hindous qui, en turban et sous le regard de Civa, vendent du savon Le Chat, de l'huile Lesieur et de la Javel La Croix à des Dames de France en tailleur La Redoute. Je vais boire un Ricard au Bar du Mékong. Je pense à Gabin dans *Un singe en hiver* quand, écroulé sur le comptoir d'un bistrot asiatique perdu dans le bled vendéen où il s'est retiré, il fait flotter des bouteilles vides dans la plonge en expliquant à Belmondo comment c'était là-bas : "Et puis, il y a le fleuve d'Amour !" Au Bar du Mékong, en regardant le patron qui ressemble à Gabin, je découvre le *Double Dépaysement*, c'est-à-dire le goût très particulier de ce qui est français ici.

Issoire de l'Extrême-Orient, figée en 1954 avec son Hôtel Constellation, sa brasserie La Paix, sa boulangerie suisse et son Bar du Mékong, Vientiane (Laos) est la capitale mondiale du Double Dépaysement. Aimer le Double Dépaysement, c'est aimer les petites églises portugaises de Goa, coincées entre les palmiers (sucrés) et les vaches (sacrées). C'est aimer Windhoek en plein Sud-Ouest africain avec sa bière qui coule à flots, ses chapeaux tyroliens et ses noms de rue en gothique. Rechercher le Double Dépaysement, c'est aller passer ses vacances dans un pays qui ressemble à la Suisse, sur une île des Caraïbes tout à fait suédoise, dans un pays imaginaire fait de deux pays. »

T. A., « Le Charme discret des Colonies »,
***Playboy*, septembre 1980.**

Vientiane, c'est d'abord la traversée du Mékong au coucher du soleil. Une petite route qui longe le fleuve, et, au bout, une ville de province sous les palmiers. On se serait cru dans une portion d'espace-temps échappée des Années Cinquante.

À l'hôtel Constellation, d'immenses ventilateurs accrochés au plafond brassent un air moite, mélangeant la fumée des Gauloises et l'humidité du Mékong. Des fauteuils en moleskine rouge. Des affiches publicitaires pour les DC4 d'Air France. Maurice, le patron de l'hôtel, est couleur jaune ! C'est le pastis ? C'est l'opium ? C'est le mimétisme ? Je m'y installe dans un parfait état second. Tout me fait rêver. Les boîtes aux lettres portent les noms de tous les grands magazines de presse de l'époque de l'Indochine : *Time*, *Life*, *Match*. C'est ici que descendaient les correspondants de guerre. Ici qu'on devait débattre, dans la fumée des cigares, de l'avenir du monde. Ici qu'on dictait des papiers qui seraient lus le lendemain sur toute la planète.

Je suis bouleversé de nostalgie quand je découvre dans un salon de l'hôtel un poste de radio Ducretet-Thomson en Bakélite. La réplique exacte de celui sur lequel mon père et moi avions écouté la chute de Diên Biên Phu quand j'étais gosse. Au Constellation, l'ambiance est mythique. Je suis dans mon élément préféré : le cinéma. J'évolue dans un film que je dirige. Je commande le décor. Je vais manger un steak au poivre à la Brasserie de la Paix. On pourrait se croire à La Coupole.

Je suis d'autant plus ancré dans l'ambiance que je consomme tout ce qu'il faut pour cultiver cette rêverie magique. Je goûte à tout ce qui se présente. J'organise un télescopage de sensations. Il y a le bon pain comme en France et l'opium qu'on va fumer le soir au bord du fleuve. Et puis, par-dessus tout ça, il y a l'héroïne. De la bonne poudre que tu peux acheter partout.

« Au fond de sa gorge, la Marlboro a le goût du tabac, de l'héroïne, du sang : le vrai goût des grands espaces. »
T. A., *Rive Droite*, Paris, Albin Michel, 1983.

C'est à Vientiane que je commence à prendre régulièrement de l'héroïne, à retrouver le plus souvent possible la sensation qu'on éprouvait avant la naissance dans le ventre maternel, dans la douceur du liquide amniotique. Le Vide. Le Blanc. Le Rien. Être totalement déréalisé.

« L'après-midi dure trois secondes ou des siècles. Des animaux préhistoriques à la conquête des étoiles, Vallanges découvre en lui des images dont il avait parfois envisagé la programmation sans croire un jour pouvoir les explorer. Fœtal dans son transat, il flotte. Il s'y retourne dans tous les sens, comme sous les draps chauds d'une grasse matinée. Il expérimente l'indubitable particularité qu'a l'héroïne de donner à la vie l'apparence de la rêverie et à la rêverie la consistance du rêve. L'après-midi va durer plusieurs mois. »

T. A., *Rive Droite*, Paris, Albin Michel, 1983.

Vientiane, c'est l'adresse du bonheur parfait. Tu te lèves à midi. Tu vas t'envoyer un « poivre » à La Paix. Puis tu te balades en grignotant des pâtisseries, des religieuses ou des babas, exactement comme si tu étais en vadrouille dans les rues d'Issoire. Plus tard dans l'après-midi, tu entres dans un bar pourrave, et tu achètes de la bonne blanche pas chère. De la super-poudre qui va te défoncer la tronche et faire disparaître tout ce qui t'emmerde. C'est de la prestidigitation. La poudre de perlinpinpin.

Un sniff, et hop, le réel change.

(Avec l'opium, ça prenait trop de temps.)

Évidemment, le prix moral et physique à payer est exorbitant. Je ne vois pas venir le piège. Pire, je me jette dedans, tout content. Tout con. J'ai une nouvelle amie formidable dans la vie, une vraie : l'héro. En très peu de temps, elle devient le seul élément et le seul aliment nécessaire à ma vie. Elle ne remplace pas la baise et la nourriture, ni le fric : elle est tout ça en même temps. Elle est l'unique centre d'intérêt.

Au bout d'un mois ou deux, je n'avais plus un rond pour payer l'hôtel Constellation. Je commençais à être à sec pour de bon. Et je ne voulais toujours pas rentrer. De moins en moins, même. Christiane était de plus en plus floue, fantomisée à mes yeux par la poudre, remplacée par Vientiane. On a quitté l'hôtel pour s'installer dans une espèce de HLM minable au bord de la ville. Retour en cité.

J'en suis là. Je moisis dans l'humidité d'un F3. Je sors un peu sur le balcon. Plusieurs fois par jour, j'en prends. Et après, je ne bouge plus pendant des heures, alors que je suis censé écrire un bouquin. Mais je ne suis pas foutu d'aligner trois phrases, tellement je suis défoncé. On va au bout de la terre. On se détruit. On écrit des chefs-d'œuvre et on rentre à la maison. Je m'entretenais dans cette illusion rimbaldienne à la con.

Dans cette HLM, je m'enlise très vite. Je n'ai plus de blé du tout. Je vais de moins en moins souvent en ville et quand j'y vais, c'est d'abord pour essayer de taper du fric aux gens que je croise en leur disant : « Pardon, m'sieur, pardon m'dame, vous êtes français ? Vous pouvez me dépanner de mille ? » La manche, quoi. Bien sûr, s'ils me filent un peu de pognon, c'est pour aller acheter de la poudre. Tu vois le topo.

Finalement, c'est ma banque à Paris, la Société Générale, qui m'a sauvé. Enfin, pas la banque elle-même, mais une bonne femme qui s'occupait de mon compte à l'agence du Pont-Neuf : madame Hennequin. Un jour, je l'ai appelée en lui disant : « Écoutez, ça peut plus durer, il faut me sortir de là. Prêtez-moi du fric, je vous le rendrai... » Mon compte était vide et j'étais pas franchement solvable, mais elle m'a envoyé de quoi nous acheter un billet pour Paris.

Quand je monte dans l'avion, je suis assez naïf pour me croire tiré d'affaire. Je me dis que je vais tourner la page. Bien sûr, c'est tout le contraire.

V

De retour d'Asie, on débarque à Paris à l'automne 1974. La France a changé, mais je n'en ai rien à foutre. Pompidou est mort. Giscard a été élu. Tout ça me laisse indifférent. Je reprends le boulot dans la pub et j'essaie de remonter la pente. Les patrons de TBWA souhaitent que je me réadapte, mais c'est trop tard. J'ai mis les doigts dans la prise. Je suis dedans, à fond, accro. Je me mets à fréquenter la *Junky Society* parisienne. Avant Bali et Vientiane, je n'avais jamais goûté à l'héro, maintenant, je peux plus m'en passer. Je ne me shoote pas, mais je sniffe, à tour de nez.

« Autopsie du look. 1974 : Glitter.

Panoplie : satin Lurex et peau de serpent, le Glitter s'habille aux States s'il le peut et aux Puces faute de mieux. Branché, il écoute *Bazaar*, l'album de Sylvester, en lisant les poèmes de Patti Smith. Sinon, c'est Roxy, Alice et Lou en feuilletant *Interview*.

Idéologie : le Glitter se regarde et il se montre. Faute d'avoir refait le monde, on refait son make-up. On voyage sur les paquets de Dunhill : London (Bowie), Paris (Coupole), New York (Warhol) en prenant des drogues dures et des poses molles.

Style de vie : le Glitter se lève tard, mais il ménage ses cernes. Après s'être habillé avec soin et avoir mangé sans appétit, il passe l'après-midi chez Givaudan (Hugues). Le soir, on se rate au Bataclan mais on se retrouve à la Coupole pour boire (Gin-Tranxène/Vodka-Mandrax/Whisky-Temesta), s'amuser ("Marie-France vieillit, tu trouves pas ?"), trouver un plan ("T'as pas 50 sacs pour un gramme ?"), ou une fête ("Tu vas chez les Dolls ?"). »

T. A., *Paris Hebdo*, 12 février 1980.

Je termine, comme je peux, mon roman, *La Bilbe*, qui sort à la rentrée 75, au Seuil, comme *Cinémoi*. Bon accueil critique, mais je ne suis même pas capable d'en profiter pour rebondir. Je ne suis plus qu'un *junkie* juste assez friqué pour s'offrir son poison. Et qui a fini par comprendre qu'au début on en prend pour être bien, et après, juste pour pas être mal. Qu'on commence par se rendre malade, et qu'on s'accroche au médicament. (Vous avez compris, les gosses ? N'oubliez jamais ça !)

La Bilbe *est un objet éditorial non identifiable. Le pitch ? Neuf mois avant Noël, tous les Terriens rêvent tous d'une même femme enceinte du prochain Messie. Journaliste, le héros-narrateur a pour mission d'aller photographier le futur fils de Dieu. Un roman de S-F mystique qui reprend le délire de* Cinémoi *en l'étendant aux convictions religieuses de la planète. Un* cosmic dream *urbain. Explosion de sens. Expansion du rêve. Extension de l'ouverture des portes d'une perception délirante du monde où, déjà, tout se mélange : l'info, le spectacle, la mémoire.*

La Bilbe, *c'est « Tout le monde en rêve ». Un space-opera religio-médiatique truffé de références à La Bible, évidemment, avec une Annonciation, un Ancien et un Nouveau Testament new-look, le ciel qui s'ouvre comme un sexe, des serpents strangulateurs, une pluie de diamants... Du Cecil B. De Mille chargé au LSD.*

La Bilbe, *c'est une fable en apesanteur. Un corps littéraire qui porte les stigmates de toutes les aventures de son géniteur. Il suffit d'en extraire des fibres pour retrouver, omniprésentes, les traces de mysticisme musical, d'omelettes hallucinogènes, et d'une attirance grandissante pour le pouvoir des médias.*

« Dans un style qui annonce les flashs d'une société que l'audiovisuel a pervertie, Thierry Ardisson mène une enquête où son imagination ménage les surprises les plus extravagantes. »

(*Elle*)

« ... de la S-F planante, à la Lupoff ou à la Goulart. »

(*Métal Hurlant*)

« C'est écrit comme un film de Philippe Garrel, ce qui revient à dire que ce n'est pas écrit du tout. »

(*Quotidien de Paris*)

« Un style direct, par moments celui d'un thriller, un certain humour et beaucoup d'ambition pour décrire cette mutation, celle de l'"Homo sapiens" en "Homo dingo", rien de moins que ça ! Se lit avec plaisir. »

(*Rock&Folk*)

Après la sortie de *La Bilbe*, mon existence s'étire pendant des mois. La vie avec Christiane devient très compliquée. Je suis toujours amoureux, mais je disjoncte, je déconne. Elle est plus lucide que moi. Elle me voit sombrer corps et âme. Moi, je vois que dalle. Je suis dans l'extase de la poudreuse. Elle sait que je suis en train de me détruire, tandis que moi, abruti très atteint, je raconte qu'à toute chose malheur est bon, et que ce qui m'arrive va m'aider à bâtir une œuvre. Tu parles, Charles ! Tout ce qui pouvait ressembler à des valeurs encore stables s'effrite, se dilue. Le bon, le mauvais, le bien, le mal, tout devient flou. Seule compte l'heure de la dose. Et le plaisir du doux néant.

De temps en temps, ma femme me dit : « Thierry, arrête... » Mais elle doit pas le dire assez fort.

De toute façon, j'entends plus rien. J'épuise tout le monde. Surtout moi.

Il faut que je me sorte de la dope. Il faut que je me sorte de la pub. Rassemblant mes énergies, je vais voir Daisy de Galard, idole de ma jeunesse. Après avoir été rédactrice en chef de *Elle*, elle avait fait *Dim Dam Dom*, puis elle avait été engagée par Toscan du Plantier à la Gaumont pour s'occuper de la télé et des archives. Je savais qu'elle cherchait des idées pour rentabiliser les images du fonds Gaumont. Je la rencontre avec un projet de série documentaire : *Le Charme discret des Colonies*. Fallait oser. Je faisais pas l'apologie de la colonisation, mais j'abordais les colonies sur un plan formel. Je voulais passer du politique à l'esthétique, faire quelque chose de dépassionné, explorer la colonisation sans passer par le prisme de la décolonisation. Une promenade à travers l'univers colonial de la IIIe République. J'imaginais une série foisonnante, avec des docs sur les expos coloniales, en passant par les grands films d'époque, des archives militaires, celles des missionnaires, les amateurs...

Daisy a trouvé l'idée sympa. (On est devenus amis. Elle sera la marraine d'une de mes filles.) On a commencé à bosser dessus, mais *Le Charme discret des Colonies*, c'était invendable aux chaînes françaises en 1975... Le projet tombe à l'eau.

Côté pub, c'est pas mieux. J'ai changé d'agence pour atterrir à Puteaux, chez Ted Bates, une grosse boîte où j'en branle pas une. Je gagne quarante mille balles par mois. Jusqu'au jour où le patron s'en aperçoit. Il a la bonne idée de me foutre à la porte. À sa place, j'aurais fait pareil. J'étais défoncé du matin au soir. Je devenais dangereux. Je me souviens que j'en étais à rouler à moto sans permis, à fond, sur des trottoirs, à contresens, tout ça pour arriver plus vite chez mon dealer.

C'est Christiane qui a trouvé l'énergie de me convaincre. Il fallait absolument que je revienne sur terre.

On a décidé de s'envoler.

VI

De mémoire, je dirai qu'on a dû se barrer en Amérique au début de 1976. Faudrait essayer de retrouver des dates, même si, au fond, ça n'a aucune importance. Dans l'état où j'étais, je vais te dire, le calendrier n'existait plus. J'avais traversé le temps.

On part pour New York, donc, avec la vague idée de retrouver Julian et de changer de vie. Un matin, on prend l'avion. C'est un vol Icelandic Airlines au départ du Luxembourg, un truc pas cher. Je monte à bord dans un état grave. Une heure plus tard, je suis au bord du décès. Je n'arrive pas à me raisonner. J'étais tellement jeté qu'on a dû s'arrêter en route. L'avion faisait escale à Reykjavik. J'étais en pleine descente d'héro. On est descendu là. On a pris une petite chambre dans un hôtel. Je devais me reposer. J'étais persuadé que j'allais crever là, comme ça. Il faisait nuit tout le temps et pourtant tout était blanc. Une station spatiale sur la banquise. Flash-forward du *Növövision* d'Yves Adrien...

« Reykjavik (Islande) 13 janvier 1978. 06 h 04. Pas plus que le surf n'est un sport, ou le rock une musique, l'Islande n'est une île. C'est une lune. »

T. A., « Le Choc des Années 80 », *Playboy*, janvier 1980.

On y est resté deux jours, je crois. Et puis, on est enfin arrivé à New York.

Le seul endroit où je peux envisager de mettre les pieds, c'est le Chelsea Hotel. Aucun autre lieu ne me conviendrait. Je veux l'hôtel mythique de la *Beat Generation.* Je veux décrocher de l'héro là où l'ont fait Hendrix, Keith et Sid.

« Chelsea Hotel ! Hall : horribles créations avec lesquelles plusieurs générations de peintres ratés, de sculpteurs fauchés ont payé la note et terribles créatures, des zonards toxicos, clochards alcoolos, travelos semi-comateux, négros superspeedés. Chambre : Louis s'est jeté sur le lit. Mâchoire bloquée, poings serrés, ventre noué, il est ratatiné sous le plafonnier, les yeux grands ouverts, le regard mort... Tentures défraîchies, fauteuils éventrés, télé déréglée, la Huit Cent Neuf est aussi calamiteuse que le reste de l'hôtel, mais malgré des cafards dans tous les coins, la salle de bains est neuve et chaude, l'eau chaude. Du lit à la baignoire, la nuit passera au ralenti, rythmée par les cris des voitures de police. Comme Bali l'était par le gamelan. Louis ne dormira guère. Son corps commence à, peu à peu, se nettoyer, mais son âme s'avère de plus en plus abîmée. »

T. A., *Rive Droite*, Paris, Albin Michel, 1983.

Je suis malade comme un chien. Je tiens trois jours sans rien prendre. J'avale des tas de saloperies, genre Neocodion, pour compenser. Je reste enfermé. Je vais devenir fou. Je veux me foutre en l'air. C'est là que ma femme m'empêche de sauter par la fenêtre. Si, si.

Ce n'est pas ici que je vais me désintoxiquer, tout seul, par miracle. J'ai oublié pourquoi, mais au bout de quelques jours, je me suis mis dans l'idée qu'il faudrait que j'aille au Mexique. Pourquoi le Mexique ? Me semblait que c'était la bonne latitude pour oublier ce putain de manque qui me glaçait les sangs. Là-dessus, je me décide à appeler Julian pour qu'il m'indique un *spot cool.* Je finis par joindre Noah Rosoff, son avocat, qui me dit que Julian est en Californie. En quelques heures, tout est réglé. On oublie le Mexique. On est invité à rejoindre Julian à

Santa Barbara. C'est décidé. Je vais essayer le style de vie californien, la santé et la forme, le culte du corps. Changement de trip.

« Julian reprend un Quarter Pounder. Il est très en forme. Le style Nasa lui va bien. Grand, mince, sportif, bronzé, yeux verts, traits réguliers : un vrai "golden boy of the Golden State". Pourtant, malgré son passeport américain et son aisance ici, il n'est pas californien, ce qui lui confère la distance nécessaire à tout bon guide. Né Anglo-Saxon dans un château français, élevé à Eton, Julian a vécu une adolescence psychédélique à New York avant de se baser à Majorque, automnes à Paris, hivers à Gstaad : jet-set. Nous sommes devenus amis à Bali, où j'écrivais *La Bilbe*, où il régnait en rajah excentrique sur la « easy life » locale. Julian fait toujours ce qu'il y a de mieux à faire sur terre, au meilleur endroit et au meilleur moment : il est toujours dans l'ultimate trip. Il vit avec talent. Pas étonnant que depuis deux ans, il se soit fixé ici, à Santa Barbara plus exactement, et qu'il soit branché sur les minicomputers, le roller-skate, le tossing. »

T. A., « USA : La Fièvre du Tossing », *Playboy*, août 1979.

Julian avait une superbe maison en bois, nichée dans les arbres sur les hauteurs de Santa Barbara, face au Pacifique. J'ai commencé à faire du jogging tous les jours. Putain, les premiers temps, j'ai cru mourir dix fois. À bout de souffle. Une épave, j'étais. J'ai continué. Un calvaire.

« Louis a envie de faire quelque chose de bête et difficile. Il descend sur la plage et il se met à courir, cinquante, cent cinquante, deux cents mètres : il tombe, sombre, s'effondre, en eau, en larmes, découvrant brusquement l'ampleur du mal, se jurant qu'il n'aurait plus jamais à se sauver la vie. (...) Quelquefois, il a failli se rendre à l'ennemi, se laisser aller à ne pas y aller, sauter un matin, rester au lit, pas grave ? Mais chaque fois, son surmoi retrouvé lui a ordonné d'aller mettre le plus grand nombre de kilomètres possible entre

l'héroïne et lui, de se surpasser un peu tous les jours, ce qui est, il a payé pour l'apprendre, le signe exact du caractère. Dans ces cas-là, même s'il court, c'est toujours sans très bien savoir vers quoi, sans vraiment saisir pourquoi il faut se faire tant de mal pour aller bien. »

T. A., *Rive Droite*, Paris, Albin Michel, 1983.

Et puis ça a marché. Il a fallu des mois, mais j'ai décroché.

Julian possédait un mobil home de la taille d'un autobus qu'il appelait « Le Spaceship ». Sur le devant était accrochée une moto. Sur le toit des planches de surf. À l'arrière, il tirait une caravane Airsteam Aeroline. On est parti à quatre, sa gonzesse et lui, ma femme et moi. On a sillonné l'Ouest américain, visité des villages, exploré des vallées, longé des plages. C'était une balade délirante de road-side attraction en *road-side attraction*. Il y en avait une qui s'appelait Mecca, c'était une réplique de La Mecque. Une où on vivait comme au temps du Far West. Une autre où c'était, tous les soirs de l'année, le réveillon du 24 décembre. Chaque fois que tu sortais de l'autoroute, tu rentrais dans un univers virtuel.

« Des villes minières désaffectées, des reproductions à l'identique de monuments anglais ou de palais arabes, des féeries des eaux et des parcs de dinos bordaient l'autoroute tous les cinquante kilomètres : j'exigeai de les visiter, un par un ! Tous les soirs, nous retrouvions avec délice les nains en céramique et les puits en fausses pierres qui ornaient le gazon artificiel d'un camp de caravanes. En tartinant du cheddar en aérosol sur du pain biologique, nous regardions Liberace à la télévision, son piano immaculé, ses costumes en renard bleu. "God Bless Our Mobil Home" : c'était écrit au-dessus de la porte de notre Airstream, une vraie fusée sur roulettes en plaques d'alu rivetées. Sommet du voyage : une arrivée de nuit au milieu des néons de Vegas ! »

T. A., « USA : Les Délices du mauvais goût »,
***Vogue*, avril 1991.**

On a dû faire ça au moins deux ou trois mois, printemps 76. Sans problème d'argent. Sans angoisse du lendemain. L'insouciance totale. Je récupérais progressivement. Je voyais le bout du tunnel. Je ne touchais plus à rien. On fumait juste des pétards de mexicaine jusqu'à trois du mat'. À l'aube, on ouvrait la porte du mobil home et c'était un gag récurrent parce qu'on ne se souvenait jamais où on s'était garé la veille au soir.

Avant de rentrer à Santa Barbara, Captain Moulton a posé le Spaceship à Los Angeles, on a passé quelque temps chez un pote à lui, un musicien, compositeur très célèbre de musiques de films, qui avait un immense manoir tudorien à Bel Air : John Barry, le premier mari de Jane Birkin.

Un jour, à Beverley Hills, on débarque dans une sublime villa palladienne. De loin la plus classe de toutes les baraques du coin. Une splendeur. Je demande à Julian ce qui a pu enrichir le propriétaire à ce point. Et, il me balance : « Il a inventé le sparadrap noir pour les Noirs. » Là, j'ai compris ce que devait être mon seul métier : inventeur. Trouver des idées, c'est bien. Trouver l'idée, c'est mieux.

Ma gamberge se réveillait. Après mon corps, mon cerveau se remettait au boulot. Toujours stimulé par les mêmes vélos.

Je me souviens, c'est dans l'avion de retour que j'ai lu le dossier que Julian m'avait confié, juste avant de partir à l'aéroport : le « *Gemstone File* ». As-tu déjà entendu parler du « Dossier Gemstone » ? Oui ? Non ? (*Si, mais c'est très flou, une histoire de parano à la « X File », non ?)* Ben ouais, c'est ça, en gros. Un truc de fou qui circulait sous le manteau, un samizdat californien.

Ce dossier racontait comment le vieux Kennedy, Joseph, Joe, ambassadeur pronazi des USA à Londres en 40, avait été aidé par la Mafia pour faire fortune, et comment, parce que ses fils, John et Robert, une fois au pouvoir, se sont attaqués à cette même Mafia, ils se sont fait abattre comme du gibier. Dans ce dossier, il affirmait qu'Aristote Onassis était le chef suprême de la Mafia, qu'il avait passé un deal, dans les Années Trente, avec d'autres milliardaires pour le partage de toutes sortes de trafics, d'or, de pétrole ou de drogue. Il y racontait aussi comment tous ces mecs avaient pu, par la suite, se payer des politiciens comme Nixon qui devenaient des présidents à leur solde... Il racontait la vie de Howard Hugues, le junkie prisonnier de ses bodyguards mormons au dernier étage d'un hôtel de Vegas. Il expliquait que Marilyn Monroe avait été assassinée par les Kennedy. Des tas de choses qui sont beaucoup moins hérétiques trente ans plus tard.

Je dois avouer que, de la fausse mort de Paul McCartney époque Abbey Road à la survie d'Hitler en Amérique du Sud, ce genre de sujet m'a toujours passionné. D'ailleurs, j'avais écrit, avant les USA, une histoire intitulée *Le Fantôme de la Maison-Blanche*, qui racontait comment John Kennedy n'était pas mort à Dallas, mais que, fou et défiguré suite à l'attentat, il vivait dans une île grecque appartenant à Onassis, dont le mariage avec Jackie ne servait qu'à donner le change !

Je rentre à Paris, mais avant de quitter Hollywood, j'ai déposé un scénario à la Writers Guild of California. C'est l'histoire d'un mec téléporté par erreur du monde en trois dimensions dans lequel nous vivons dans le monde en deux dimensions du cinéma. Il n'arrive pas à en sortir. Il passe sans cesse d'un film à l'autre, mais il ne sort pas des films. J'ai appelé ça : *Les Aventures de Cinéman*.

Mais ça aurait aussi bien pu s'appeler : *Une Bouteille à la mer*.

VII

On se retrouve au « 93 ». Rituel des dimanches... Mais pas dans la cuisine, cette fois. Dans le bureau. Des murs couverts de Post-it. Un grand crucifix. La photo du pape Jean-Paul II. Encadrées, sur une étagère, les unes de Télé 7 Jours *et d'autres hebdos télé, plus les couvertures de ses cinq livres.*

Spartiate, un peu sombre.

Rires d'enfants dans l'appartement.

Avec Christiane, c'est au retour des États-Unis qu'on s'est séparé pour de bon. À cette période, plus question d'évasion psychédélique, plus question de s'enfermer pour écouter de la musique planante en prenant de l'acide. Je commence à me brancher sur Paris. Je sors de mon cocon. Surtout la nuit. Christiane n'en avait rien à foutre. Elle se faisait les ongles le jour et des soupes de légumes le soir. Elle se couchait très tôt. Elle avait gardé l'esprit baba, ma femme. Ce n'est pas pour ça qu'elle était adepte du sexe à plusieurs. Il faut dire que je devenais lourd avec mes envies de baiser à trois avec ses copines. Elle, c'était pas trop son truc. Comment ça se termine ? Un jour elle m'a annoncé qu'elle partait faire du trekking pendant trois mois dans l'Himalaya. Bon. En revenant, elle m'avoue qu'elle s'était tapé le guide de l'expé. Et là, on s'est quitté. Elle est partie vivre à Serre-Chevalier avec son montagnard. Il faut savoir se séparer très vite, comme lorsqu'on arrache un sparadrap : ça fait très mal, mais pas longtemps. C'est la fameuse « rupture-sparadrap ».

La fin de l'histoire avec Christiane, c'est la fin des Années Soixante-dix. Voici venir le punk et son cortège d'ombres.

« "Le Punk est inoxydable", "Le baba est la haine du punk", "J'écoute le bruit du vent qui souffle sur la façade glacée du sanatorium", "Pas d'illusions, pas de rêves, on n'en veut pas parce qu'ils ne sont pas vrais" : en 1977 au Palais des Glaces ainsi qu'en 1968 à la Sorbonne, des slogans jaillissent. Mais pour dire le contraire. Comme chaque année, la France des horloges passe de l'heure d'été à celle d'hiver, cette nuit-là les Français des premières loges passent du "Peace and Love" au "No Future", du "I'm good" au "I'm bad", bref, des années chaudes aux années froides. Finie l'utopie collectiviste, opium dans la tête, l'apathie orientaliste, opium dans les poumons, adieu les Soixante-dix. Après l'anarchie punk, compteur à zéro, les Années Quatre-vingt pourront commencer. »

T. A., *Rive Droite*, Paris, Albin Michel, 1983.

C'est là que je rencontre Alain Benoist et Jean-Luc Maître, tous les deux directeurs artistiques dans la pub, et Laurent Laclos, qui bosse dans la mode. Ils viennent de sortir le deuxième numéro d'un magazine qui s'appelle *Façade*. Ils savent concevoir les articles, élaborer les maquettes, mais ils ont besoin de quelqu'un qui sache écrire. Ils ont pensé à moi, copywriter et romancier. Voilà comment je suis entré à *Façade*. J'y resterai trois ou quatre numéros.

Magazine à parution pas trop régulière (« *Le journal qui sort quand il est prêt* »), grand format, tiré à quelques milliers d'exemplaires pour *happy few*, *Façade* a littéralement démodé la presse. (*Mais c'était quoi exactement,* Façade, *si tu devais en parler à quelqu'un qui n'en a aucune idée ?*) Façade, c'est un ovni.

D'abord, la maquette. La grande idée, toute simple, mais prodigieusement efficace et spectaculaire, c'était d'utiliser les méthodes de communication publicitaire pour vendre autre chose que des produits, pour parler cinéma, musique, peinture, mode, littérature. Il n'y a plus de colonnage. La double page est un rectangle blanc. Comme dans la pub, le directeur artistique et le concepteur-rédacteur sont totalement libres à l'intérieur de ce rectangle blanc.

L'originalité de *Façade*, c'est ça.

Plus le ton branché : « *Le journal qu'on lit le matin avant de se coucher.* » Le fanzine des noctambules, des insomniaques, et autres oiseaux de nuit.

C'est avec *Façade* que je vais pouvoir approcher les *rich and beautiful* qui me fascinent. Traduit en « *name-dropping* » ça fait : Andy Warhol, Yves Saint Laurent, Brian Ferry, Yves Adrien, Jack Nicholson, Salvador Dalí, Edwige, Mick Jagger, Jerry Hall, Pat Cleveland, Kenzo, Gilbert & George, Alain Pacadis, Guy Cuevas, Karl Lagerfeld et des dizaines d'autres.

Façade, c'est mes premiers pas dans les médias, mais surtout ma deuxième adolescence. C'est *Façade* qui a vraiment tout déclenché. Comme Johnny Honeywood dix ans plus tôt sur la plage de Juan-les-Pins.

Je me souviens d'une après-midi où l'on s'est retrouvé trois jeunes mecs autour d'une table, dans les locaux de *Façade*, rue du Renard. Les deux autres étaient Philippe Starck et Jean-Baptiste Mondino.

Starck, ce qui l'excite, c'est les formes, les volumes. Il me raconte qu'il va faire un immeuble au Japon. Je me souviens très bien qu'en l'écoutant je me disais : « Ouais, c'est ça ! Un immeuble au Japon ! T'es gentil, mais t'es un peu gonflé de me prendre pour un con, ou alors t'es mégalo grave ! C'est ça, tu vas construire un immeuble à Tokyo ! » Et, juste à côté de Starck, il y avait Mondino, qui, lui, nous expliquait qu'il allait filmer un clip pour Prince. Et moi, pareil, je pensais en l'écoutant : « Mais bien sûr, connard, tu vas faire le clip de Prince ! » Je trouvais qu'ils poussaient un peu loin le délire. On était donc là, tous les trois. Trois potes nés en 1949. Trois *baby-boomers*. Encore des *newcomers*.

Un jour, bien après, Starck repasse me voir à *Façade*. En déconnant, je lui dis : « Et alors, ton immeuble au Japon, t'en es où ? » Il m'a regardé en se marrant. Il a sorti une photo. Il m'a dit : « Regarde, il est là, l'immeuble. Il s'appelle Nani-Nani, tu vois ? » J'ai regardé et j'ai dit : « Ouais, ce que je vois là, c'est un truc tout tordu, tout couvert de rouille... » Il m'a répondu : « Ben oui, c'est ce que j'ai voulu faire. C'est beau. » Il l'avait fait, putain ! Il a fait la première œuvre architecturale post-apocalypse. Quant à Mondino, il a réalisé des clips non seulement pour Prince, mais pour Madonna et toutes les stars des deux décennies suivantes. Ce jour-là, je me suis dit qu'il fallait que je recommence à réaliser mes rêves.

Façade est une espèce de laboratoire de presse à ciel ouvert. On ose tous les mélanges dans des pages éprouvettes. Une interview de l'artiste emballeur Christo photographié emballé. Eugène Ionesco (dramaturge) interviewé par Éva Ionesco (punkette). Les croquis et les ambitions de jeunes créateurs à peine connus comme Thierry Mugler. On accompagne les « sapeurs » congolais à La Main bleue : « *Zippin' up my Boots, going back to my Roots.* » Pour l'ouverture de Beaubourg, *Façade* photographie « les quatre-vingt-seize premiers exposants ». (En fait, les quatre-vingt-seize ouvriers du chantier.) Les photos de Pierre et Gilles. La Punk Society, la Fashion Society : on essaie tout. Les premières analyses des looks comparés des hommes politiques. On se rend en pèlerinage aux bonnes adresses de William Burroughs à Paris avec Brian Gysin et Maurice Girodias. L'interview fleuve, par Maud Molyneux, d'un jeune nouveau philosophe, Bernard-Henri Lévy. Les séries de mode deviennent *Perversion Fashion* ou *Suicide Fashion*. On invente le *Photowriting*, ça consiste à filer une photo à un écrivain en lui donnant vingt-quatre heures pour écrire le texte que ça lui inspire. Résultats étonnants. Sollers renvoie trois lignes pour dire qu'il n'a rien à dire.

C'est à *Façade* que j'ai attrapé définitivement le virus de la presse. Concevoir, commander des papiers, mettre en pages, c'est pour moi. J'écris aussi. Je signe des articles. Je fais des interviews.

Je publie quelques-unes de mes nouvelles dont *Le Fantôme de la Maison-Blanche*. Je me fais plaisir. Même lorsqu'il faut coller des affiches, la nuit dans les Halles, ou aller démarcher les annonceurs pour des pages de pub.

On fait des annonces spéciales, dans le style du journal, pour les clients qui nous le demandent. À commencer par une page pour mon bouquin, *La Bilbe*, sorti un an plus tôt. On voit le livre posé sur la pochette-braguette du *Sticky Fingers* avec une tasse de flotte, la petite cuillère et la poudre qu'il faut... Légende photo : « Certains soirs, le manque d'un bon livre se faisait cruellement sentir... » (Éditions du Seuil, 29, rue Guénégaud. Une adresse que l'on peut garder sans risques sur son carnet d'adresses.) On fabrique la pub de Lagerfeld : un chèque de 7 777 francs 77, reproduit en pleine page pour le numéro 7. Ou la pub des lunettes Glamor : *Lunettes Noires pour Nuits Blanches*, eh oui, Philippe, c'est comme Free One !

Le moment le plus fort sera la rencontre avec Daniel Filipacchi pour une interview, lui qui n'en donne jamais.

« T. A. : Mais qu'est-ce vous faisiez, Daniel, pour réussir quand vous aviez notre âge ?

D. F. : Tout ce que je pouvais.

T. A. : Vous vous sentez français en France et américain en Amérique ?

D. F. : Je ne me suis jamais senti français, je suis d'une famille très mélangée. Mais je ne parle bien que le français.

T. A. : Aux USA, vous avez donc besoin d'un interprète ?

D. F. : Non, mais d'un avocat, oui !

T. A. : Vous n'avez pas de voiture ?

D. F. : Non, je déteste ça : c'est en Concorde ou à pied. »

***Façade*, 1978.**

Façade, c'est une formidable aptitude à surfer sur l'air du temps. Pour moi, l'homme moderne porte un nom : Yves Adrien.

« (21 h 57) “Orphan savait que l’Art moderne était un immense aéroport mythique sur lequel chaque mode se voyait attribuer sa piste.” Le disque s’est arrêté. Je lis *Növo-Vision* d’Yves Adrien. Comme Orphan connaît par cœur les horaires des vols, son double, Yves “Silver Surfer” Adrien, voit les vagues arriver de loin. Punk Wave et Vague Növo : Y. A. a déjà été deux fois champion de surf en ville. Y. A. est des *happy-few* qui font les modes, je veux dire de ceux qui les vivent avant, pas de ceux qui en parlent après, et s’il est aujourd’hui si absolument 80, c’est parce qu’il fut l’un des tout premiers émetteurs du concept. Premier dandy nucléaire, Y. A. écrit : “Le monde est un hôtel dont les chambres s’appellent New York, Paris, Londres, Tokyo.”

Une phrase comme on en trouve peu dans les livres qui sortent, une phrase rare, sans doute parce que Yves Adrien ne vient pas de la Rive Gauche, mais de la Rock Critik... »

T. A., « Le Modern’ Style », *Playboy*, mars 1980.

Poète, critique, essayiste mal connu, une sensibilité hors du commun, Adrien est un maître en journalisme intuitif, un esthète de la décadence, un dandy du néant, modèle d’exigence littéraire. Il publie dans *Façade* un texte prophétique où il affirme : « Je préfère le Nucléaire au Rousseauisme. » C’est superbe. Sept mille signes de folie lumineuse où se télescopent la Vitesse du Temps, les sonorités de Devö et Kraftwerk, la jeune tour Montparnasse et les « automates à visage humain » annoncés comme avenir de l’humanité. Moi qui ne rêve que d’écrire à nouveau, je reste abasourdi par son talent.

J’ai une admiration sans limites pour Adrien. Presque trente ans plus tard, une de mes plus grandes émotions d’animateur télé sera de le recevoir, lui qui n’apparaît jamais, pour la sortie de son livre *2001, Une apocalypse rock*. Bernard-Henri Lévy me téléphonera : « C’était qui, le type avec le bandeau et les cheveux longs dans *Rive Droite/Rive Gauche* ? Je ne t’ai jamais vu aussi intimidé en vingt ans de télé ! »

Pour moi, Adrien annonce Houellebecq.

À *Façade*, c'est un extraterrestre fou, incroyablement cultivé, qui tient la page « Nightclubbing » : Alain Pacadis. Le visage couvert d'acnée, cheveux ultra-gras, mais une dégaine d'enfer. Costard sombre à rayures tennis. Chemise blanche en Nylon. Cravate en cuir noir. Pacadis, roi de l'autodestruction organisée. Comme Adrien, Pacadis vient d'un autre monde pour éclairer le nôtre. Si on veut comprendre le ton de 1977, il faut se jeter dans les papiers de Pacadis dans *Libé*, et *Un jeune homme chic* publié au Sagittaire par Raphaël Sorin. Il a été le Saint-Simon fracassé de nos nuits blêmes. Il a tout vécu, il en est mort.

« Nightclubbing we're nightclubbing
We're walking through town
Nightclubbing we're nightclubbing
We walk like a ghost
We learn dances brand new dances
Like the nuclear bomb
When we're nightclubbing
Bright white clubbing
Oh isn't it wild... »

Nightclubbing **(Iggy Pop)**

(*Mais ta « punk attitude », elle ressemble à quoi ? Tu te déguises en Johnny Rotten ?*) Philippe, tu fais semblant de pas comprendre, ou quoi ? Je suis aux avant-postes du punk, mais je ne suis pas punk. Les Punks arrivaient, comme nous dix ans plus tôt, pour foutre le bordel. Ils avaient dix-huit ans. Moi, j'allais vers la trentaine. Et ces mecs nous disaient, en gros, qu'on était des séniles hippies de merde avec nos joints, qu'on écoutait de la musique de vieux, qu'il fallait se mettre en mode *back to mono*, arrêter les arrangements planants. Bref, d'un coup, la plus jeune génération, c'était plus nous.

Je n'étais évidemment pas punk, mais j'étais sensible à ce mouvement. Pourquoi ? Parce que je voulais me défaire de cette peau précédente, de cette peau baba qui m'avait amené jusque dans l'héroïne. J'étais comme un serpent qui réclame sa mue.

« Autopsie du look. 1977 : Punk.

Panoplie : bière (Valstar), lames (Gillette), épingles (nourrice). Quand il lit (Annie/Bazooka/I wanna be your Dog) le punk regarde les images. Quand il regarde la télé (Pub/Infos/Interludes) le Punk coupe le son. Quand il écoute du punk-rock (Heartbreakers/Pistols/Clash) le punk saute dans l'air.

Idéologie : No Future ! Vivre plus vite, c'est mourir plus vite.

Style de vie : quand il lui arrive de se réveiller, après un rapide déjeuner composé de Valstar et de Captagon, le Punk s'empresse d'aller retrouver ses congénères. L'après-midi se passe en attendant la nuit. Mais, le soleil couché, le Punk retrouve toute son énergie : après un rapide dîner composé de Valstar et de Fringanor, il va danser le pogo au Gibus. ("Tu me payes une bière ?"). Là, chacun saute le plus haut possible en essayant de retomber sur son voisin et crache le plus loin possible en essayant de ne pas rater les musiciens : on s'amuse bien. »

T. A., *Paris Hebdo*, 12 février 1980.

« Paris (France), 28 mars 1977. 0 h 45. Nuit punk au Palais des Glaces. Dans la salle, devant la Punky Society au grand complet, Captagon et Fringanor dansent le pogo. Les cheveux sont courts. Les cravates sont de retour. La Valstar coule à flots. Lunettes noires pour nuits blanches. Épingles à nourrice. Skaï et straps. Dandys blêmes. Sur scène : Generation X, Stinky Toys, Police, Jam. À côté de moi (spectateur de mon siècle), une punkette a accroché deux insignes sur sa veste en Tergal : faucille et marteau à droite, croix gammée à gauche. L'image résume l'année. Goulag = Auschwitz. Rive Gauche, BHL et ses boys ne disent pas autre chose que Johnny Rotten et les Sex Pistols. »

T. A., « Le Choc des Années 80 », *Playboy*, janvier 1980.

D'un seul coup, j'ai renié toutes les années précédentes.
Pour survivre.

Mais, pour répondre à ta question concernant mon look, ouais, j'avais quand même un perfecto à l'époque, mais je l'ai pas gardé longtemps. Je faisais marrer tout le monde.

En fait, quand je suis arrivé à *Façade*, j'avais une espèce de silhouette ringarde, grand manteau de laine, pantalon de velours, parfois un chapeau... Enfin, une horreur post-baba, quoi. Quand j'ai vu les mecs de *Façade*, j'ai compris que j'avais l'air d'une cloche. Ils étaient branchés *fashion* et moi pas. On n'était qu'au début de ce qui allait devenir l'obsession des temps nouveaux : le look, l'allure, le paraître. Eux, ils fréquentaient la crème de la mode. Ils étaient très snobs. Dandys à mort. Le patron de *Façade*, Alain Benoist, ressemblait à Brian Ferry.

Évidemment, quand ils ont vu ma dégaine, ils se sont foutus de ma gueule. Je pouvais pas rester fringué comme l'as de pique. J'ai commencé par essayer de ressembler à Brian Ferry moi aussi, tu vois, la mèche un peu longue sur le front, le blazer marine, le 501 très serré, les mocassins-chaussettes blanches, la chemise bleu ciel. C'était considéré comme le sommet du chic. J'aurais pu l'imiter longtemps.

Ce qui m'a sauvé, c'est l'arrivée de Kraftwerk, avec leurs costumes en Tergal gris anthracite, leurs chemises boutonnées jusqu'en haut, sans cravate. La classe, putain ! Ils m'ont vraiment scotché ! J'ai tout de suite adopté le costard. Après toutes ces années passées avec des paillettes, des foulards, des broderies, j'ai décidé de m'habiller définitivement neutre. J'ai acheté des costumes gris anthracite, et des polos Lacoste, rouge, vert, bleu, jaune... Après, dans une deuxième phase, j'ai encore épuré mon look, je suis passé du costard anthracite au costard noir, et du polo Lacoste de couleur au tee-shirt noir. Je crois que je serai enterré habillé comme ça. (*Et en vacances ?*) Tee-shirt noir et maillot de bain noir.

« Autopsie du look. 1980 : Néo-Tricheur.

Panoplie : le Néo-Tricheur s'habille chez Weston/Charvet et rêve de Loeb/Cifonelli. Il lit tout, il écoute tout, il voit tout mais ne s'intéresse vraiment qu'à ce qu'il réalise lui-même. Il a un Ball Pentel (noir) pour noter ce qu'il a à faire et un Ball Pentel (rouge) pour rayer quand c'est fait : donc un agenda parfaitement à jour.

Idéologie : on est seul et on le sait. Sa vie est ce qu'on en fait. Il faut être normal pour avoir le pouvoir. (Les Années 80 ont été suffisamment vendues, il faut les consommer.)

Style de vie : le Néo-Tricheur se lève à 7 h 15 : douche glacée et café brûlant. 8 h 30 : jogging. 9 h 50 : meeting. 13 h 20 : lunch. 15 h 40 : shopping. 16 h 10 : meeting. 18 h 30 : drink. 19 h 15 : meeting. Le Néo-Tricheur mange peu et ne boit pas. S'il fume, ce sont des Stuyvesant (pas des rouges) et des Rothmans (pas des bleues) : garder la forme, c'est gagner du temps. 0 h 40 : nightclubbing. Le Néo-Tricheur entre partout mais préfère sortir chez Castel et Régine. Il y retrouve ses connaissances, mais il garde ses distances. »

T. A., *Paris Hebdo*, 12 février 1980.

C'est à l'époque *Façade* que je découvre vraiment Paris. Quand j'étais arrivé dans la capitale, six ou sept ans plus tôt, Paris n'était pour moi qu'un lieu de passage. L'idée, après avoir longtemps préféré Londres dans les années Montpellier, c'était de se casser en Grèce, à Bali, aux States... En fait, c'est quand je suis revenu des États-Unis que j'ai commencé à regarder la Ville Lumière avec des yeux neufs, des yeux de touriste japonais. La splendeur d'un coucher de soleil sur les verrières du Grand-Palais, la beauté du pont Alexandre-III, l'avenue Gabriel...

Là, j'ai réalisé qu'il n'y a rien de plus beau que Paris. Que je ne pourrai jamais plus habiter ailleurs. Et puis *Façade* m'a propulsé dans des endroits où je n'avais jamais mis les pieds avant. À commencer par Le Sept, rue Sainte-Anne, la boîte de Fabrice

Emaer, avant Le Palace. Ou celle de Gérard Nanty, toujours rue Sainte-Anne, Le Colony. Je suis devenu, à cette époque, le correspondant à Paris du magazine d'Andy Warhol, *Interview*. Philippe Morillon s'occupait des photos et moi des textes. Tous les mois on envoyait une page à New York. Du coup, quand Andy Warhol et sa bande venaient à Paris, je me retrouvais souvent avec eux rue du Cherche-Midi.

Warhol, j'ai jamais été un intime. Qui peut se vanter de l'avoir jamais été ? Mais j'étais fasciné par lui. C'était notre pape. Quand il publie *Ma philosophie de A à B*, on est tous passionnés par cette façon de regarder les choses avec recul, désinvolture, détachement. Ce qu'il m'a appris, c'est ça. Par exemple, il interviewait une star très sérieusement, dans un restaurant, puis d'un seul coup : « Garçon, s'il vous plaît, je pourrais avoir un peu plus de sauce Thousand Islands ? » Et, il reprenait.

Après toutes ces années de remise en cause totale, de réflexion fondamentale, où « Amour », « Liberté », « Ailleurs » ne pouvaient s'écrire qu'avec des majuscules, son *cheap-chat* était révolutionnaire.

Comme je ne fais jamais rien à moitié, t'as remarqué, j'ai progressivement été pris dans une sorte de tourbillon mondain ultra-snob. Une orgie de titres et de noms à rallonge. Je ne voulais plus interviewer que des particules et des armoiries. Je passe des gonzesses aux comtesses. Il y a toute une époque, sur la fin des *Seventies*, où je ne dînerai plus qu'avec des ducs, des comtes, des barons, des vrais et des faux. Bref, ma période *Black Tie*.

Prince Henri d'Orléans

« Thierry Ardisson : Si vous êtes roi, un jour, habiterez-vous à l'Élysée comme le font les présidents de la République ?

Henri d'Orléans : C'est difficile à dire. Au Louvre, ils ont construit un musée et Versailles est trop éloigné du centre-ville. »

Andy Warhol's Interview, 1981.

Tu m'as dit l'autre jour que c'est aux États-Unis, en décrochant de l'héroïne, que tu avais retrouvé la foi. J'ai du mal à suivre, là. Ta religiosité soudaine, c'est une nouvelle pose que tu te donnes, une attitude qui se marie bien avec les particules que tu fréquentes, ou bien c'est une vraie foi ?

Philippe ! J'ai retrouvé la foi au moment où j'allais crever. C'est elle qui m'a permis de décrocher. Bien sûr, il y a eu le sport, la course à pied, les vitamines américaines. Je courais comme un abruti pour récupérer un peu de muscle, un peu de souffle, un peu de vie, quoi. Petit à petit, j'ai pu me refaire une sorte de santé corporelle. Mais pour la tête, pour l'esprit, il n'y a pas de jogging. C'est la foi qui m'a remis d'aplomb. Pas la foi intellectuelle des ecclésiastiques. Non. La foi du charbonnier. C'est une foi de gosse qui m'est revenue. La foi que j'avais détestée, à onze ans, chez les Curés d'Annecy. Une foi qui te fait prononcer des prières dont tu aurais juré les avoir oubliées. Une foi qui te dit : « Mets-toi à genoux, imbécile, et prie ! » Et tu te mets à genoux, chez toi, humblement. Comme faisait mon père. Et tu pries. Je n'ai jamais eu de foi au sens d'une croyance réfléchie, esthétique, organisée. J'ai pris la foi que me tendaient mes souvenirs d'enfance comme une bouée et je m'y suis accroché comme un fou.

« Je vis la nuit. Je vis (aussi) le jour. Toute la semaine, je me couche tard, mais le dimanche matin, je me lève tôt : je vais à la messe (et j'aime ça). »

T. A., « Je vais à la messe et j'aime ça »,
***Playboy*, avril 1980.**

« Vallanges est agenouillé sur le parquet de sa chambre face à un crucifix. Comme toutes les nuits depuis Lorene. Le catholicisme saint, apostolique et romain est-il une nouvelle idée qu'il autopsie à chaud ou bien a-t-il retrouvé sa foi de saint Michel ? Surf provisoire sur l'air du temps ou ascension définitive vers d'éternels sommets ? Après la simpliste religion universelle de Karos, la magie hindouiste de Bali et le

fond du trou, Vallanges a fini non par découvrir, mais par apprendre que l'infini est un point d'équilibre et d'harmonie qui ne se trouve pas au bout de la fuite en avant des Années 70. Sur le plan spirituel non plus, rien n'est donné sans efforts. Si le catholicisme le plus orthodoxe cristallise aujourd'hui son extrémisme, ce ne sont ni ses ors, ni ses orgues qui le séduisent : à l'exotisme il préfère désormais l'ascétisme. Pas moins ambitieux, mais plus courageux, il a décidé d'atteindre à la mystique par la pratique : dans les Années 80, rien ne tombe du ciel. Même pas le Bon Dieu. Parfois, quand ses genoux lui font très mal, il se stimule en se disant qu'il ne chercherait pas Dieu s'il ne l'avait déjà trouvé. »

T. A., *Rive Droite*, Paris, Albin Michel, 1983.

Baisser la tête, de temps en temps, devant quelque chose d'immatériel, ne peut pas faire de mal aux matérialistes que nous sommes. Bien sûr, quand je suis revenu vers la foi en 76, j'étais carrément idolâtre parce que, pour décrocher, j'avais besoin de me raccrocher très fort à autre chose. Je n'ai pas cherché d'autres repères que ceux qu'on m'avait inculqués dans ma prime enfance. J'ai donc eu toute une période papiste. Puis, j'ai eu une époque, un peu plus soft, disons, catholique. Et c'est en vieillissant que je deviens, j'espère, chrétien. Parfois chrétien tendance Marie-Madeleine, mais chrétien.

VIII

« L'art suprême, c'est le business. »

(Andy Warhol)

« Chez Business, comme l'indique l'enseigne, on ne fait pas de bénévolat. »

T. A., *Stratégies*, 3 mai 1982.

Le projet de monter une agence de pub n'était pas nouveau. Tu te souviens, j'avais créé Free One, au début des Années Soixante-dix. Une expérience intéressante, mais brève. Là, c'est très différent. J'ai tout fait dans la pub, promotion, création, clientèle. J'ai fait le tour des agences, les grosses et les petites. Je ne suis plus le jeune provincial sans expérience et mal dégrossi débarquant à Paris. J'ai écrit deux romans qui ont récolté quelques bons papiers dans la presse. Je suis l'une des têtes d'affiche du magazine le plus inventif de l'époque. Je connais pas mal de monde dans tous les milieux. Je sors toutes les nuits dans les lieux les plus branchés. Je commence à avoir cette image d'un mec un peu touche-à-tout, un peu dandy, un peu voyou. Je ne veux pas me remarier. Ni permis, ni montre, ni femme, ni enfant. C'est mon credo du moment. Je me veux libre de toute attache sociale. Je ne m'occupe pas de politique. Je suis fier de ne jamais voter. Voilà le tableau quand va naître l'idée de monter Business.

On est début 78, je travaille à *Façade* et j'ai commencé à écrire un roman sur la dope. Je le porte en moi depuis longtemps. Il y aura un héros et son héroïne. Ce sera *Rive Droite*, qui sortira en 1983, chez Albin Michel. Donc j'écris, chez moi, rue du Bac. Je suis inscrit au chômage. Je ne chôme pas du tout, mais c'est l'époque bénie de Giscard, quatre-vingt-dix pour cent du salaire initial pour faire l'étudiant-bidon en cinéma à Nanterre. J'y suis allé une fois pour avoir le modèle de la signature des profs. Le pognon de l'ANPE arrive tous les quinze jours sur mon paillasson par la poste. Et puis, de temps en temps, en free-lance, je fais quelques campagnes de pub...

Un jour, je bosse sur un film pour le parfum *L'Orientale* avec Sylvia Kristel pour l'agence Bélier, et le type avec qui je travaille, Henri Baché, me sort : « Dis donc, Thierry, tu sais, j'ai vu le patron, Claude Douce, il nous propose de créer une filiale... Qu'est-ce que t'en penses ? » Claude Douce était alors un des grands pontes de la pub en France. J'ai réfléchi en même temps que je répondais, c'est-à-dire vite. J'ai dit un truc genre : « Ah ouais ? Pourquoi pas... De toute façon, va bien falloir que je fasse quelque chose de ma peau. Alors monter une agence, ouais, à condition qu'on soit majoritaires dans l'affaire... » Je pensais que Douce nous rirait au nez en entendant « majoritaire ». C'était une façon de ne pas choisir.

Eh bien, pas du tout. Douce a dit oui ! On a donc monté la boîte à 51 pour nous et 49 pour lui. Ce qui était une fausse bonne idée parce que, bien sûr, dans les filiales où il détenait la majorité, donc le contrôle du pognon, le groupe Bélier faisait l'apport de gros budgets à traiter. Tandis que dans les boîtes où il n'avait pas la majorité, donc pas le contrôle du pognon, il te laissait te démerder pour trouver des clients. Mais bon, ça, c'est le genre de trucs qu'il faut avoir vécus pour les apprendre.

Au départ de Business, il y a donc Henri Baché et moi. Assez vite, on est rejoint par un type que j'avais rencontré quelques années plus tôt chez TBWA, où il était directeur Marketing/

Research à vingt-trois ans, Éric Bousquet. Protestant cévenol. Originaire de Rodez. Il a un côté terroir, très rusé, connaissant bien les choses du blé, du fric, du pognon, du flouze, des patates, de la thune : la gestion, quoi. On va très bien s'entendre.

En revanche, avec Henri, ça tourne vite au vinaigre. En quelques mois, on se rend compte qu'il se comporte limite. Éric cherche des clients. Moi des idées. Henri se conduit en P-DG. Je me fais progressivement à l'idée que nous allons bientôt devoir nous en séparer.

C'est l'époque, entre trente et trente-cinq ans, jusqu'au milieu des Années Quatre-vingt, où je me la joue killer et fier de l'être. Je devais avoir une prédestination italienne pour ce type d'attitude. Et la sortie de l'héro m'avait durci... Enfin, soyons clair, j'ai tué personne. Mais j'ai beaucoup flingué. J'ai dessoudé des mecs à bout portant. Professionnellement. Affectivement. Symboliquement. Comportements de jeune mâle scorsésien qui veut se faire sa place. Je n'aurais pas voulu me croiser dans certaines circonstances. J'étais capable de tout pour arriver à mes fins, pour conclure une affaire, emporter le morceau. Je ne m'embarrassais jamais des autres. Ils pliaient ou ils dégageaient.

Mon histoire, c'est aussi ça, cet appétit de vaincre, ce goût du pouvoir, cette ambition effroyable. La pub, la presse, l'audiovisuel, ça cogne dur. Tu ne survis que si tu sais frapper. De préférence le premier. Le reste, c'est du pipeau pour école de commerce et de journalisme.

Notre agence de pub, c'est pas par hasard que je l'ai appelée « Business ». Je risquais pas de l'appeler « Peace and Love »... Donc, pour en revenir à notre éphémère associé, Henri, c'était pas facile. Il était quand même le cofondateur de l'agence et son P-DG. Un P-DG, donc révocable *ad nutum*, heureusement. Voilà encore une chose que j'ai retenue pour la suite de mes affaires : si tu es P-DG, il faut que tu aies un autre poste dans l'entreprise, car le P-DG est virable sur un claquement de doigts du conseil d'administration.

L'exécution, je m'en suis chargé... J'ai une passion pour les films de gangsters, les histoires de tueurs, tout ça. Et à cet instant-là, je me comporte exactement comme si j'avais un flingue et que je dégaine. (*Ici, une nouvelle fois, le geste, le mime accompagne la parole. Arc de cercle du bras qui dégaine d'un holster imaginaire sous l'aisselle et tire à bout portant sur moi. On s'y croirait. Une chance qu'on soit chez lui, dans la tranquille cuisine du 93. La même chorégraphie dans un endroit fréquenté par des gardes du corps un peu chauds en réflexes et adieu Thierry.*) Tuer, c'est insensé. Tu réalises plus rien. T'es en train de buter un mec et c'est tout. Bousquet s'était trouvé un truc à faire ailleurs. Je me retrouve seul dans le bureau avec Henri. Je dis : « Voilà, Henri, tu es viré. » Il a répondu : « Comment ça, viré ? Qu'est-ce que tu racontes comme connerie ? » J'ai dit à nouveau : « Viré. »

Je m'entendais parler comme dans un film. Je lui disais : « T'es mort », froidement. Comme les gosses qui jouent aux Cow-boys et aux Indiens. Comme le jour où j'ai mis le feu à la grange du Père Jacquet. C'était fini. Il est parti. Il a monté une autre boîte qu'il a appelée Success.

À Business, je découvrais le business.

À partir de là, Business va décoller pour devenir la toute première agence plurimédia. Ça veut dire « agence de création tous azimuts ». On va faire des campagnes de pub, mais aussi concevoir des pochettes de disque, des articles « clefs en mains » pour la presse et des émissions pour la télé.

« La publicité m'a appris à imaginer pour la radio aussi bien que pour le cinéma ou les magazines. Aujourd'hui, comment pourrais-je choisir entre les médias alors que je sais qu'un bon concept est celui qui peut se décliner dans tous les médias ? En 1980, comment pourrais-je avoir envie de faire autre chose que du *Crossover* ? »

T. A., « Le Modern' Style », *Playboy*, mars 1980.

Mais ce qui nous faisait bouffer, c'était la pub, et il fallait commencer par trouver des clients. Leçon numéro un, Philippe : le client, il faut aller le chercher avec ta bite et ton couteau. C'est la guerre. Un sale boulot de soldat-représentant de commerce tous les jours sur la route. Quand tu montes une agence, il ne faut pas croire que tu ramasses un budget dans un confortable bureau parisien, comme tu ramasses un cadeau de Noël au pied du sapin. Le nombre de rendez-vous qu'il faut pour convaincre les mecs de te filer leur blé à dépenser, t'imagines pas.

Avec Éric, on partait tôt le matin avec sa béhème, pour aller voir des chefs d'entreprise en banlieue, visiter des usines en province, discuter des heures avec un fabricant de chaussures ou de cuisines intégrées. Un univers de VRP, je te dis. À chaque fois, tu débarques dans des bleds pas possibles, par tous les temps. Tu prépares un argumentaire. Tu fais semblant d'avoir lu des centaines d'études sur la composition d'une boîte de nourriture pour chats ou les mérites comparés d'une semelle en cuir ou en caoutchouc. Tu parles. Tu parles tout le temps. Il faut parler en permanence. Un temps mort et t'es mort. Il faut être surtout bon menteur. La pub, c'est de la pédagogie menteuse. Même si c'est pareil, tu dois démontrer qu'Évian est meilleure que Vittel. Que des conneries, quoi. C'est ça, la pub.

Moi, j'aime bien cette chasse aux budgets. Ça me servira plus tard, en télé, pour vendre des émissions aux chaînes. J'adore ce côté prédateur. Éric aussi. Son père avait été représentant dans les trousseaux, les draps de bain, les serviettes, les torchons. C'est formateur. Quand on se barre sur les routes tous les deux, comme ça, je retrouve les déménagements de mon enfance. La roulotte. L'errance. N'étant de nulle part, je sais aller partout. Il y a une dimension *Bonnie and Clyde*, ou Bande à Bonnot. On va voir ceux qui ont le pognon pour les convaincre de nous en donner. Souvent, je me retrouve avec un mec en face de moi qui pense que je vais lui piquer ses sous, et il n'a pas tort. Il espère me baiser en me baladant une après-midi entière dans les allées d'une usine de merde qui sent la colle ou le savon. Moi, je m'en fous. Je sais d'avance que ça va se terminer par une négociation à onze heures du soir dans le quatre-étoiles du coin, torchés au Johnny Walker. Je sais qu'après, avec Éric, on va reprendre la route de Paris en calculant combien on vient de gagner, et en s'arrêtant de temps en temps pour vomir. On se la joue cinéma. On compte en « patates ». On ramène du pognon à l'agence. Un ou deux millions de francs par-ci, cinq ou six millions par-là, selon les campagnes... On n'a pas trop d'états d'âme. On ne cherche pas à intellectualiser la pub. On prépare pas des dossiers de deux kilos. Ce genre de conneries pour insensibiliser le client, c'est bon quand tu as déjà pris un max de pognon et qu'il faut mettre beaucoup de vaseline pour en prendre encore plus... Nous, on est encore des *lonesome cowboys*.

Les idées de slogans et de visuels, je les trouvais dans ma baignoire, en fumant un pétard ou en me brossant les dents. « Lapeyre, y en a pas deux. » J'ai trouvé ça aux chiottes, le soir même du premier rendez-vous avec le client. Le truc, après, c'est de faire croire que tu y as passé trois semaines.

Pareil pour le fameux : « Quand c'est trop c'est Tropico. » Une connerie de première qui a fait un carton. Tu te souviens... Y avait un mec qui arrivait en chameau, le chameau se couchait, le mec ouvrait la bosse et à l'intérieur, c'était un frigo, y avait du Tropico !

Tout ça en huit secondes, on était les rois du format huit secondes, ça avait commencé avec (oublie pas l'accent suisse) : « J'ai huit secondes pour vous dire qu'Ovomaltine, c'est de la dynamique ! »

Ensuite, il y a eu « Vas-y, Wasa », puis les moines qui psalmodiaient « Amène ! » pour le fromage.

Avec la pub, je vais gagner beaucoup de fric. On se gavait littéralement de pognon. À une époque, au milieu des Années Quatre-vingt, à la Société Générale, rue du Pont-Neuf, celle de madame Henequin qui m'avait sorti de Vientiane, j'avais un coffre avec plein de liasses de billets de 500 balles dedans. Quand j'en avais besoin, j'allais à la banque, j'ouvrais la porte du coffre, je plongeais la main dedans, sans même regarder, et je me bourrais les poches avec des pascals. C'est un truc de malade. Ça ressemble à l'héro. Maintenant, je m'en fous. Mais, c'est toujours mieux de se foutre des choses quand on les a eues.

« Tout obtenir pour pouvoir tout mépriser. »
(Maurice Barrès)

J'avais toujours à l'esprit cette règle (leçon numéro deux, Philippe), que m'avait enseignée le « T » de TBWA, Bill Tragos : « Un client qui paye, je l'adore. »

Nous, on avait un client qui aimait les putes. Alors, avec l'un des directeurs de clientèle de l'agence, Marc, on l'emmenait au bordel, le dernier de Paris, du côté de l'avenue Victor-Hugo, Chez Billy, rue Paul-Valéry. Je ne vais pas te faire croire que tu gardes les budgets seulement avec des belles photos, des slogans intelligents et des théories à la con sur l'évolution des attentes du consommateur. La réalité, c'est pas HEC, c'est ça.

Donc, on choisissait, lors d'un petit défilé au bar, et chacun tirait sa pute. C'était assez sympathique. Faut pas bouder son plaisir. Je me souviens qu'un soir, ce connard de client, un gros mec, s'est fait attacher au radiateur par la fille, avec des menottes. Marc et moi, on s'est cassé avant lui, on est rentré se coucher. Et puis, à quatre du mat', le client nous appelle au téléphone : plus personne trouvait la clef ! Il a fallu y retourner, en plein milieu de la nuit, la pute s'était barrée, le connard était accroché au chauffage central, et nous avec notre scie à métaux en train de couper les menottes du client, tu vois la scène !

Je me souviens d'un autre client pour qui j'avais trouvé un bon slogan. Ce mec nous adorait. Grâce à nous, ses ventes avaient grimpé en flèche. Il gagnait un pognon pas imaginable. Et un jour, pour nous faire plaisir, après un déjeuner bien arrosé, il nous emmène dans une maison secrète qui ne lui servait qu'à organiser ses partouzes.

On a découvert à ce moment-là que ce type, qu'on prenait pour un petit patron qui avait bien réussi, la seule chose qui l'intéressait vraiment dans la vie, c'était d'organiser des orgies géantes ! Une fois dans cette baraque, il m'entraîne à la cave, aménagée en bar, il me dit : « Tiens, assieds-toi sur le tabouret. » Je m'assieds. Lui s'était mis sur le côté. L'air de rien, il tournait une manivelle. Et soudain, j'ai senti un truc qui enfonçait mon pantalon dans mon cul... Du milieu du tabouret sortait un gode ! Tu le crois, ça, Philippe !

Combien de fois, pendant ces entretiens, j'ai pu interrompre Thierry d'un « Attends, t'es bien sûr de ne pas réinventer ou enjoliver un maximum, là ? » Combien de fois ? Assez souvent pour préférer vous en épargner la répétition. Il m'est même arrivé, certains petits matins, ou très tard le soir, reprenant ces textes, élaguant redites et digressions, relisant des paragraphes destinés à d'autres chapitres, il m'est arrivé, donc, devant le foisonnement et l'énormité des épisodes racontés, de me dire : Et si c'était faux ? Si j'avais affaire au plus illusionniste des mythomanes ?

Alors, Thierry, info ou intox ?

J'ai pas mal de défauts, Philippe, ça ouais ! Mais je ne suis pas mytho ! Putain, je ne vois pas l'intérêt de te raconter des conneries. Ce que je te dis, je l'ai vécu. Point barre.

(*Ça te faisait vraiment marrer, tout ce fric ?*) J'ai gagné beaucoup de fric avec la pub. Mais je me marrais pas tant que ça, sinon, j'aurais pas pris autant de dope.

IX

Business, ça va. L'agence est reconnue. Il commence à y avoir pas mal d'articles sur nos campagnes dans les magazines professionnels, mais aussi dans des journaux grand public. Tout va bien. Mais je veux autre chose. Maintenant que j'ai mon agence de pub, ça me fait chier d'avoir une agence de pub. Ça me gonfle de n'être que patron de pub. Le train électrique ne m'amuse déjà plus.

Je suis à la recherche d'une autre forme de reconnaissance que celle des « huit-secondes » déjantés ou de la marge nette en progression. Et j'ai cette idée de presse « clef en main ».

Quand on lit les journaux de l'époque, on se rend compte qu'à part *Actuel* et *Libé* ça ronronne partout. Les articles sont tout ce qu'il y a de conventionnel. Textes et photos sont mis en page comme trente ans plus tôt. Pas du tout en phase avec une société qui prend le dernier virage du siècle. T'as un peu honte, surtout quand tu connais la presse anglo-saxonne, de *Esquire* à *The Face*. C'est sûr qu'il y a autre chose à inventer.

À la fin des Années Soixante-dix, je ne me vois pas encore créer mon propre magazine. Et puis, à part Daniel Filipacchi, les groupes de presse sont dirigés par des vieillards qui touchent des jetons de présence dans les conseils d'administration et ne sont pas foutus de sentir les tendances nouvelles. Donc, je me suis dit : « Puisqu'on ne peut pas faire un journal entier, on va le faire en pièces détachées, et essayer d'en placer des morceaux dans des titres existants. » C'est aussi con que ça. On inventait une autre forme de presse. Des sortes d'ovnis de papier qu'on allait insérer dans *Rock&Folk, Playboy, Paris Match, Les Nouvelles littéraires, Vogue, Elle...*

C'est la série *Descentes de Police* qui fait décoller les articles « clef en main ». Et les ventes de *Rock&Folk*.

Transformer l'interview en interrogatoire, c'était le pitch de *Descentes de Police*. Avec Jean-Luc Maître, rescapé de *Façade* et directeur artistique de Business, on s'est fabriqué des personnages de flics plus vrais que nature. On se mettait en scène. Une photo « arrestation » et une photo « aveux », avec maquillage, comédie et effets lumières. Avec des imperméables façon Eddie Constantine dans les films de Bernard Borderie. Jean-Luc était « *L'imper vert, le plus pervers* ». Moi, j'étais « *L'imper mastic, le plus mastoc* ». Dans l'équipe, il y avait aussi Jean-Guy Gingembre, « *L'imper rose, le plus morose* ».

Pour l'interview, on prend un mec, on le travaille pendant des heures, comme s'il allait vraiment finir en taule. On pose dix fois les mêmes questions jusqu'à ce qu'il y réponde. On enregistre des kilos de cassettes, exactement comme ce qu'on est en train de faire. Et après, c'est des heures de décryptage, et après, c'est encore des heures et des heures pour réduire une centaine de feuillets à six pages de *Rock&Folk*.

C'est un boulot infernal.

Yves Montand

J.-L. M. : *Morphine, cocaïne, héroïne ?*

Y. M. : Je voudrais bien. Je crois qu'il faut tout essayer au moins une fois dans sa vie. J'ai un ami médecin qui se pique deux fois par mois à la morphine. Il me dit : « Pendant vingt-quatre heures, tout est beau, tout est fantastique. » Moi, je n'ai rien contre ça, je crois qu'à des moments de grande activité, quand on est tellement noué... Je voudrais bien le faire... Tout le problème, c'est de ne pas faire comme Édith Piaf qui s'est accrochée à la morphine à l'hôpital après son accident, et qui a fini par devenir junkie...

Jane Birkin

J.-L. M. : *Gainsbourg te surnommait comment ?*

J. B. : Serge, lui, c'était toujours « Saleté » ! Ce que j'ai horreur, c'est « Chérie » !

Général Marcel Bigeard

T. A. : *Et pour se laver les dents, pendant les batailles, on fait comment ?*

M. B. : Le temps pour ça, on le trouve toujours ! Même à Diên Biên Phû, sous les obus, les types se baignaient, se rasaient et se lavaient les dents tous les jours ! L'idée, c'était de mourir propre et rasé !

Coluche

T. A. : *Tu n'attaches donc pas la moindre importance à ton physique ? Tu penses qu'il y aurait trop de travail ?*

C. : Je ne veux pas faire un régime qui me ferait plus chier que d'être gros.

T. A. : *Tu te lèves tard ?*

C. : Je ne me lève pas tard : je me lève huit heures après m'être couché.

T. A. : *Comment es-tu devenu Coluche ?*

C. : Vous savez, à part gangster ou homme politique, les boulots qui se font sans qualification, y a quasiment qu'artiste.

Dalida

T. A. : *Quel est ton secret pour maigrir ?*

D. : Je fais de bons repas et je ne les garde pas, au revoir. Je fais comme les Romains, quoi.

J.-L. M. : *Mais ça se passe comment, exactement ?*

D. : Il faut boire beaucoup d'eau avant le repas, et après ça vient tout seul. Maintenant, je vomis comme je veux.

Serge Gainsbourg

T. A. : *Religion ?*

S. G. : Moi, je suis juif. En 42, j'avais une étoile de shérif

cousue là ! Mais juif, c'est pas une religion ! Aucune religion ne fait pousser un nez comme ça ! Je n'ai pas de religion. J'ai eu une éducation athée. Très hâtée aussi.

Serge July

T. A. : ***Ta première communion, tu l'as faite ?***

S. J. : Non, mais j'ai été enfant de chœur dans un petit village des Vosges : je faisais des enterrements. C'est comme ça que j'ai commencé à gagner de l'argent avec des cadavres...

Gérard de Villiers

J.-L. M. : ***Pourquoi tu défends les Blancs d'Afrique du Sud alors que tu les trouves « cons et paresseux » ?***

G. de V. : Parce que je me sentirai toujours plus proche d'un Blanc con que d'un Noir intelligent !

T. A. : ***Pourquoi ?***

G. de V. : Parce que je suis blanc.

Gérard Depardieu

T. A. : ***Tu avais déjà des filles à cet âge-là ?***

G. D. : Les filles, on les tirait à quinze ou seize...

T. A. : ***Elles ne disaient rien ?***

G. D. : Toutes les mêmes : au premier, elles ne voulaient pas, et puis après elles en voulaient !

Jean-Marc Reiser

T. A. : ***Tu as d'autres vices, à part mater et partouzer ?***

J.-M. R. : Quand tu aimes vraiment une fille, tu peux tout faire... Il y a là tout un problème de degré d'amour. Si tu aimes très peu, tu fais presque rien, si tu aimes vraiment à fond, tu fais tout. Pour chier ou pisser sur une fille, il faut l'aimer de toutes ses forces ! J'ai pas envie de chier sur une fille que je n'aime pas.

Johnny Hallyday

T. A. : ***L'homosexualité, tu trouves ça con, Johnny ?***

J. H. : Moi, me retrouver à quatre pattes devant un mec,

je trouve ça plutôt ridicule. Je préfère être derrière le cul d'une gonzesse. Vous pigez ?

Yannick Noah

T. A. : *On nous a dit que tu fumais du haschich, aussi. Quelles sensations cela te procure-t-il ?*

Y. N. : J'aime vachement.

Noah prend du hasch ! Le champion se drogue ! Ça a été un sacré scandale ! Il faut dire qu'à l'époque, Yannick est à l'apogée de sa gloire tennistique et que *Rock&Folk* sort fin août, dans un vrai désert journalistique. Ça n'a pas traîné : le matin, le magazine arrivait dans les kiosques, à 13 heures, j'étais l'invité du journal de la Deux, et Jean-Luc, de la Une. Noah était à Flushing Meadows. C'est le ministre de la Santé qui a ouvert sa gueule, effondré, comme tout le reste de l'*establishment.* Il n'a rien trouvé de mieux que de mettre en doute la véracité de notre interview. Je lui ai fait dire, par l'Agence France Presse, que s'il continuait à me casser les couilles, je serai obligé de publier la totalité des propos de Noah. Ça s'est vite calmé. Mais l'Affaire Noah est restée comme mon baptême du feu dans les Médias.

Le succès des *Descentes de Police* lance les articles « clef en main ». La méthode est invariable. Au premier rendez-vous, je propose au rédacteur en chef une idée qui doit le scotcher net. Deuxième rendez-vous, je viens avec une maquette de l'article, un dessin, un *rough*, comme dans la pub. Troisième rendez-vous, je reviens avec le texte et les photos. Quatrième rendez-vous, j'apporte un « document d'exécution », du prêt à graver et à imprimer. On fonctionne comme une agence de presse, mais on livre un produit fini.

Du coup, à partir de 1980, les créatifs de Business travaillent à la fabrication des articles « clef en main », en plus des campagnes de pub. Tout le monde s'y met. L'agence devient une espèce de phalanstère journalistique d'où sortent des enquêtes et des papiers sur tout. C'est comme ça qu'on fait, pour *Les Nouvelles littéraires,* lors de l'élection de Mitterrand, « Comment retourner votre veste », ou « 39 heures : qu'ont-ils fait de la

40e ? ». Pour *L'Écho des Savanes*, on réalise « J'ai légalisé la marijuana », histoire de tester les réactions de la société. On achète cent grammes d'herbe, on roule deux cents joints, on les emballe dans des paquets de Pétardos plus vrais que nature. Et là, d'un bureau de tabac à un car de flics, le journaliste-kamikaze est chargé d'aller annoncer la bonne nouvelle : « La marijuana en vente libre : merci les socialistes ! » Le plus drôle, c'est la fliquette qui tire une taffe en disant : « Ah oui ! J'en ai fumé avec mon mari, cet été au Club Med en Turquie, c'est super ! » Notre envoyé spécial lui fait cadeau du paquet.

Nous produisons également la série « Autopsie du Look » ou « Le Hit-Parade des Nightclubbers » pour *Paris Hebdo*. « French Gigolo » pour *Elle*, où Mick Korvin se la joue Richard Gere à la française et va vraiment se taper de vieilles Japonaises au Nikko. Et raconte. Pour le même magazine, on transforme le 93, Faubourg Saint-Honoré en cabinet de sexologue, avec Jean-Luc Maître dans le rôle du Docteur Boisselier, et Ouamée en infirmière, nue sous sa blouse. Planqués dans la cuisine, on enregistre les confidences de clients recrutés par petites annonces, à commencer par un gros rugbyman détruit par ses problèmes d'érection. On continue avec « Le chômage rend-il impuissant ? » pour *FMag*. On ira jusqu'à fabriquer des romans-photos sur quatre pages en inventant Scoopy, un personnage de journaliste à la Rouletabille pour mettre en scène, pour spectaculariser des interviews très fouillées de gens comme Jean d'Ormesson, Jean Dutourd, ou Lucien Bodard.

Je ne soutiendrais pas que mon associé en était tous les jours très heureux. Il était très pub, Éric. Mon côté rédac'chef d'une équipe de dingues le rend parfois fou furieux. En même temps, il voit bien qu'on propulse l'agence au top de la créativité avec ces articles « clef en main ». Près d'une centaine en quatre ans !

On nous reconnaissait tout de suite. On avait notre propre signalétique pour être identifié dans les différents magazines qu'on livrait. Tous les articles étaient maquettés sur un aplat jaune. C'était notre marque de fabrique. D'ailleurs, dans les rédactions, on nous appelait « Les Aplajaunes ». Tu feuilletais un magazine et d'un coup, tu tombais sur des pages jaunes dont la maquette n'était soudain plus la même que celle de l'ensemble du canard. On créait une sorte d'événement rédactionnel, une intervention artistique, une intrusion subversive plus proche de McLuhan que de Gutenberg. On mettait le bordel, quoi. C'est tout ce que j'aime.

C'est comme ça que j'avais fait la connaissance de Ouamée. Elle s'appelait Laetitia, mais tout le monde l'appelait « Ouamée ». De son nom complet : « Babeanu-Schlumberger ». J'organisais une série de photos pour *Match* sur le thème « Les femmes les plus élégantes de Paris ». J'avais sélectionné aussi bien des femmes belles que des femmes moins belles, des jeunes que des moins jeunes, des connues que des pas connues, des riches que des pauvres. Je voulais montrer que l'élégance n'avait rien à voir avec tout ça.

Et donc, un jour, j'arrive à une séance photo et je tombe sur cette fille, Ouamée, un corps longiligne, un nez aquilin, des yeux en amande. Son père était juif roumain, sa mère une Schlumberger. J'ai flashé. Moins d'une semaine après, Christian Loboutin organisait un diner au Sept.

Après Christiane, et avant Béatrice, Ouamée devint ma compagne officielle. Sa fantaisie n'avait pas de limites. Par exemple, tous les soirs, après Le Sept, Les Bains-Douches ou La Nouvelle Ève, on faisait le tour de Paris en taxi à la recherche d'une chambre d'hôtel. C'était notre grand jeu.

« Ça n'avait pas été aussi simple. D'abord, il refusa qu'elle mette les pieds chez lui. Elle le questionna, le taquinant sur la présence rue du Bac, maîtresse ou amant ? Non. Il ne répondait pas. Il savait que dès l'instant où elle dormirait dans son lit, le charme serait rompu. Ainsi, ce soir-là et tous les soirs par la suite jusqu'à la fin de leur histoire, après dîner ou à la sortie d'une boîte, ils faisaient une dernière fois – mais de nuit et en taxi – le tour de Paris pour trouver un hôtel. Avoir réservé une chambre eût été en parfait désaccord avec la règle du jeu. Des palaces de l'Alma squattés par les

émirs aux bouis-bouis des ghettos musulmans de Barbès, en passant par les classiques cossus de l'Opéra ou les fantaisies désargentées de la rive gauche, selon l'inspiration du moment ou l'occupation des lieux, ils les visitèrent tous. »

T. A., « Novelette II », Revue *Rive Droite*, octobre 1990.

Et puis le matin, je me levais, j'allais bosser à l'agence comme si de rien n'était, sans savoir où l'on pourrait bien dormir la nuit suivante. Je m'en foutais. C'était chic et drôle. Romantique et fracassé.

Ça durera un bon moment, jusqu'au jour, un week-end de Pâques, où, après quatre ou cinq tours de Paris, aucune chambre libre, Ouamée est finalement venue coucher chez moi. Elle y est restée deux ans. Deux années de délire très *sex, drug & rock'n'roll*. C'était très rigolo. Ouamée, ma Zelda de l'After Wave, tous les deux, on vivait comme dans un film, avec une musique de générique signée Henri Mancini. Nos amis s'appelaient « Herbert » (herbe), « Corinne » (cocaïne), mais jamais « Hélène » (héroïne). Ils s'appelaient aussi Christian Louboutin, Paquita Paquin, Vincent Darré, Philippe Krootchey, Maud Molyneux. On ne ratait jamais une fête du Palace ou un dîner au Privilège. On traînait au Mondétour, au Shéhérazade, au Royal Lieu. Sais-tu, Ouamée, que tous ces endroits n'existent plus ? Sais-tu, Ouamée, que la plage d'Unawatuna et l'île de Montserrat n'existent plus ? *Nevermore*.

La mère d'Ouamée, une fille Schlumberger, donc, avait épousé un peintre roumain. C'était déjà pas très bien vu par le reste de la famille. Alors, quand ils ont vu arriver leur Ouamée au bras d'Ardisson, ça leur a fait un choc. J'étais pas en odeur de sainteté chez les Schlum... Chez ces gens-là, le poids et l'épaisseur des classes sociales, tu les sens. Un regard suffit pour te faire comprendre que tu n'es pas de leur monde. Moi, personnellement, je m'y sentais très bien, tout à fait à l'aise là-dedans, ça m'allait au poil, le Valrichet, le manoir normand de Guizot, comme demeure pour le week-end, c'était parfait. Je serais volontiers resté.

Sauf que tout le monde n'avait qu'une peur, justement, c'est que je reste.

« Après la Grèce, l'Asie, le Far West, à l'exploration horizontale du monde Vallanges préfère désormais son observation verticale. Ses paradis ne sont plus artificiels, ils sont superficiels. Scaphandrier du futile, savant du délicieux, ethnologue des très riches comme de n'importe quelle autre tribu, il note que les femmes de celle qu'il étudie cette année portent des petits pagnes griffés Chanel et que, si l'habit n'est pas de rigueur, les hommes arborent un costume noir, souvent en grain de poudre, col châle ou à pointes, galon du pantalon toujours en soie, nommé "smoking". Louis le tient pour le dernier costume folklorique de l'Occident. Il s'y sent comme dans un Levi's. »

T. A., *Rive Droite*, Paris, Albin Michel, 1983.

Mes nuits sont à peine racontables. Je ne compte pas l'argent. Je ne me déplace qu'en taxi. J'ai des invitations comme s'il en pleuvait. Ma réputation de nightclubber m'ouvre des dizaines de portes. À partir de minuit, je commence une nouvelle vie qui va durer jusqu'à cinq ou six heures du mat'. À l'époque, Paris connait ses dernières grandes fêtes, dont le Bal Venise de Karl Lagerfeld et le Moratoire Noir de Jacques de Bascher et Xavier de Castella resteront les plus mémorables. Je n'en rate aucune. Certains soirs, je me laisse guider par une nostalgie très littéraire, entre Fitzgerald et Proust, le bar du Ritz et l'avenue Gabriel. D'autres fois, je me la joue dandy canaille aux Folies Pigalle. Je bois des gin-tonics comme je sniffe de la coke, sans modération. Je serre des mains de dieux de pissotières et de demi-dieux de la finance. Je tutoie les idoles. J'embrasse toujours autant d'héritières. Ce sont les musiques et les robes qui changent. Pas le ballet de la mondanité. Il y a des soirées kitsch, des nuits felliniennes, des petits matins robotiques. C'est magique. Comme Bali était magique.

« 1977... les Punks refusaient la stéréo et Bernard-Henri Lévy envisageait un seul Dieu. Ce fut l'année de la Main bleue : béton brut & lasers sophistiqués dans les sous-sols d'un parking. 1978 fut l'année de la disco, celle du Palace : technologie 2001 & moulures XIXe, lasers verts & velours rouges dans un théâtre des Grands Boulevards. 1979 fut l'année de la New Wave, celle des Bains-Douches : futurisme de bandes dessinées & Années 60 de cinéma, carrelage brillant et crêpage laqué dans d'ex-Bains-Douches. »

T. A., « Le Palace est le seul théâtre du monde dont la scène soit au sous-sol », *Playboy*, décembre 1980.

Chaque époque a été l'occasion d'un apprentissage. Là, pendant une poignée d'années, mes années *Black Tie*, j'apprends la jet-set, l'aristocratie, et la faune qui va naturellement avec tout ça, dealers, rabatteurs, vrais poètes maudits, écrivains en devenir, cinéastes ratés. Je suis à fond dans la schizophrénie du pubard friqué, romancier rentré, romantique libéré, ancien drogué, nouveau défoncé, un peu journaliste, un peu voyeur, parfois exalté, souvent rêveur, toujours vigilant comme si tout allait soudain s'arrêter, le carrosse se transformer en citrouille. Un jour, je suis dans les bureaux d'une fabrique de cuisines intégrées en Auvergne, le lendemain, je prends des notes pour *Vogue*, au Palais de Chaillot, pendant l'exhibition de Gilbert and George. Et quand je vais à New York, je rentre au Studio 54 sans attendre. Je suis un surfeur urbain.

« *Surfer* (bien, vite et loin) sur les courants porteurs qui traversent nos sociétés hautement médiatisées, surfer sur les concepts à la mode, sur la vie : c'est surfer en ville, mais c'est surfer quand même.

(Un suiveur est un mauvais surfeur.)

Les surfeurs urbains savent que les Années Quatre-vingt ont commencé en 1977, que les Eighties ont déjà trois ans, que la prochaine vague est déjà là. »

T. A., « Le Choc des Années 80 », *Playboy*, janvier 1980.

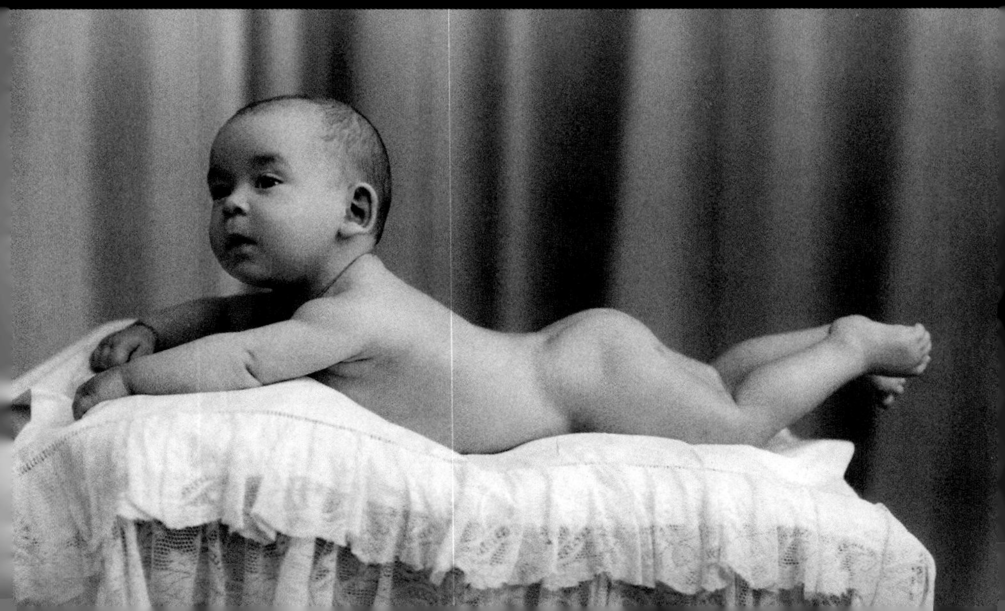

Arêches

Bergman
SORTIE

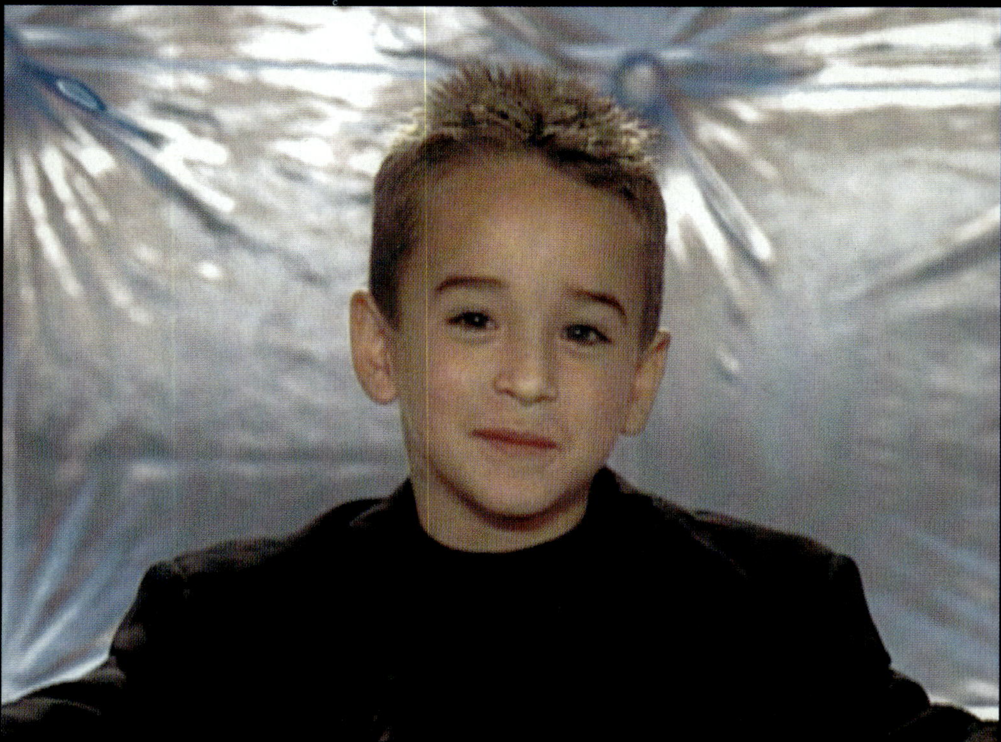

À l'époque, j'ai même été l'amant de Soraya, la première femme du Shah d'Iran. Mais ce dont je me souviens surtout, c'est que, pour aller de l'avenue Montaigne chez Maxim's, on avait pris sa Rolls.

« Toutes les nuits, il y dissèque patiemment le *Black Tie*, son sentiment du moment. Louis est un ultra. Ultra-upperground comme il avait été ultra-underground. Sa marginalité a changé de rive. Pas lui. Cependant, si ses engouements sont toujours aussi intenses, il n'y suppose pas le moindre absolu. Il surfe maintenant sur l'air du temps, sans plonger dans la vague un instant, autopsiant l'idée du moment sans s'y suicider longtemps. Il a fini par apprendre que les idées, comme les idéologies, sont faites pour être consommées et pas pour s'y consumer. »

T. A., *Rive Droite*, Paris, Albin Michel, 1983.

J'ai entrepris de tout lire ou re-lire. Ses livres. Ses articles. Ses interviews. Depuis des mois. J'en ai encore pour des mois. Parallèlement, je rassemble, j'élague, je façonne, je reconstruis à travers une prolifération de fichiers, de paragraphes, de notes qui occupent de plus en plus de « mémoire ». Je me rends compte que je vis avec lui, au jour le jour. Pour le pire ces nuits où je me réveille en pensant : « Et si tout était faux ? » et pour le meilleur : d'intenses fous rires solitaires devant un écran d'ordinateur, en général à l'aube, quand je rédige certaines scènes en les visualisant comme il les raconte.

Je me promène dans sa vie comme dans un parc d'attractions. Je reconnais, dans des articles vieux de trente ans, des fragments d'existence, des morceaux rédigés comme des saynètes. J'y retrouve, quelquefois mot pour mot, une anecdote, un voyage, un incident dont nous avons parlé une semaine plus tôt.

Plus j'avance, mieux je comprends que Thierry me raconte, à sa manière (qui est fantasque, grammaticalement approximative), une époque entière, révolue, mais vivante. On dit que les avions laissent une signature « thermique ». Ardisson, lui, me fait l'effet d'une signature « temporelle ».

X

Je suis né, j'ai grandi près des chantiers, avec des ouvriers. La classe ouvrière, je connais, et j'ai même tout fait pour en sortir. Mon côté héros, là-dedans, c'est surtout mon obstination à fuir cet enfer-là. Il s'en est fallu de rien que je me fasse chier comme des millions de vrais « *heroes* » de la « *working class* » en allant tous les jours à l'usine ou, plus probablement, au bureau.

« As soon as you're born they make you feel small
By giving you no time instead of it all
'Till the pain so big you feel nothing at all[1] »
***Working Class Hero* (John Lennon)**

Sur le plan politique, à cette époque, j'ai quitté ma classe sociale, je me suis désolidarisé des pauvres, je suis en plein égotisme. Je ne crois à aucune idéologie. Je n'ai pas de doctrine économique, sauf ramasser le plus de blé possible. Pas de vision sociétale, encore moins sociale, pas beaucoup de compassion non plus, faut bien le dire.

Tu vois, Philippe, ça ne me rendra pas très populaire de te dire un truc pareil, mais au moment de l'arrivée de la gauche au pouvoir, je passe mon temps dans le champagne, la coke et le fun. Alors, je ne vais pas m'inventer un passé de militant distribuant des tracts à l'aube, le dimanche, sur les marchés. Non. En

1. © 1970. Northern Songs.

fait, comme *Le Hérisson* de mon enfance, je suis pour tout ce qui est contre, et contre tout ce qui est pour.

La seule chose dont je sois sûr, c'est d'être libertaire, antitotalitaire. Donc, à l'époque, anticommuniste.

Je me souviens de m'être engueulé avec des tas de gens qui applaudissaient à l'arrivée des troupes Viêt-Cong à Saigon, et d'autres qui trouvaient les Khmers rouges forcément bien intentionnés, puisque marxistes-léninistes.

Et puis, tout ce beau monde découvre le Goulag.

À ce moment-là, je me retrouverai à militer pour les dissidents soviétiques avec l'*Internationale de la Résistance*, en compagnie de Marie-Madeleine Fourcade, Pierre Daix, Emmanuel Leroy-Ladurie, Jean-François Revel, Bernard-Henri Lévy... C'est moi qui trouve le slogan : « Occupez-vous du totalitarisme avant qu'il vous occupe. Dissidez-vous. » J'ai même sorti un disque, un 45-tours, une reprise d'un tube de Claude François : « Si j'avais un marteau, si j'avais une faucille, je construirais un camp et j'y mettrais ton père, ta mère, tes frères et tes sœurs. » C'est Daniel Darc, le leader de Taxi Girl, qui chantait, mais il a refusé d'être cité. Ça résume bien l'emprise de l'URSS sur les esprits à l'époque. (*Avec un anticommunisme pareil, tu as dû vraiment avoir un choc en 81. La gauche, tu l'accueilles comment ?*) Des ministres communistes au gouvernement, c'est l'horreur, Philippe ! Je suis d'autant plus surpris que je ne me suis pas passionné pour la campagne électorale. À l'époque, et pour longtemps encore, en fait jusqu'en avril 2002 et Le Pen au deuxième tour, je mets un point d'honneur à ne jamais voter. J'en suis un peu resté au slogan de 68 : « Élection, piège à cons ». D'accord, ça ne vole pas très haut comme pensée citoyenne...

Donc, le 10 mai, je tombe de haut. Moi qui suis alors lancé dans un trip *Fame & Fortune*, je suis atterré. Anéanti par la victoire d'un vieux socialiste qui avait l'air si démodé. Je trouvais effroyable la campagne que Séguéla lui avait concoctée. Réussie, mais tellement pétainiste dans l'esprit, cette « Force tranquille » sur fond de clocher villageois. Un cas extraordinaire de manipulation publicitaire.

Je suis très remonté, aussi, en 81, parce qu'on nous prend pour des cons. Très vite on va apprendre sur Mitterrand des choses qu'on fera semblant de découvrir quinze ans plus tard : le cancer, la francisque, Mazarine... Le problème, c'est que c'était révélé par le journal *Minute*. Quand il m'arrivait d'en parler, on me disait : « Putain, Thierry, mais t'es con ou quoi ? Comment peux-tu croire des trucs imprimés dans un journal facho ? T'es pas d'extrême droite ? » C'est très chiant d'avoir à confirmer que tu n'es pas d'extrême droite. C'est fou, mais, dans ces cas-là, l'image de l'émetteur l'emporte sur l'authenticité de l'information. C'est comme ça.

Cependant, la victoire de Mitterrand ne change pas grand-chose à ma vie quotidienne. Je continue à engranger du fric, à faire des papiers, à sortir toutes les nuits et à baiser. La gauche, c'est pas la fin du monde. Et Mitterrand nommera Fabius et réduira le PCF.

En 81, quelques semaines après l'élection de Mitterrand, j'accepte un dîner chez Giscard. (Comme quoi je suis plus curieux qu'arriviste.)

À table, au milieu des fidèles de l'Ex, je suis le vilain petit canard, le publicitaire à la mode. Giscard avait compris les ravages de l'efficacité d'un Séguéla au côté de Mitterrand, il avait peut-être envie de tester de jeunes mecs. Je sais pas trop. Il est à un bout de la table. Il préside, quoi. On se croirait à un dîner chez Charles X. D'ailleurs, dans l'escalier, il y a un portrait de Charles X. Ce soir-là, je ne peux pas le regarder sans penser à sa sortie très Charles X en 1830, la chaise vide qu'il a laissée après avoir dit « Au revoir... » à la télé.

Giscard s'adresse à chacun successivement au cours du dîner. C'est lui qui distribue la parole. Il t'interroge et tu réponds. Au bout d'un moment, l'œil du monarque arrive sur moi, genre : « À vous, monsieur Ardisson, qu'avez-vous donc à nous dire ? » Et là, autour de la table, tout le monde se demande : « Qu'est-ce que ce connard de Thierry va bien pouvoir trouver à dire à Sa Majesté... »

« Monsieur le Président, votre départ de l'Élysée est la plus triste nouvelle pour moi depuis la séparation des Beatles... » Oui, Philippe, j'ai proféré cette énormité ! Mais le pire, c'est qu'à ce moment-là Giscard s'est penché vers le mec à côté de lui en laissant tomber, très sérieusement : « Ah bon, les Beatles se sont séparés ! »

J'ai beau aimer les causes perdues, je ne me vois pas être le Séguéla de Giscard. En revanche, July...

À l'époque, *Libération* est le canard le plus excitant. Serge July est en train de devenir une vraie star du journalisme. Un jour, je vais le voir. On ne se connaissait pas. Le mec est impressionnant. On bavarde un moment. Je lui raconte Business. Il a repéré « Les Aplajaunes » et leurs articles « clef en main ». Je lui dis : « Moi, j'aime *Libé,* j'aimerais vous aider, faire des trucs pour vous... Qu'est-ce qu'on pourrait faire ensemble ? » July : « Écoute, nous, à *Libé*, on a un problème. On a changé. On a évolué. On veut faire un vrai bon journal d'aujourd'hui. Mais pour le faire, il faut que le journal vive mieux. Il faut de la pub. Et c'est très dur, parce que les publicitaires continuent à nous voir comme de dangereux gauchistes. Ils ne viennent pas facilement dans nos pages. Si tu veux faire quelque chose pour nous, trouve une idée pour que les mecs de la pub se rendent compte que *Libé* existe et s'intéresse à eux, que dans leurs plans média, c'est possible. »

Le soir même, j'avais trouvé l'idée : faire de fausses unes de *Libé* consacrées à des publicitaires. Une semaine plus tard, j'allais donc tous les soirs à *Libé*, au moment du bouclage, et l'on modifiait la une prévue avec un gros titre sur une personnalité du secteur de la publicité. On en imprimait quelques centaines d'exemplaires qui étaient portés au matin dans les agences et chez pas mal d'annonceurs potentiels.

La première a failli me coûter très cher. À la place de l'actu normale, renvoyée en manchette, j'avais fait la une avec : « Mitterrand plaque Séguéla. » Évidemment, le lendemain matin, en arrivant dans son agence, Séguéla voit le journal, et il a le choc ! Séguéla, à l'époque, c'était le mec intouchable, le « Monsieur Pub de France », le gourou de l'Élysée. Un instant, il a cru qu'il était vraiment lourdé par son pote le Président ! Il a commencé à téléphoner partout dans Paris pour apprendre, finalement, que c'était Ardisson qui était à l'origine de tout ce bordel qui faisait marrer et parler de *Libération* dans les agences et ailleurs...

Il l'a très mal pris, Séguéla. Il m'a appelé pour gueuler. M'a menacé d'un procès. Il a mis du temps à se calmer. Le lendemain, on prenait pour cible une autre star de la pub, le père de Myriam : « Philippe Michel enlève le bas »... Au bout de quelques-unes du même tonneau, les mecs des agences commencent à m'appeler : « Putain, Thierry, tu parles de tout le monde sauf de moi, ne m'oublie pas... » Ils voulaient leur une de *Libé*. On avait réussi. (*Pourtant, à t'entendre, depuis l'enfance tu es aux antipodes de ce que représente Libé.*) Écoute, Philippe, que *Libé* vienne du maoïsme ou d'autre chose, je m'en branlais. Faire de la pub pour *Libé*, ça m'éclatait parce que c'était le journal où écrivait Pacadis, celui qui parlait de drogue et de sexe, donc qui me parlait à moi. Le seul qui s'intéressait aux groupes de rock que j'aimais. Le *Libé* du supplément *Sandwich*, celui du « Courrier des lecteurs », des petites annonces ! Et puis ce style qui courait dans toutes les pages du journal, avec ou sans coquilles, mais toujours avec les Notes de la Claviste (*Merci. NDLC.*) *Libération*, c'est le journal des *baby-boomers*. Celui des mecs nés dans les Années Cinquante, révolutionnaires dans les Soixante, défoncés dans les Soixante-dix, entrepreneurs dans les Quatre-vingt, au pouvoir dans les Quatre-vingt-dix, et toujours là dans les 2000...

À l'époque, j'ai quatre objectifs en tête. D'abord, je continue à bosser sur les campagnes et articles « clef en main » de Business. Puis mon troisième roman, *Rive Droite*. Ensuite, je voudrais un magazine de presse écrite, un truc à moi. Je veux l'appeler *Interview*. J'ai fait exécuter une maquette par un directeur artistique de Business. (*Mais tu le proposes à des investisseurs, tu vois des groupes de presse ?*) Oui, oui. Je me balade avec ma maquette sous le bras, mais il n'y a pas un mec pour me filer des ronds... Faut dire que c'était cher. Je voulais un dos carré, du papier glacé, bref, la folie des grandeurs ! Un truc absolument infinançable. Donc, j'ai rangé mon projet. Momentanément. C'est onze ans après que je créerai enfin *Interview*, qui deviendra *Entrevue*. C'est la démonstration que je suis à la fois très impatient et très tenace. Je veux toujours tout, tout de suite, comme dans la chanson des Doors : « *We want the world, and we want it now* », mais quand j'ai un truc auquel je crois, je peux aussi le porter pendant des années, jusqu'à ce que j'y arrive.

« À quarante ans, j'aurai mon produit presse. Je ne sais pas sous quelle forme, print ou vidéo, mais je l'aurai. Avec mon journal, je dirai tout, tout ce que j'ai sur le cœur. Je crierai mon horreur de l'injustice, de l'autocensure, il faut tout écrire sur tout et tout le monde. (...) J'ai une ambition : donner des coups de pied dans la fourmilière, dire les choses qu'il ne faut pas dire, je balancerai des affaires. Je ferai une presse complètement jaune. »

T. A., « Un loup dans la presse »,
***Médias*, novembre 1982.**

« Toutes les vérités sont bonnes à dire. »

T. A., *Interview*, 1992.

Donc, on a dit : l'agence, un roman, un canard, ah oui, et la quatrième chose que j'ai envie de faire, c'est évidemment de la télé. Je ne sais pas encore exactement quoi. Mais la télé m'attire, comme tous les mecs de ma génération qui en voient le formidable pouvoir de séduction et de répulsion. Au début des Années Quatre-vingt, la télé, pour moi, c'est de la merde. Trois chaînes avec des variétés pourraves, des jeux à la con, des fictions mal écrites, mal jouées, mal éclairées, et des infos qui ne font jamais de vagues. La télé, je lui voue un mépris sans nom. Je la hais, Philippe. La haine, quoi. Et pourtant, elle me fascine.

Le seul programme qui sauve ce bordel de la honte absolue,

c'est *Les Enfants du Rock* sur Antenne 2, proposé par Pierre Lescure, avec des potes à lui comme Patrice Blanc-Francard, Antoine de Caunes, Philippe Manœuvre et Jean-Pierre Dionnet. Très vite, ça me démange d'y participer, c'est comme pour *Libé*. J'ai voulu rencontrer Lescure comme j'avais voulu voir July. J'avais bricolé un projet d'émission appelée *Interview* qui pouvait facilement s'intégrer au programme des *Enfants du Rock*.

Je voulais faire passer chaque semaine les stars du spectacle, de la culture, du sport et de la politique à travers une batterie d'interviews-types, des grilles de questions très formatées et un détecteur de mensonge. Plus un blind-test à la fin. Des idées que tu peux voir le samedi soir sur France 2 aujourd'hui. Quand je te dis que je suis tenace.

Au début, Lescure m'a fait dire : « Ouais, c'est génial... » Mais c'était tellement génial qu'on n'a jamais rien fait ensemble. En fait, Philippe Manœuvre, qui s'était déjà fait piquer la vedette à *Rock&Folk* par *Descentes de Police*, n'avait pas envie que ça recommence sur Antenne 2. Et puis Lescure est parti monter Canal. La télé, ça commence par un échec.

C'est presque incroyable, mais par la suite je n'ai jamais bossé avec Canal ! Jamais. Un soir, quand il a été viré, j'ai invité Lescure à *Tout le monde en parle*. Après l'émission, on est allé dîner au Costes. On avait tout à se dire. On a des goûts très proches, le rock, les bagnoles, les collections de postes de radio en Bakélite. On est des *baby-boomers* tous les deux. Des vieux ados, quoi. On n'est toujours pas sortis d'une sorte d'enfance. On a dû passer la moitié de la nuit à se raconter ce qu'on n'avait jamais eu l'occasion d'aborder pendant les vingt dernières années. On est passé à côté l'un de l'autre.

Conclusion : à défaut d'*Interview* presse et d'*Interview* télé, heureusement, il reste la littérature.

XI

Avec mon troisème roman, *Rive Droite*, je commence à être accepté dans le milieu littéraire. À la sortie du livre, Bernard Frank m'invite au Crillon, et me parle de Paul Morand, qui vivait au-dessus des Ambassadeurs, où nous dînons.

Le pitch de *Rive Droite*, c'est un mec qui tombe dans la dope. Il s'en sort en devenant ultranormal. Aussi ultranormal qu'il avait été anormal. Et il tue des junkies. (*Et la citation de Sénèque qui ouvre le roman « De tous les vices, le pire est l'excès de vertu », elle n'est pas sourcée. Elle vient d'où ?*) De moi. Elle est fausse. C'est du bidon. C'est une maxime que j'ai inventée pour me foutre de la gueule des gens qui ne parlent que par citations. Et ça a marché.

Mai 68, Bali, Vientiane, New York, la Californie, Paris, les aventures du héros de Rive Droite *ressemblent furieusement aux tiennes... Sauf que tu t'es inventé une famille aristocratique, il s'appelle « Louis de Vallanges »...*

Un mec comme moi, fils de personne, c'était moins fort. Je voulais qu'il tombe de plus haut. Je voulais ce côté fils de grande famille totalement déclassé. Il sombre dans l'héroïne et il finit par tuer des junkies. Comme ses ancêtres, il part en croisade. Avec *Rive Droite*, je raconte ma vie, mais le héros devient fasciste. Pas moi. (*On a dit que le livre était sur-écrit...*) Oui. *Rive Droite* est un bouquin très speed, avec des phrases comme des slogans. Les princesses sont « historiques et hystériques ». Je parle de mecs qui ont « laissé tomber le Grand Soir pour les petits matins ». Des « coups de foudre » qui deviennent des « coups de poudre » et des paradis qui ne sont plus « artificiels » mais « superficiels ». Ça, c'est la pub, oui, c'est de la formule. J'ai adoré écrire comme ça. Mais je trouve que ça va une fois. À la longue, le style est trop présent, et ça fatigue. Plus tard, quand j'ai fait *Louis XX* ou *Pondichéry*, j'ai écrit beaucoup plus simplement.

« Je vous recommande ce livre. »
Bernard Frank, *Le Matin*, 1983.

« Son livre est actuel, état rarissime dans le romanesque français. »
Jean-François Fogel, *Le Point*, 1983.

« La nullité, clefs en main. »
Patrice Delbourg, *Les Nouvelles Littéraires*, 1983.

« Un livre pernicieux, trépidant et brillant. »
François-Olivier Rousseau, *Le Matin*, 1983.

« *Rive Droite* confirme le talent de Thierry Ardisson. »
Jean Chalon, *Le Figaro*, 1983.

« Un Montherlant de la dope. »
Éric Neuhoff, *20 ans*, 1983.

Après *Rive Droite*, des jeunes mecs comme Neuhoff, Tillinac ou Besson me considèrent comme un des leurs. Ils ont trouvé à Vallanges une parenté avec le Des Esseintes du *À Rebours* de Huysmans ou les héros de Paul Morand. La presse parisienne m'inscrit dans un univers littéraire qu'on appellera les « Nouveaux Hussards ».

C'est mon époque Morand, Nimier, Drieu, celle où je me dis : « Putain, si t'avais lu Morand à seize ans, t'aurais jamais écrit, même pas une ligne. » Cette fameuse phrase : « Je menais à l'époque cette petite existence que l'on nomme la grande vie »... Moi, un mec qui écrit ça, je l'aime. C'est aussi l'époque où je comprends que, au fond, je ne suis pas un romancier. J'ai du mal avec la psychologie des personnages. C'est pour cela qu'ensuite je me tournerai vers le document historique avec *Louis XX* et *Pondichéry*.

XII

Au printemps 1984, un mec, une espèce de barge intégral, veut me voir pour me parler de presse. Je lui donne rendez-vous. On sait jamais. Son projet, c'est de transformer *Vinyl*, son canard, un petit fanzine sur le rock, en un vrai magazine culturel hebdomadaire vendu en kiosque. Et, il veut absolument que je relance ce *Vinyl* avec lui.

L'idée me plaît. Le mec est assez sympa, en plus, et il a toujours sur lui une coke d'enfer. Une coke étrange, d'ailleurs, parce qu'elle sent beaucoup plus l'essence qu'à l'accoutumée. J'avais l'impression de sniffer une station-service. Chaque fois qu'il venait me voir pour travailler sur *Vinyl*, on foutait pas grand-chose, on se faisait des lignes. Tu peux pas savoir les quantités qu'on s'envoyait dans les narines, et dans quel état on se mettait.

Bref, on n'avance pas vite. Pourtant, le projet n'est pas con du tout. On part du principe qu'entre *Libération* (quotidien) et *Actuel* (mensuel) il n'y a pas d'hebdomadaire. On bricole une sorte de numéro zéro avec une couv' très warholienne. Le slogan, c'est : « *Vinyl : l'hebdo qu'on écoute.* » Enfin, on arrive à un truc à peu près présentable que je commence à essayer de vendre à des financiers.

Quand tu cherches du pognon, pour en décrocher, vaut mieux avoir les idées claires. C'était pas mon cas. Quand je partais avec ce mec, putain, son nom me revient pas, on se chargeait bien de coke avant de partir, histoire d'être en forme pour argumenter. Arrivés à la bonne adresse, on se faisait un rail de plus dans la caisse. Puis un autre. Au moment du rendez-vous, il me retenait par la manche, et il m'en proposait un dernier dans les chiottes, en disant : « Attends Thierry, c'est trop important ce projet, on va mettre toutes les chances de notre côté... » J'étais complètement défoncé. Je lui répondais : « Ahhh... ouais ! T'as raison, ouhahhh ! On met toutes les chances de notre côté, c'est comme ça qu'il faut faire. » Et hop ! On se rechargeait les narines avec cette fameuse coke parfumée à l'essence.

On savait même plus avec qui on avait rendez-vous. On se retrouvait dans les bureaux d'hommes d'affaires anonymes et hiératiques avec lesquels j'étais hors d'état de soutenir une conversation sur quoi que ce soit.

On a laissé des numéros zéro un peu partout dans Paris. Et on s'est perdu de vue...

Quelques semaines après la fin de l'aventure *Vinyl*, Filipacchi en personne m'appelle, et me propose de dîner avec lui. C'était le Daniel de *Salut les Copains*, l'empereur de la presse magazine, le milliardaire collectionneur de toiles surréalistes, l'éditeur de bouquins rares sur la peinture, un mystère vivant, caché entre Paris, New York et les Bahamas. Et il m'invitait à dîner, moi.

Je ne l'avais pas revu depuis l'interview pour *Façade*. On le voyait jamais. Il dirigeait tout depuis chez lui. Par téléphone. Je le croisais parfois, avalant un casse-dalle en remontant les Champs où se trouvaient ses bureaux. Burberry's, col relevé, cravate dans les mêmes rayures que la chemise, toujours avec des Ray-Ban, en toute saison et à toute heure. Le genre de mec qui arrive à son bureau vers sept heures du soir, qui y vient surtout le week-end et en août, et porte des montres qui marchent à l'envers. Un modèle. Filipacchi, je veux être lui.

À peine assis dans sa bagnole, je repère, au dos du siège avant, dans le filet, le numéro zéro de *Vinyl*. Je dis à Filipacchi : « Mais c'est *Vinyl*... » Là-dessus, avec une voix sourde et lente de capo coppolien, il fait : « Oui, mon petit Thierry, c'est *Vinyl*... Mais j'ai d'autres projets pour toi... Nous allons faire des choses ensemble... » Je ne sais pas comment il était tombé dessus, toujours est-il que ce truc lui avait plu. Mais il n'avait aucune intention de faire *Vinyl.*

On est allé dîner chez Le Duc. On parle d'un peu tout, et soudain, comme si c'était le truc le plus naturel du monde, il me lâche qu'il veut me filer le poste de « directeur adjoint des rédactions du groupe Hachette-Filipacchi » ! Fidèle à moi-même, je dis oui sans réfléchir. Je ne touche plus terre. Dieu vient de m'appeler à ses côtés. Il a besoin de moi pour s'occuper de ses quarante-neuf magazines.

Évidemment, ça va être une catastrophe.

Au début, tout va au poil. Daniel (je l'appelle « Daniel », mais je lui dis « vous », ce qui l'énerve, parce que, bien sûr, ça ne le rajeunit pas) me voit comme un « éditeur ». Le problème, c'est que je suis un homme de création. La gestion et le marketing, j'y comprends pas grand-chose, et je m'en balance un peu. L'autre problème, c'est que comme directeur adjoint des rédactions du groupe, je me retrouve adjoint de Roger Thérond, qui est aussi le patron de *Match.*

Le Roger, il me voit comme un jeune con de trente-cinq balais dont Daniel s'est entiché. Il a vite compris que je manquais d'expérience. Mais, au lieu de la jouer positif et de me dire : « Viens, petit, je vais t'apprendre... », il se méfie de moi comme de la peste. La succession n'est pas ouverte... Pourtant, j'apporte des idées. Par exemple, en plein débat « École laïque ou privée », je propose, dans *Elle,* qu'on suive, à partir de la rentrée suivante, des jumeaux dont l'un serait dans le privé, l'autre dans le public. Chaque année, on procédera à une évaluation des connaissances. Tout le monde adore. Roger flingue. Jusqu'au jour où je fais la connerie à pas faire...

Daniel venait de racheter cinquante pour cent de *L'Écho des Savanes* pour en faire un hebdo et, je sais pas ce qui m'a pris, je lui ai demandé comme une faveur de pouvoir m'en occuper personnellement. Je n'oublierai jamais la remarque de Filipacchi.

(*Moi, je n'oublierai pas le ton du tragédien Ardisson mimant la scène, la voix poussée dans les jardins du Bristol, façon chœur antique, limite burlesque.*) Il m'a dit : « Mais Thierry, t'es con ou quoi ? Je t'ai nommé "directeur adjoint des rédactions". Tu seras le patron des mecs de l'*Écho* version hebdo ! Qu'est-ce que tu viens m'emmerder pour diriger ce magazine... Tu vas quand même pas te faire chier à jouer au rédacteur en chef, ça n'a pas de sens... » Et là, le vrai connard que je suis n'a rien trouvé d'autre à balancer qu'un truc grandiloquent et très crétin comme : « Daniel, je vous en prie, c'est une question de légitimité pour moi dans le groupe. Pour être crédible, il faut que je remporte une victoire avec un magazine. Laissez-moi mener la bataille de *L'Écho des Savanes*, et si elle est gagnée, on me reconnaîtra comme un patron, et pas seulement comme quelqu'un à qui vous avez octroyé une fonction et un titre... »

Plus con, tu trouves pas. Je lui ai fait un cinéma invraisemblable. Il a cédé. J'étais déjà mort sans le savoir. Sous ma direction, *L'Écho* devient donc *L'Ebdo*, sans « H », fin 1984. Au moment du relancement, Daniel choisissant entre deux le prix de vente à pile ou face devant son staff marketing éberlué restera une image forte. Et surtout, malheureusement, un encouragement à faire confiance à mon flair...

Évidemment, je ne connais rien à la mécanique très particulière d'un hebdomadaire. Ce qui va devenir une source d'emmerdements quotidiens. Le magazine se vend pas trop mal, autour de deux cent mille exemplaires. Mais pour Daniel, qui a commencé avec le million d'exemplaires de *Salut les Copains*, c'est un score de merde. Au début, je ne réalise pas du tout dans quel bordel je viens de me fourrer. Je suis content d'être au top de la presse magazine, avec un bureau qui donne sur les Champs-Élysées, tout ça en restant actionnaire de mon agence Business.

Pour faire simple, on peut dire que je commence rapidement à péter les plombs. J'ai une vie de dément. Je reste au bureau jusqu'à trois heures du matin. Je me lève vers onze heures. Je bouffe n'importe quoi à n'importe quelle heure. Filipacchi me dit régulièrement : « Mais qu'est-ce que tu t'emmerdes à rester toute la nuit au journal ? T'as une équipe pour s'occuper de ça... » Je ne l'écoute même pas. Je veux tout contrôler. Je me suis persuadé que l'équipe, justement, a besoin de ma géniale présence permanente. Tout devient chaotique. Je m'énerve tout le temps. Je prends trop de coke. Je suis imbuvable, grossier, chiant, faussement sûr de moi. C'est un cauchemar. Mais j'ai encore rien vu. Les vrais ennuis commencent.

D'abord, pour le lancement du magazine, j'avais fait réaliser une campagne de pub annonçant le changement de rythme de parution où l'on voyait des lions, des girafes, des hippopotames, des rhinocéros copuler sous la mention : « Une fois par semaine, c'est mieux qu'une fois par mois ! » On ne peut pas dire que la vanne ait été du goût de tout le monde.

Mais le pire avait été cette idée d'alerter les télés, les radios, les journaux en leur faisant porter une bombe à retardement, avec, à l'intérieur, un message publicitaire en typo découpée dans les journaux, façon demande de rançon. Boîte à chaussures, bâton de dynamite plus vrai que nature, relié à un réveil par de gros fils de couleur : l'objet promotionnel était si réussi que, rue François-Ier, Europe 1, la station du groupe auquel j'appartenais, avait été évacuée en urgence. Alimentée par une trentaine de ces colis piégés, la rumeur d'une vague d'attentats terroristes s'était répandue dans Paris.

Et puis, il y a l'affaire des drogués, euh, « quotidiens ».

J'avais fait faire un papier sur le genre de mec qui, en se réveillant le matin, se fait une ligne de coke, ou un shoot d'héro, et puis, il va bosser, normalement. Ça s'appelait : « Métro, Boulot, Dodo : la parole est à la défonce. » On y voyait une caricature du Français moyen, béret basque et baguette de pain, avec une seringue plantée dans le bras.

Un soir, on me dit : « Daniel veut te voir. » Je descends dans son bureau : « Euh... Qu'est-ce qu'il y a ? » Lui : « Ben, t'as vu ce que t'as fait ? » Prudent et vague : « Quoi ? » Daniel : « Ben, t'es cinglé, Thierry ? Tu ne te rends pas compte ? Mais c'est l'apologie de la drogue ! Tu fais des interviews de gens qui nous expliquent qu'on peut se droguer et continuer à vivre sans problème, mais enfin, t'es complètement cinglé, mon pauvre ami ! Là, tu vas te retrouver en taule ! Et je ne pourrai pas t'en faire sortir ! »

Il est dans une colère froide. Il m'explique qu'il a pu faire sortir de prison le mec qui avait publié dans *Match* les photos du frigo du cannibale japonais, mais dans mon cas, c'est sans espoir. J'allais aller au trou. Il était désespéré par mon niveau d'inconscience. Et moi, il me décevait un peu. Je le prenais pour un héros de la presse, j'avais en face de moi un mec flippé. Mais, en même temps, je pensais : « Putain, mon cas doit être vachement grave pour qu'un type comme lui soit aussi inquiet... » Il réfléchissait. Il cherchait une solution. Finalement, il me dit : « Comme vous êtes toujours en retard, cette fois ça tombe bien. On va pas distribuer ce numéro. Tant pis pour la recette. On va pas mettre ça en kiosque ! » Là-dessus, il appelle le mec de la distribution pour le prévenir qu'il n'y aurait pas d'*Ebdo* cette semaine. Le mec de la distrib', tout content d'annoncer à Daniel Filipacchi que, pour la première fois, bravo Thierry, l'*Ebdo* était à l'heure et qu'il serait dans tous les kiosques de France le lendemain matin !

Mais Daniel n'était pas au bout de ses peines.

La princesse Caroline venait d'avoir un enfant. On avait obtenu une photo où elle le tenait dans les bras en lui mettant un doigt dans la bouche. La photo en question, issue d'une série faite au moteur, avait été rejetée par *Match* car Caroline faisait une grimace. Sous la photo, j'ai écrit : « Qu'est-ce qu'il suce mal ! » Le gros titre de une était : « Monaco, Monacul, Monafric ! » et en pages intérieures, l'enquête annonçait : « Sous le Rocher : la merde ! » Là, évidemment, c'est le prince Rainier qui appelle Jean-Luc Lagardère, qui appelle Daniel Filipacchi...

Le coup de fil suivant, c'était le ministère de l'Intérieur. Une enquête sur le pouvoir des flics.

« Le matin et l'après-midi se découpent en taxis, bureaux, rendez-vous, téléphones, bref ce qui a fait une vie d'homme

stressé, une envie d'enfant pressé. Seule éclaircie : le Palais de Justice. Ce mois-ci, comme le précédent et celui d'avant, ne m'a pas privé de quelques convocations chez le juge chargé des affaires de *L'Ebdo des Savanes*, Guilbaud Étienne, 135 C. Ces jours-là je me retrouve vers 14 h 30 sur le banc en bois de la salle d'attente entre deux violeurs et trois vitrioleurs et, quand Guilbaud est à l'heure, c'est-à-dire une heure plus tard, une heure à espionner des récits d'assassinats ratés dans des pavillons de banlieue, je peux entrer. Moleskine, mobilier Reno 63. Et là, j'avoue : "Oui, j'ai déguisé des journalistes en flics pour savoir jusqu'où la police pouvait aller trop loin avant que les citoyens ne se rebiffent, oui, ils sont allés trop loin, mais c'était justement l'idée." »

T. A., *Création Mag*, avril 1985.

Mon journaliste déguisé en policier avait soigneusement peloté une gonzesse après lui avoir demandé de mettre les mains en l'air... On se marrait, mais Daniel en avait marre de mes conneries : « T'es en train de foutre en l'air ce que j'ai mis vingt ans à construire. »

Pour m'humilier, Thérond me confiait la rédaction des messages publicitaires de *Match* pour la radio ! Un jour, j'ai explosé et j'ai écrit sur le mur du couloir du troisième, à la bombe : « Ténot, Thérond, t'es con ! » Personne n'a apprécié mon slogan. Il était temps que je me casse. Et puis, Philippe, je vais te dire la vérité : je commençais à m'emmerder. J'avais loupé l'examen de passage de directeur adjoint des rédactions. Je n'avais pas envie de me faire chier pendant vingt ans à attendre la mort de Roger. J'ai pas le temps pour ce genre de calcul.

J'ai vu une dernière fois Daniel dans son bureau. On n'avait plus rien à se dire, à part « au revoir ». J'allais partir quand il a ouvert un tiroir de son bureau. Il m'a tendu un chèque. J'ai dit : « Vous ne me devez rien. » Il a fait un « Si » sans appel. J'ai mis le chèque dans ma poche, sans regarder, et je suis parti.

Un jour, j'avais dit à Filipacchi : « Puissant comme vous êtes, vous pourriez vous permettre d'être fâché avec tout le monde. » Il m'avait répondu : « C'est parce que je ne me suis pas fâché avec tout le monde que je suis, comme tu dis, "puissant". »

Je n'étais pas près d'être « puissant ».

Une fois dehors, sur le trottoir des Champs, avec mes dossiers sur les bras, j'ai contemplé une dernière fois l'immeuble. Je me suis souvenu qu'une semaine avant j'étais passé là, en allant au cinéma avec ma femme, Béatrice, et que je lui avais montré le bureau en rotonde qu'occupait Roger Thérond en disant : « Tu vois, un jour, ce sera mon bureau. »

XIII

« And you feel like such a know-it-all
When you only want just a tiny girl
And you hope she'll sing. »

***Tiny Girls* (Iggy Pop)**

J'ai rêvé ou je t'ai entendu parler de ta « femme Béatrice » ? Tu t'es remarié sans me prévenir ? On en était resté à ta liaison avec Ouamée...

Non, non, je ne suis pas marié, mais ça va venir... Bon. Béatrice ? Ben, c'est une fameuse histoire, invraisemblable, mais vraie. (*Avec Thierry, ces trois derniers mots concourent pour le trophée du pléonasme.*) Béatrice... Je la repère un soir, on est en 83, je crois, c'est l'été, en sortant d'une boîte, Le Tango. C'est une petite brune hyper-jolie, très piquante. Elle doit avoir dix-huit ans. Elle ne me regarde même pas. Je ne sais pas qui c'est.

Peut-être quinze jours plus tard, je vais au Privilège, avec Ouamée, et je la revois, enfin, je vois une gamine assise à l'écart avec son sac à main sur les genoux, genre boîte de province des Années Soixante. (Ouamée comprend qu'il se passe quelque chose de dangereux. Elle finira par renverser, « sans faire exprès, désolée », sa vodka-orange sur la robe de la gamine.) Je m'approche d'elle et je lui dis : « Vous et moi... dans un an, on est marié... Vous êtes la femme de ma vie. » Je vois bien qu'elle se dit : « Mais quel connard, celui-là ! Comment ose-t-il me draguer aussi lourdement, ce vieux con. » Elle ne me répond pas.

Sur ce, la soirée se termine. Le lendemain, je la cherche partout. J'ignore son nom. Je pose des questions. Un mec me dit : « Je crois qu'elle s'appelle Béatrice et qu'elle est partie en Angleterre... » Je l'idéalisais tellement qu'elle ne pouvait être que dans un couvent... Donc, je passe tout l'été à l'attendre, en me faisant un cinéma d'enfer sur sa vie d'enfant sage chez les bonnes sœurs.

À la rentrée, au moment de la sortie de *Rive Droite*, quelqu'un, je sais plus qui, me sort la phrase fatale : « Tiens, tu te souviens, la petite Béatrice, elle va revenir. » On l'appelait « la petite Béatrice » parce qu'elle était parmi les plus jeunes dans la bande du Palace et qu'elle n'est pas très grande. Je la revois donc un soir au Privilège, elle me calcule à peine, mais je finis par obtenir un rendez-vous, le lendemain au bar de La Coupole. Quand j'arrive, je la branche sur ce que j'imagine être sa vie de jeune fille retirée loin de tout. Elle me fait : « Mais pas du tout, j'étais à Londres où je m'occupais d'une galerie de peinture... Oui, j'ai de la famille là-bas... Vous auriez tout à fait pu venir me voir. » On était là. Aussi troublés l'un que l'autre. On a dû fumer un paquet de Craven A en une heure. On était comme ça, fébriles, incertains. On buvait des porto-flips. Je lui avais apporté mon livre pour lui montrer que j'étais vraiment un écrivain. Elle l'a oublié en partant. Je lui ai couru après boulevard du Montparnasse pour le lui donner. Voilà comment ça a commencé...

Après, ça a pris du temps, je suis allé la voir chez elle. Elle habitait en face de l'Unesco, un petit studio au-dessus de chez ses parents. Une famille de militaires, de coloniaux qui avaient été en poste en Syrie, au Liban, partout... Un milieu très traditionnel au point que j'ai été obligé d'aller demander sa main, t'imagines ! Je me suis lancé après avoir bu un demi-litre de rhum agricole que j'avais rapporté des Antilles. Puis, je suis rentré chez moi finir la bouteille.

Et, le lendemain matin, quand je me suis réveillé, je me suis dit : « Putain ! Mais t'es allé demander sa main ! » Voilà. C'était très joli. On s'est plus quitté. J'avais trouvé ma « Tiny Girl ».

J'ai toujours eu un côté Pygmalion. J'ai emmené Béatrice partout : le Lake Palace à Udaïpur, l'Hôtel Pierre à New York, le Peninsula à Hong-Kong, l'Hôtel de l'Europe à Pondichéry, le Beverly Hills à Los Angeles, le Raffle's à Singapour, le Tree Tops au Kenya, le Old Winter Palace à Louxor, le Plaza à Buenos Aires, la Villa d'Este à Côme, le Copacabana à Rio de Janeiro, l'Hôtel Gritti à Venise.

J'épouserai mon tanagra en avril 1988.

Mariage à la mairie, parce qu'à l'église, ils n'ont pas voulu. Le curé de Saint-François-Xavier a été catégorique : malgré mon divorce, devant Dieu, je restais marié à Christiane. J'ai essayé de l'embrouiller en lui expliquant que, dans la famille de ma nouvelle femme, on trouvait un saint, saint Augustin Schaeffler, découpé en morceaux par les Chinois qu'il venait égangéliser ! Rien à faire. Au bout d'un moment, il a suggéré qu'on pourrait peut-être faire casser le mariage en cour de Rome, comme si j'étais un Grimaldi, je pensais, mais il fallait préparer un dossier à charge contre ma première femme... Je me suis cassé sans dire au revoir.

Donc, on ne se marie qu'à la mairie, mais notre vraie cérémonie aura lieu quelques jours plus tard, lors de notre voyage de noces à Marrakech, quand des amis nous offrirons une célébration à la marocaine dans la grande tradition, en ne nous prévenant qu'au moment d'aller nous habiller ! Parés, costumés, portés au-dessus des têtes, chacun sur un plateau, nous passerons la soirée à boire du lait de chamelle au milieu des you-yous. Sans compter le kif du Rif.

On n'avait pas perdu au change.

(*Puisqu'on parle de femmes et d'amour, tu n'as pas la réputation d'être si romantique et si tendre que ça ! On te dit macho...*) Un peu *old school*, oui... Je suis patron avec moi-même, donc je le suis avec les femmes aussi. On dit que je suis dur avec les autres, mais je le suis d'abord avec moi.

(*Ça doit pas être facile, quand on est une vedette de la télé, de résister aux sollicitations...*) Quand tu es une vedette de la télé, c'est facile d'avoir des jolies filles à dîner, dans un restaurant chic, en tête à tête. Le tout est de savoir à quoi ça sert. J'ai pas envie de perdre du temps là-dedans. Je ne trouve pas d'intérêt dans ces espèces d'aventures show-biz. Ni avec les vedettes – je ne suis pas un *starfucker* –, ni avec les débutantes. Le mec qui fait croire à une fille qu'il va lui faire faire de la télé pour la baiser, quoi de plus ringard ? Je trouve ça nul. *No zob in job.* (*Tu n'es pas en train de réécrire ta vie sentimentale et sexuelle ?*) Si j'avais vraiment besoin de baiser, je préférerais appeler une professionnelle du sexe, ou aller dans des boîtes échangistes, c'est plus simple et plus rapide. Tu vois ce que je veux dire. (*Je vois. Et c'est comme ça que tu t'es fait une réputation de partouzeur, apôtre de l'échangisme.*) Ça doit remonter à la gare routière d'Albertville, mais j'ai toujours été attiré par ces univers-là. J'ai visité pas mal de ces boîtes en faisant *Paris Dernière* en 1995 : Chris et Manu, rue Saint-Bon, Le 2+2, avant qu'il soit boulevard Edgard-Quinet, Les Chandelles, rue Thérèse... L'autre soir, j'arrive aux Chandelles, je suis une vedette là-bas, depuis que j'y ai fêté mon anniversaire, j'arrive, et le mec me dit : « Si vous saviez le nombre de gens qui viennent et qui demandent : « Il est là, Ardisson ? » » Les gens pensent que j'y suis toutes les nuits, que j'habite là, quoi.

En fait, ce que j'aime dans ces boîtes, c'est que les gens baisent au lieu de danser en rêvant qu'ils vont baiser. C'est mon côté soixante-huitard, ennemi de ce puritanisme que j'ai connu avant Mai. J'ai eu dix-huit ans l'année du *Summer of Love*. Les boîtes échangistes ne me choquent pas plus que les back-rooms homos. Je les tolère volontiers. Pareil pour le mariage gay ou la polygamie. La famille, au sens traditionnel, c'est fini ! Dans l'avenir, les gens vivront seuls, à deux, à trois, à cinq ou huit si ça leur fait plaisir. Quel que soit leur sexe. Cette idée qu'on vivra à deux, un homme et une femme, pour l'éternité, c'est aberrant.

Cette période de l'humanité est révolue. Terminée. On me reproche d'aborder souvent les questions de sexe dans mes émissions. Et alors ? Je considère que je libère la parole sur un sujet qui obsède tout le monde. J'aide les gens à se décomplexer, à se désinhiber. Peut-être que, quelque part en France, le samedi soir, des mecs un peu timides, mariés à des femmes un peu timides, se disent : « Tiens, et si j'essayais ? » Prisonnier d'un ordre très petit-bourgeois, il va peut-être oser enfin parler de son truc à sa femme qui n'attend, toujours peut-être, que ça. Il va lui dire : « Dis donc, t'as vu ce qu'il a dit, Ardisson, ça te plairait pas ? » Elle va sûrement commencer par dire : « Ah non ! Arrête avec Ardisson ! » Mais la fois d'après... Voilà. Où est le mal ? C'est mal pour qui ? Pour ma grand-mère ? Elle est morte.

(*Donc, tu n'es pas le jouisseur, l'hédoniste que d'aucuns imaginent...*) Je ne dis pas que je suis un saint, et que je n'ai pas des fantasmes, des envies de magnifiques orgies au bord d'une piscine, avec des putes et du champagne, comme dans les clips de rap. Simplement, je ne suis pas victime de mes sens. C'est la différence avec d'autres. Je me contrôle. Je connais des nymphomans, mais c'est une pathologie dont moi, je ne suis pas atteint. (*À propos de pathologie, tu es jaloux ?*) Très. Si je n'arrive pas à joindre ma femme pendant une après-midi, je vais m'énerver, ça c'est sûr. C'est clair que je surveille. C'est très flatteur pour une femme d'avoir un mec possessif. Les gonzesses, elles aiment bien qu'on leur dise : « Je ne veux pas que tu ailles baiser avec un autre. »

J'ai toujours envisagé la vie conjugale comme quelque chose d'harmonieux où l'on ne se faisait pas de scènes. Où l'on ne se trompait pas. (*Toi, tu dis ça ?*) Oui, c'est l'exemplarité de mes parents, l'image d'un couple très uni... Peut-être trop, d'ailleurs. Il y avait une espèce d'abnégation maritale. J'ai vécu dix ans avec ma première femme et cela fait vingt ans que je suis avec la deuxième. (*Avec la vie que tu as menée, comment tu pouvais imaginer et désirer le mariage ?*) Je ne me suis jamais vu non marié. Quand on est avec une femme qu'on aime, on se marie, quoi.

Et qu'on me dise pas que c'est à cause des enfants, puisqu'à l'époque je n'en voulais pas.

Je ne me pose pas trop de questions sur ma vie privée. Autant sur le boulot, toute la journée, je me torture l'esprit pour savoir comment il faut faire. Autant là, il faut que ça aille de soi. De toute façon, avec Béatrice, on s'engueule rarement. On peut se faire la gueule un moment. Mais ça ne dure jamais. On discute pas non plus. Quand ça va pas, on se parle pas, puis quand ça va, on se reparle. Je suis contre ce que j'appelle le « psychologisme », c'est-à-dire ces couples qui passent leur temps à analyser leur relation. C'est terrifiant ! C'est une connerie d'affirmer que dans un couple, on doit parler de tout. Les couples qui se dissèquent finissent par se déchirer. (*Tu as deux filles, Manon et Ninon, et un fils, Gaston. Des enfants, tu en voulais ?*) Non. Non... J'en voulais pas. (*Alors, ce sont des naissances accidentelles...*) Tu plaisantes ! La principale chose que j'essaie d'éviter dans ma vie, c'est justement ce qui est accidentel. J'ai horreur de l'imprévisible. Je te dis que je n'en voulais pas, avant, c'est vrai, mais ceux que j'ai eus avec Béatrice, ils ont été choisis. (*Tu veux dire qu'il y en a eu d'autres, ailleurs ?*) Non... Enfin si... Je t'ai raconté. L'avortement de Christiane. Moi, j'avais dix-huit ans. Je ne voulais pas de môme. On était trop jeunes. Complètement immatures tous les deux. On a été d'autant plus stupides que, plus tard, quand elle en a parlé à sa mère, la Ritale nous a engueulés en disant : « Mais, vous me l'auriez dit, ce gosse, on s'en serait occupé. » Tu vois, la Mamma, quoi... Imagine, il serait là, il aurait trente-huit ans ! Putain, trente-huit ans !

Pendant longtemps, j'ai considéré que c'était très con d'avoir des enfants. Une charge inutile. Quelque chose qui t'empêche de vivre comme tu le souhaites. Et puis, un jour, je me suis dit que c'est mieux d'avoir des enfants que de ne pas en avoir. C'est devenu une évidence. Il faut en avoir, des gosses, même si tu sais qu'ils vont te faire chier, te coûter du blé, te pourrir la vie. C'est définitivement mieux d'en avoir. *(Tu les as vus naître ?)* Ah ça, non ! Je ne voulais pas assister à l'accouchement ! D'ailleurs, tu me rappelles un sketch familial assez drôle. Je crois que c'est pour la naissance de Ninon, ma deuxième fille. On habitait ici, avec Béatrice, rue du Faubourg-Saint-Honoré. Un matin, je me réveille, à huit heures, je vais dans sa chambre : « Salut ! » Pas de réponse. Elle n'était pas là. J'appelle sa mère : « Mais elle est où, votre fille ? » Elle fait : « Ah oui, elle n'a pas voulu vous réveiller. Elle est partie accoucher à la clinique à pied. » C'était pas loin, mais quand même, au coin de la rue Marignan avec François-Ier. Bon, j'appelle Béatrice là-bas et j'entends : « Ben oui, tout va bien. Je n'ai pas voulu te réveiller. » Comme les chats, quoi. Je demande : « Tu veux que je vienne ? » Elle : « Non, non, c'est pas utile. » Quelques heures plus tard, j'étais en train de déjeuner au Bristol, avec Louis XX en personne, c'était notre première rencontre et on vient m'annoncer : « Votre femme a accouché. » J'ai dû faire un commentaire comme : « Ben, très bien. Je passerai la voir ce soir. » Ce jour-là, j'avais un montage à finir pour *Lunettes*. Et après, le soir, je suis allé la voir, les voir.

Et puis là, donc, c'est Gaston qui arrive, en 96... Je dois vieillir, tu vois, parce que, moins d'une heure après l'accouchement, je me retrouve à la clinique... (*C'est pas plutôt parce que c'est un garçon ?*) Ouais, sans doute. Mais, au-delà de ça, je pense que c'est aussi parce que, plus ça va, plus je suis conscient des choses. J'ai mis un demi-siècle à venir au monde, Philippe !

Bon, dis donc, je m'offrirais bien un peu de champagne. Qu'est-ce que t'en dis ? (*Je dis : « Oui », mais Thierry interpelle déjà le barman du Bristol, et couvre les envolées du pianiste d'un sonore :*) Hey ! On peut avoir une coupe, là ? C'est vendredi soir, l'O.S. de la vidéo se fait plaisir !

TROISIÈME PARTIE

I

Après mon bref passage chez Filipacchi, j'ai repris ma vie de publicitaire à Business. Retour difficile. Éric, mon associé, règne en maître. On fait beaucoup de pub, moins d'articles clef en main, mais je continue à signer des chroniques pour *Vogue*, *Playboy* ou *Match*. Des textes où je me raconte en direct. Comme un journal intime ouvert à tous.

Au printemps 1985, j'ai déjà commencé à travailler à un prochain bouquin, sur la Monarchie, ce sera *Louis XX*.

Je signe des campagnes. J'écris. Je sors. Quand on me demande ma profession, je réponds : « Multimédiaïste ». On pourrait aussi dire « touche-à-tout », « dilettante » ou « surfeur ».

Un beau matin, je reçois un coup de fil de Marie-France Brière, la responsable des variétés et des divertissements de TF1. Brière, c'est la star des programmes. C'est elle qui règne sur le Stéphane Collaro du *Collaro Show* et le *Carnaval* de Patrick Sébastien. Elle bosse directement avec le P-DG de la Chaîne, Hervé Bourges, lui-même secondé par un jeune mec brillant, Pascal Josèphe. Et elle me convoque tour Montparnasse, c'est là que sont les bureaux de TF1, qui est encore une chaîne de télévision publique à cette date. Un petit bout de femme hyper-énergique. Pas froid aux yeux. Cheveux en bataille. Un peu sorcière.

Elle parle vite. Elle m'explique qu'elle aime bien les *Descentes de Police* dans *Rock&Folk*. Elle me demande si je serais capable de faire la même chose à la télévision. Contrairement à mes habitudes, je réponds catégoriquement : « Non, c'est absolument impossible. » Pourquoi ? Je lui raconte la fabrication des *Descentes*. Quatre heures d'entretien serré avec la star. Dix heures de décryptage des cassettes. Douze heures de réécriture. Tout est rewrité. En télé, c'est impossible. Elle insiste. Je dis qu'on n'arrivera jamais à le faire. Trop compliqué. C'est elle qui tranche. Elle dit : « Essayez, on verra... »

Voilà comment j'ai commencé dans la télé. À reculons.

D'abord, il a fallu trouver un lieu pour tourner. J'ai eu l'idée d'aller aux studios de Joinville, dans la maison-commissariat où avait été réalisée, autrefois, en direct et en noir et blanc, la série des *Cinq Dernières Minutes*. Et là, Philippe, ça s'est très, très mal passé. À la différence de la presse, on ne pouvait pas faire calmement l'interview un jour et mettre en scène des photos violentes le lendemain. Il fallait se la jouer directement sale flic.

On a réellement malmené les mecs et les gonzesses qu'on a interrogés. On les bousculait pour de bon. On les frappait. On s'y croyait à mort. Quelquefois, le résultat était drôle. On posait des questions sur un ton de flic malade à Sophie Marceau : « Quel acteur profite le plus des baisers de cinéma pour mettre la langue ? » Elle répondait franco : « Depardieu. » C'était parfois beaucoup moins drôle. Comme avec Karen Cheryl. À un moment, pris par l'action, je tiens une bouteille de bière à la main et je la casse sur un bureau... En brandissant le tesson, je lui fais : « Mais tu vas parler, connasse ! » Le geste de trop. Elle a peur. Elle veut se protéger avec une main. Je lui entaille profondément le pouce. Il y a du sang partout. À l'époque, Karen Cheryl présentait *Vitamines* sur TF1. Elle a évidemment appelé Hervé Bourges, le P-DG de la Chaîne, pour le prévenir que, chez lui, deux dingues se prenaient pour des animateurs.

Accident aussi avec Yves Simon. Lui, on avait choisi de faire son interrogatoire dans la suite des *rock stars*, au PLM Saint-Jacques. On lui a cassé une côte quand il s'est débattu au moment où on lui a plongé la tête dans la fameuse baignoire ronde. Ça s'est mal passé aussi avec Jeanne Mas. Quand je lui ai demandé : « Alors, Jeanne, tu es clitoridienne ou vaginale », quand Jean-Luc a ajouté : « Ou anale ? », elle a compris qu'elle avait affaire à des frappés. Et j'ai ajouté : « Dis-nous pourquoi t'as des boutons sur la gueule ? » Réponse : « C'est quand j'ai mes règles... » Tu vois l'ambiance sur le Service Public.

Les versions télé de *Descentes de Police* sont diffusées le vendredi, en fin de soirée, à l'intérieur d'un programme nommé *Tapage nocturne*. Au bout de quatre numéros, Bourges s'est retrouvé convoqué par la Haute Autorité de l'Audiovisuel. Motif : tapage nocturne.

La présidente de la Haute Autorité, Michèle Cotta, le sermonne sur le thème : « Euh ! dites donc, cher Président, il s'en passe de belles sur votre antenne, le vendredi soir... On y entend des choses comme, je cite, euh... "Alors, Jeanne Mas, clitoridienne ou vaginale ?" Président, savez-vous pourquoi, Jeanne Mas a "des boutons sur la gueule" ? » Le père Bourges a assumé. Mais il a arrêté *Descentes de Police*. (*Attends, tu es en train de me dire que tu rêvais de faire de la télé, mais qu'à peine arrivé sur une chaîne tu te fais virer en provoquant au maximum ?*) C'est pire que ça : j'en ai rien à foutre de rien ! À l'époque, il y a en moi un immense mépris de la télé et des stars. La télé, pour moi, c'est qu'une bande de nullos qui endort le peuple avec des sous-programmes. Quant aux stars, ce que j'adorais là-dedans, c'était les martyriser. Le rôle de commissaire le légitimait complètement. C'est mon côté punk. J'avais envie de faire chier les gens célèbres et c'était un bon moyen de le faire. J'étais dans un état d'esprit très iconoclaste. J'étais contre. Contre quoi ? Ben, contre tout ! En 85, j'ai juste l'envie quotidienne de foutre le bordel. Cette haine de la télé en général et des stars en particulier, elle va se diluer dans le temps, dans les vingt ans qui vont suivre.

Mon parcours à la télé, c'est l'histoire d'une réconciliation avec le monde.

Ce même mois de septembre 1985, Marie-France Brière m'appelle : « Thierry, on a un projet pour la rentrée. Une émission du dimanche après-midi. Ça va s'appeler *Scoop à la Une* et on n'a pas encore de présentateur... Est-ce que tu veux le faire ? » Elle me fait le pitch : les candidats devront créer la une d'un hebdo appelé *Scoop* à partir d'images d'actualité, à commencer par celles du journal télévisé. Un jury composé de personnalités de la presse choisira la meilleure.

Je n'ai même pas posé de questions. Retrouvant mes habitudes, comme un con, j'ai dit « Oui ». Je dis « comme un con », parce que si j'avais su en quoi ça consistait et ce que ça exigerait de moi, je me serais barré à l'autre bout du monde sans laisser d'adresse. Jouer au flic dans un petit décor sympa, c'est une chose, mais me retrouver présentateur d'une émission, sur un plateau, en public, devant dix caméras, c'en était une autre.

À partir de l'instant où j'ai réalisé, deux jours plus tard, l'énormité de ce à quoi je m'étais engagé, j'ai été de plus en plus paniqué. Je m'en sentais totalement incapable.

Mais j'avais dit oui.

Comment être naturel à la télé ? Je loue une caméra sur pied que j'installe chez moi, rue du Faubourg-Saint-Honoré. Là, c'est le délire. Je suis tout seul et je parle, je dis n'importe quoi devant cette caméra. Mais, j'avance pas. Je suis toujours aussi peu décontracté. Je sens bien que ma méthode n'est pas au point. Alors, j'engage un mec, une sorte de coach, un peu préparateur physique, un peu gourou. Ça ne sert à rien. Je suis de plus en plus terrifié par l'approche de la date d'enregistrement de cette émission. Le trac, le vrai, celui qui vous ronge le ventre, s'est emparé de moi. Il ne me lâchera plus.

Arrive le moment où l'on commence à faire des essais avec celui qui sera le réalisateur de l'émission, Jean-Paul Jaud. Ce sont des séances d'anthologie. Je sais rien faire : ni parler ni bouger. Je suis venu avec mes costards gris, j'essaye des Lacoste de toutes les couleurs, pour voir : du rouge, du bleu ciel, du bleu marine. Le réal' me dit : « Ouais, pas ça, essaye le vert... Remets le jaune... C'est moins bien... » On branle rien.

« Je rêve d'avoir dix costumes gris ! Toute la gamme des gris ! Du 10 % au 100 % ! Gris RDA, gris tchèque, gris hongrois : je ne voudrais m'habiller qu'en "Rideau de Fer". »

T. A., « Le Modern' Style », *Playboy*, mars 1980.

L'échéance approche et je suis absolument incapable de faire ce qui m'est demandé.

Marie-France Brière m'a collé une fille de son équipe pour s'occuper de moi, en me disant : « Thierry, je t'adore, mais j'ai pas que ça à faire, alors, voilà, Catherine Barma va produire l'émission. » Marie-France me raconte qu'elle est son bras droit, que c'est la fille d'un grand réalisateur de télé, Claude Barma, qu'elle connaît son boulot. Catherine avait produit, la saison précédente, une émission présentée par Sacha Distel qui s'appelait *La Belle Vie*, le dimanche après-midi, arrêtée pour cause d'accident de bagnole avec Chantal Nobel. Philippe Labro avait assuré la fin de la saison à la place de Distel, mais la Chaîne ne souhaitait pas continuer avec lui. D'où le projet *Scoop à la Une* avec moi.

Je déjeune avec Marie-France Brière et Catherine Barma. Je les fais marrer, mais je sens que Barma n'est pas rassurée du tout.

Un soir, je n'oublierai jamais la scène, j'avais répété comme un malade tout l'après-midi, j'avais fait venir des potes pour qu'ils me donnent la réplique. Je ne dis pas que le résultat était brillant, mais je faisais des efforts... Donc, ce soir-là, Barma débarque chez moi, au 93, avec ses assistantes. Elle me cherche dans l'appart'. Elle me trouve pas. Elle demande aux gens : « Mais, c'est quoi cette histoire ? Il est où, Thierry ? » Là, un mec lui explique que « Thierry n'est pas visible », que je suis dans ma chambre avec mon coach et qu'on ne peut pas me déranger, vu que je travaille ma préparation psychique en me relaxant. Tu parles que ça l'impressionne. « Laissez-moi entrer ! » Elle fonce dans la chambre. Imagine le tableau.

J'étais allongé sur mon lit, les bras en croix, avec sur les yeux des compresses d'eau de bleuet que mon gourou m'avait recommandées pour me détendre. Je fais une crise genre : « Merde, laissez-moi me concentrer... » Mais Barma s'en fout. Elle a compris que je panique. Elle me crie dessus : « Mais Thierry, t'es complètement con ! Tu ne comprends donc rien. Faut te réveiller, Thierry ! »

Un savon.

Vingt ans plus tard, Catherine est devenue une amie et restée ma productrice, car les gens qui disent la vérité aux artistes sont rares dans ce métier.

Mais à l'époque, je la prends sérieusement en grippe. Elle me fout les boules. D'accord, Ardisson, c'est pas une star de la télé, mais j'ai quand même publié des romans, j'ai dirigé des journaux, je suis le patron d'une boîte qui emploie une trentaine de personnes, je suis connu dans tout Paris et cette fille de TF1, elle me traite, Philippe, comme de la merde ! Elle me gonfle d'autant plus qu'il m'est revenu aux oreilles qu'elle a émis des doutes sur moi auprès de Marie-France Brière, sur le thème : « Écoute, Marie-France, t'es bien gentille, il est sympa, ton publicitaire, mais enfin, il y connaît que dalle. L'année dernière, j'avais Distel ! »

Le soir de l'esclandre, au sortir de ma relaxation, je file une cassette à Barma en lui disant : « Voilà ce que j'ai fait cette après-midi. Regarde et dis-moi ce que tu en penses... » Elle repart avec la cassette pour la visionner avec Philippe Lefebvre, son mari, qui est réalisateur. Ensuite, je vire tout le monde. Je me couche. Le moral à zéro.

Le lendemain matin, je sors de chez moi et je trouve sur le paillasson un jeton de manège « Bon pour un tour ». J'appelle Catherine : « C'est quoi... Ça veut dire quoi : “Bon pour un tour” ? » Elle se marre et elle me dit : « Ben oui, c'est Philippe qui t'a laissé ça. Il avait amené les gosses au Jardin d'acclimatation, il avait gardé un jeton. Il a vu ta cassette... On en a parlé... Bon, t'es vraiment à chier, Thierry, mais Philippe trouve que tu as un ton. Philippe pense que l'important, c'est de savoir parler juste, comme pour les comédiens au théâtre. Il me soutient que tu peux y arriver. C'est pour ça qu'il est revenu déposer ce jeton. Alors, voilà, on n'a plus trop de temps. Faut vraiment s'y mettre. »

Je suis à la fois content et atterré. Je m'en doutais bien, mais cette fois, c'est officiel : je suis nul à chier. On vient de me le dire. On est à quelques jours de l'enregistrement de cette putain d'émission et là, je réalise que je n'ai toujours pas d'invité vedette !

Le lendemain, je déjeunais au Fouquet's, et je tombe sur Henri Salvador. Je l'ai tellement vu à la télé que je crois que c'est un ami. Avec lui, ça sera plus facile. Je m'approche de lui, la peur au ventre, et je me lance : « Écoutez, Henri, voilà ce qui m'arrive. Ils m'ont donné une émission de télé à faire le dimanche après-midi sur TF1. Ça s'appelle *Scoop à la Une*... Henri, il faut absolument que vous soyez mon premier invité. » Il me regarde, intrigué. Il parle comme le Salvador des *Salves d'or*, la voix un peu traînante, un peu canaille et crooner, en se marrant : « Ah oui, et c'est quoi, c't'émission ? » Je lui raconte l'idée, la presse, le jeu. Et il me dit : « Bon, alors c'est oui, d'accord petit. »

Je sors de là tout fier de l'exploit, et j'appelle Catherine : « J'ai mon premier invité, Salvador ! » Je m'attends à un cri de joie, des compliments, et j'entends : « Qu'est-ce que c'est que cette nouvelle connerie ? Comment ça, tu as invité Salvador ? » Je confirme : « Ben oui, Salvador, j'ai grandi avec lui à la télé. Je vais me sentir bien avec lui sur le plateau, t'inquiète pas, c'est tout bon... » Et là, je reprends un savon de Barma : « Mais mon pauvre Thierry, tu te crois où ? Tu n'as pas à inviter les gens. T'es animateur, t'es pas producteur ! Enfin quoi ! Ça va pas la tête ! C'est la production qui décide qui on invite, pas toi. Toi, tu animes et c'est tout ! » Je soupire. J'ai envie de l'étrangler, mais je suis trop abattu, alors je fais : « Ah bon... »

Mais je ne suis pas au bout du cauchemar. Ça peut toujours être pire. Tu vas voir.

Finalement, Barma accepte Salvador. Arrive le jour du tournage. Le matin de l'enregistrement, j'ai un regain de confiance. On me prend enfin pour ce que je suis : un animateur important sur une grosse chaîne. Deux bagnoles viennent me chercher chez moi avec plein d'assistantes mignonnes. Le grand jeu, quoi. Je me retrouve dans une loge du Palais Omnisports de Paris Bercy. On fait quelques répétitions, des essais de lumière, de son. Et on va bouffer. Tout le monde est aux petits soins avec le beau, le grand Thierry. Le rêve. En début d'après-midi, pareil : répétitions et mises au point. Je la joue pro.

Et puis, d'un coup, tout bascule. Trois cents personnes sont venues s'asseoir dans la salle. Toutes les caméras sont prêtes. Tout est réglé. Et là, je flippe comme jamais. Ou plutôt, si, je flippe comme quand il fallait passer le portique en cours de gym au collège Saint-Michel à Annecy. Je voudrais être partout sauf dans cette loge. Quand on vient me chercher, la seule chose qui sort de ma bouche, c'est un truc comme : « Je peux pas... Non... ne veux pas. » On me dit : « Mais si, mais si. » Faut faire quelque chose. Je me traîne jusqu'à la petite cabine où est Catherine Barma, dans un coin du plateau, et je lui dis : « Écoute, là, c'est pas possible. Je ne peux pas le faire. Je n'y arriverai jamais. On laisse tomber, c'est mieux, d'accord ? »

Non, justement, elle n'est pas d'accord. Pas du tout. Catherine me regarde : « Mais enfin, Thierry, ça veut dire quoi que tu peux pas le faire ? Tu déconnes ou quoi ? Tout est prêt. C'est aujourd'hui, c'est maintenant que ça se passe. Il y a Salvador, "ton" Salvador qui est en train de finir de s'habiller. Tout le monde est prêt. Tu me vois dire : "On arrête tout, y a Thierry qui le sent pas trop ?" Tu te rends compte ? Qu'est-ce que tu veux que je leur dise ! » Et là, je lui réponds le plus sérieusement du monde : « Eh ben, t'as qu'à leur dire que j'ai le cancer... » Elle est furieuse. C'est pas descriptible.

Comme on faisait pour Brel, tu sais, qui vomissait avant d'entrer en scène, elle m'a pratiquement mis un coup de pied au cul pour que je rentre sur ce putain de plateau du POPB !

Là, je me retrouve pris comme un lapin dans les phares d'une voiture. Je ne sais plus où je suis. Les gens applaudissent. C'est un truc inimaginable. Une véritable torture. Je me mets à transpirer, mais à transpirer, Philippe ! Je me dis : « Bon dieu ! Putain ! Qu'est-ce qui m'arrive ? Ce n'est qu'un cauchemar. Je vais me réveiller dans une seconde. Je suis si peinard à Business, si tranquille à écrire des bouquins au bout du monde, qu'est-ce qui m'a pris ! » C'est pas un cauchemar. C'est pire. C'est pour de vrai. Tout le monde s'assoit. Moi aussi.

Mais l'horreur continue parce que, voilà, je n'y avais pas fait attention, je dois m'asseoir sur une espèce de tabouret de bar. À l'époque, je ne savais rien des précautions que tu dois prendre pour être à l'aise sur un plateau. Aujourd'hui, j'ai des meubles faits sur mesure. J'ai mon climatiseur dans la gueule. Mais là, à cette première de *Scoop*, je n'ai rien vu venir. Je suis épouvantablement mal assis avec mon gros cul sur ce tabouret de merde. Y a pas d'air, pas de fraîcheur, je ruisselle.

Les applaudissements se calment et je suis censé commencer à animer l'émission. Salvador vient s'installer sur l'autre tabouret. Lui, c'est l'aisance et l'élégance suprêmes. Moi, je suis malade. Je sais plus quoi dire. On n'a même pas fait de pilote. C'est la cata. Tu peux pas savoir combien cette émission a été éprouvante à enregistrer. Rien que pour le mot « Bonjour », il a fallu prendre deux prises et faire un collant entre « Bon » et « jour ». On n'a pas enregistré trois minutes sans couper. Un désastre ! Heureusement, Salvador a mis le public dans sa poche en faisant la seule chose à faire, c'est-à-dire en se foutant de ma gueule. Hilare, il s'adressait aux gens imitant l'animateur débutant.

On est quand même arrivé au bout de ce premier *Scoop à la Une*. Finalement, vidé, mortifié, je me retrouve dans ma loge. On me démaquille et je reste seul. Je respire un peu. Pas longtemps. À Bercy, les portes des loges ne sont pas épaisses, et je m'aperçois que c'est de moi qu'on parle dans celle d'à côté. Je deviens attentif et j'entends : « Mais ma pauvre Marie-France, t'as perdu la tête, là. D'où tu nous l'as sorti celui-là ? Mais enfin, il est nul à chier ! On n'en fera jamais rien. C'est sans espoir. » Elles sont à deux doigts de s'engueuler. Finalement, Marie-France lui assène : « Tu verras, le jour où il sera à la télé comme au restaurant, ce sera une star. »

Silence. Elles sont parties. D'ailleurs, tout le monde est parti. Je suis tout seul. Alors que le matin, on était venu me chercher avec deux voitures, je me retrouve comme un con à traverser

Bercy désert avec mon costume de scène sur un cintre. Il a plu. Il fait nuit. Je monte jusqu'au quai pour trouver un taxi. Je me mets au bord en attendant. Et, à ce moment-là, y a un camion qui passe dans une flaque et je me retrouve entièrement couvert de boue !

Voilà. Le matin, tu es star dans une limousine pleine de gonzesses. Le soir, tu es sur le trottoir comme une cloche, couvert de merde. Dès le premier jour, j'ai pris ma première leçon de télévision.

Au sortir de cette journée d'enregistrement, je rentre chez moi avec l'envie de tout envoyer chier. J'essaie de joindre Catherine chez elle. Personne. Je me couche avec l'envie de disparaître. Le lendemain matin, elle m'appelle, énervée : « J'ai passé une nuit blanche à cause de toi ! » Ah bon. Pourquoi ? « Tu me demandes pourquoi ! Mais parce que t'es tellement nul qu'il a fallu faire au moins cinq cents collants pour monter trois heures de rushes en trois quarts d'heure d'émission ! J'ai jamais vu ça ! »

Les *Scoops* qui suivent sont un vrai calvaire à enregistrer. Pour des raisons d'économie, on nous demande bientôt de les tourner deux par deux, un mercredi sur deux. Mais pour moi, faire deux émissions d'un coup, c'est deux fois plus épouvantable. (*Tu n'y prends pas goût, quand même, à la longue ? Tu ne t'y habitues pas ?*) Tu rigoles ! C'est de pire en pire. Je me sens emprunté, bidon, faux. Je ne supporte pas de me voir à l'écran. C'est une corvée. Je continue parce que je ne survivrais pas à l'échec. En tout cas, si c'est la question cachée, c'est pas pour le pognon. Je touche à peine cinq mille balles par émission. Un cachet de misère par rapport à ce que je gagne dans la pub. Non, je continue pour voir jusqu'où je peux aller. Je me dis : « Si t'arrives à te dépasser, tu seras toi-même... » Je sentais, intuitivement, que si je parvenais à passer ce surplomb, comme on dit en alpinisme, je remporterais une grande victoire sur moi-même. Alors je continue. Je persiste, et ça va un tout petit peu mieux. Jusqu'au jour de Gainsbourg.

À l'idée d'avoir sur le plateau l'une des rares vedettes françaises que j'admire, je suis à la fois aux anges et encore plus ravagé de trac que d'habitude. Je me dis que, pour qu'on soit mieux tous les deux, lui et moi, ça serait bien qu'on s'offre un petit remontant. Donc, je propose à Michel, le chef barman d'ici à l'époque (*C'est un jour de conversation au Bristol*), de venir à l'enregistrement. Je lui dis : « Apporte de quoi faire un assortiment de cocktails, et comme ça, on les goûtera en plateau avec Gainsbourg. » J'envisage même pas qu'un truc pareil soit interdit par la loi et les règlements de l'audiovisuel. Je ne sais même pas qu'il y a des règles à la télé.

Le jour de l'enregistrement, Michel se pointe avec une petite mallette et plein d'ingrédients. Il prépare des cocktails backstage. Serge et moi on se met tranquillement à picoler. On compare : « Ah ouais, celui-là il est pas mal, Michel, mais l'autre d'avant, là, tu peux nous le refaire goûter... Et celui-là, c'est à base de quoi ? » Ce qui fait qu'au moment de commencer l'émission je suis à peu près ivre mort. Et là, miracle ! Pour la première fois de ma vie d'animateur, je me lâche. Toutes mes inhibitions sont terrassées par l'alcool. Je me sens vachement bien, enfin très sûr de moi, heureux d'être là, naturel. C'est dans cette émission que je prononce cette phrase insensée en télé le dimanche après-midi il y a vingt ans, ce bout de phrase qui va faire le tour de Paris, je regarde Gainsbourg et je lui lance : « Mais dis-moi, Serge, avec tout ce que tu t'es envoyé dans le cornet, t'avais pas peur que ton fils, le petit Lulu, il soit un peu mongolo ? »

Crois-moi, si j'ai connu un mec très difficile à choquer, c'est bien Gainsbourg. Là, il était affreusement choqué. Il a juste dit un truc comme : « Ah ben dis donc, çui-là, je sais pas d'où ils l'ont sorti çui-là, mais il y va fort ! » Cet enregistrement avec Serge, ça a été le tournant. Le signal d'autre chose.

Beaucoup d'autres stars sont venues dans *Scoop*. J'ai commencé à vraiment bien travailler mes interviews. Faut dire que j'étais tellement inquiet que je me réfugiais dans la préparation. Et puis, une fois sur le plateau, aidé par un peu de champagne, je devenais capable de dire à Francis Lalanne : « C'est vrai que certaines fois, quand vous chantez sur scène devant des grandes audiences, c'est tellement fort pour vous que vous jouissez dans votre slip ? » Le mec répond : « Oui, c'est vrai, il m'est arrivé de jouir dans mon slip. » Et hop, là, ça refait le tour de Paris.

Les gens commencent à dire : « Y a un mec à la télé, le dimanche, il dit à peu près n'importe quoi, mais on se marre... »

Finalement, de semaine en semaine, on est quand même arrivé au bout d'une saison de *Scoop à la Une*. J'ai encore beaucoup de handicaps, mais j'en ai surmonté assez pour avoir envie de continuer. Avec Barma, les relations sont devenues plus amicales. Elle était résolue à me faire confiance. Elle misait enfin sur moi.

Quand arrive l'été 86, Marie-France Brière m'annonce que TF1 a décidé de me confier une tranche plus importante le dimanche après-midi à la rentrée suivante. « Si ça t'intéresse, réfléchis à une idée, une mécanique d'émission. Trouve un titre et on en reparle vite... » C'est comme ça que j'invente *Star Système*. On invite un artiste en promo, j'ai vite compris qu'ils ne viennent que lorsqu'ils sont en promo, on lui pose des questions sur son actualité, comme on dit pudiquement, et on fait un sondage en direct auprès des téléspectateurs sur le sujet de société qu'il incarne. On invite, par exemple, Philippe Léotard, on parle de son dernier film, en discutant, on rappelle qu'il est monarchiste, et là, hop ! on fait voter le public en direct par téléphone sur la question : « Pour ou contre la Monarchie ». On part de la promo d'une star et on débouche sur un thème sociétal. Voilà, c'est le pitch.

L'idée, à ce moment-là, était plutôt moderne pour la télé française. Mes patrons de TF1 me disent : « On va le faire à la rentrée. » Je jubile. D'autant que cette fois je veux y arriver comme il faut. La première des choses que je fais, pour éviter de souffrir à nouveau le martyre et la honte de la transpiration, c'est d'aller voir un fabricant de meubles. Je dis au type : « J'ai trop chaud quand je suis à l'antenne, vous allez me fabriquer quelque chose avec des bouches d'air. » Exactement ce que j'ai fait quinze ans plus tard.

Parce que là, j'ai pas eu l'occasion d'aller beaucoup plus loin. Trois jours après, Marie-France Brière me convoque dans son bureau et me balance : « Écoute, Thierry, on a bien réfléchi. On est quand même inquiet ici de te filer une aussi grosse émission. Il faut être réaliste, nous ne sommes pas sûrs que tu puisses y arriver... » Elle avait bien sûr raison, mais je le prends pas bien du tout. Je dis que je trouve ça plutôt dégueulasse. Elle le prend mal à son tour et me dit : « Eh bien, puisque c'est comme ça, au revoir Thierry... »

Là, j'explose : « Mais cette émission, c'est moi qui l'ai inventée ! Vous vous foutez de ma gueule ? Je sais que je ne suis pas le meilleur animateur, mais alors, donnez-moi le titre de producteur, laissez-moi produire *Star Système* avec Barma. De toute façon, sans moi, vous ne pourrez rien faire, j'ai déposé le concept à la SACD. Il m'appartient. » La Chaîne cède. Me voilà producteur. (*Tu n'as jamais rien produit de ta vie et ils t'acceptent comme producteur ? C'est sérieux ?*) Ils n'avaient pas le choix. Et heureusement, parce que sinon, Philippe, on serait pas là tous les deux à boire des coupes de champagne à cent balles !

Mon nouveau problème, c'est de lui trouver un animateur, à cette émission, puisque je suis récusé. On réfléchit. On cherche. C'est difficile. Il faut un journaliste capable de parler d'autre chose que d'info. (En fait, on invente l'*infotainment*.) On approche de la rentrée 86. On a toujours personne... Je me souviens d'un type sympa, un journaliste un peu en disgrâce que j'ai croisé quelques fois. Il s'appelle Patrick Poivre d'Arvor. Il n'est pas en odeur de sainteté depuis l'arrivée de la gauche au pouvoir : il a été Jeune Giscardien.

D'ailleurs, on lui a retiré la présentation du journal de 20 heures sur Antenne 2, et il se fait chier, depuis, à présenter un truc qui s'appelle *À nous deux*, le samedi à midi. Le placard, quoi. J'en parle à Catherine, à moitié convaincue, qui dit : « Bon, pourquoi pas... » Et on décide d'aller voir Poivre.

On se pointe un samedi en fin de matinée à la Société Française de Production, rue des Alouettes, aux Buttes-Chaumont. On traverse des plateaux déserts, des couloirs vides. L'Allemagne de l'Est. Le look Trabant. La RDA. On se retrouve dans une zone vaguement éclairée. Il y a une table, très longue, au milieu. Des gens autour. Et tout au bout, un mec un peu voûté, l'air de s'emmerder : Poivre. À la fin du direct, je lui explique le projet *Star Système*. Il ne me laisse pas finir. Il dit : « Tu plaisantes ! Votre émission, c'est sur TF1, et TF1, c'est Bourges ! Je n'ai aucune chance, mon vieux. J'ai une réputation de giscardien. Bourges est trop proche de Mitterrand, n'y pense même pas... » Je lui ai répondu : « Mais ça, c'est notre affaire à nous, avec Catherine. Toi, dis-nous seulement si ça t'intéresserait de présenter *Star Système* ? » Non seulement il est d'accord, mais il demande que ça.

Dans les jours qui suivent, on en parle avec les gens de TF1 et, effectivement, ça se présente plutôt mal. Bourges n'est pas contre. C'est plus difficile dans les services de la Chaîne. Il y a des gens qui font carrément la gueule. Marie-France s'interroge. Finalement, je les convaincs que Poivre a le profil idéal pour le job. C'est notre homme. Ils acceptent. Bonne nouvelle. La mauvaise, c'est que Marie-France change le titre de l'émission, et *Star Système* devient *À la folie, pas du tout*.

Voilà comment je me suis occupé pendant un an d'*À la folie, pas du tout*, avec Catherine. (*Avec tout ça, tu as encore le temps de t'occuper de ton agence de pub, Business ?*) Franchement ? Non. À partir du moment où je produis à la télé, je ne fous plus grand-chose dans la pub. J'ai trouvé un nouveau terrain de jeux. Mon associé à Business, Éric Bousquet, s'en est rendu compte avant moi. D'ailleurs, un jour, il me dépose à TF1, à Montparnasse. Il arrête sa béhème. Il coupe le moteur. On a toujours eu cette habitude, tous les deux, de discuter dans la bagnole. Il me fait : « Bon, Thierry, tu vas quitter la pub. » Je suis surpris parce que j'y pense, oui, mais je ne l'ai jamais formulé aussi simplement.

Je démens : « Mais non, Éric, la télé, je fais ça pour me marrer, c'est tout. » Il insiste : « Non, moi, je crois pas. Je crois que tu vas faire une carrière à la télé. » Je m'entête : « Mais non, Éric, tu sais, je ne suis qu'un producteur du dimanche après-midi. C'est rien du tout, ça ne handicape en rien notre agence... » Et là : « Non, non, Thierry. Tu aimes ça, la télé. Si tu bosses, tu peux devenir un mec comme Drucker ! » Le délire : « Moi ? Un mec comme Drucker ? Écoute, Éric, je crois que tu fantasmes. Bon, c'est pas grave, au revoir ! Rentre à l'agence, moi, j'ai rendez-vous avec Marie-France... »

C'est lui qui avait raison. Je voulais sortir de la pub. Je trouvais même – et aujourd'hui plus encore – que j'y étais déjà resté bien trop longtemps. La finalité de la pub ne me satisfaisait pas. À force de vendre des yaourts, on finit par avoir du fromage blanc dans la tête. Le pognon, oui, mais pas à n'importe quel prix. Quelques mois plus tard, je me suis retiré de Business. J'ai vendu mes parts de l'affaire, mais je n'ai pas fait une bonne affaire. Mon ex-associé a continué et il a fait fortune, une vraie fortune. Bien sûr, moi aussi, j'ai réussi. Je gagne du blé, mais je n'ai pas fait fortune.

Au moment où je quitte Business, de toute façon, je pense déjà à autre chose. Je viens de mettre un point final à mon bouquin sur ma nouvelle passion : la Monarchie. Je sors *Louis XX* aux Éditions Olivier Orban. Et je veux être invité chez Pivot.

II

« Thierry Ardisson fait partie de ces garçons qui ont découvert l'histoire de France juste après la télévision. Il me semble que Thierry Ardisson dans son *Louis XX* s'en est fort bien tiré. Ce mélange d'inculture studieuse (on écrit en même temps que l'on découvre son sujet. En quelque sorte, c'est de l'histoire au plus près, sur le vif !), de brin de plume et de culot n'est pas donné à tout le monde. En étant bref, Ardisson met son *Louis XX* à l'écart de l'ennui. »

Bernard Frank, *Le Monde*, 1986.

Le monarchisme, je suis né à moitié dedans. Mon grand-père paternel, Marius, était monarchiste. Je ne l'ai pas vraiment connu, mais savoir qu'il l'avait été m'a permis, quand j'ai commencé à trouver l'idée intéressante, de ne pas avoir l'appréhension qu'aurait eue un enfant élevé dans une autre famille. Moi, avec un grand-père communiste et un autre monarchiste, cela me semblait une option politique comme une autre. Aucun blocage, donc, mais aucun intérêt. Jusqu'au jour où, au début des Années Quatre-vingt, dans le Mallet-Isaac, page cent douze, j'ai appris l'existence du comte de Chambord.

Le manuel d'histoire officiel de la République expliquait qu'en 1873, le comte de Chambord s'apprêtait à devenir roi de France. La Restauration monarchique était prête. Les décorations de Paris commandées. Le carrosse aussi. Mais, au dernier moment,

Chambord avait refusé le trône. Motif : il ne voulait pas du drapeau tricolore, il voulait le drapeau blanc, l'étendard de la Monarchie. Celui d'avant la Révolution, d'avant Napoléon, Louis-Philippe, Napoléon III et, bien sûr, d'avant la République...

Je découvrirai après de nombreuses recherches que le Mallet-Isaac allait un peu vite en besogne. En fait, le fond du problème était que le comte de Chambord ne voulait pas monter sur le trône uniquement parce que, à ce moment-là, la majorité à l'Assemblée nationale était monarchiste. Pour lui, le principe monarchique devait préexister au résultat des urnes. Il ne voulait pas qu'une majorité de gauche à la Chambre des députés puisse abolir la Monarchie. Faute d'être compris, l'ex-futur Henri V préféra enterrer son royal trésor, histoire de ne pas dilapider l'héritage et de préserver l'avenir. Il refusa le trône. Et la France devint une République.

En République, comme de tout temps et sous tous les régimes, il y a des conservateurs et des progressistes, la droite et la gauche.

En République, le leader du parti majoritaire devient président.

En Monarchie, il devient Premier ministre. Au-dessus des partis, il y a un arbitre, le roi.

La République, c'est comme si, au foot, on élisait arbitre le capitaine d'une des deux équipes.

À travers le renoncement du comte de Chambord, j'ai compris l'idée monarchique. Je l'ai trouvée évidente. C'est toujours le cas. Et puis, j'ai voulu savoir qui était le père de Chambord. Et le père de son père. Comme si je détricotais un pull, je suis remonté jusqu'à Louis XVI, je me suis tapé tous les Bourbons de la branche aînée au XIXe siècle ! J'ai même découvert un Louis XIX ! Et comme cette branche aînée s'était éteinte avec Chambord, je me suis intéressé à celle qui était devenue aînée à ce moment-là, la branche dite « espagnole », celle dont l'héritier contemporain est Louis XX. J'ai fait mentir Prévert.

« Louis I
Louis II
Louis III
Louis IV
Louis V
Louis VI
Louis VII
Louis VIII
Louis IX
Louis X (dit le Hutin)
Louis XI
Louis XII
Louis XIII
Louis XIV
Louis XV
Louis XVI
Louis XVIII
et plus personne, plus rien... Qu'est-ce que c'est que ces gens-là qui ne sont pas foutus de compter jusqu'à vingt ? »

Jacques Prévert, *Les Belles Familles*.

Mais qu'est-ce que c'est que ce poète qui n'est pas foutu de savoir qu'entre la mort de son père sur l'échafaud et la sienne à la prison du Temple, Louis XVII a été roi de France. Qui ne sait pas qu'entre le moment où son père, Charles X, a abdiqué pour lui, et celui où il a, lui, abdiqué pour son neveu, le futur comte de Chambord, le duc d'Angoulême a été roi de France, cinq minutes, certes, mais Louis XIX quand même. Seule excuse pour Prévert, Louis XX est né bien après sa mort.

Voilà. *Louis XX*, le livre, raconte la vie des derniers Bourbons de la branche aînée au XIXe siècle, en essayant de tirer de chacune de leurs existences un argument favorable à l'idée monarchique. (*On va peut-être pas tous les aborder maintenant...*) Je sais, Philippe, je sais que je suis chiant sur la Monarchie, mais après deux cents ans de propagande républicaine, les Français n'abordent pas sereinement le sujet. Pour eux, la Monarchie, ça serait le retour à l'Ancien Régime, aux carrosses et aux serfs. Ils refusent de voir que la moitié des pays d'Europe, qui sont des monarchies, n'ont rien à envier à la France au chapitre du niveau de vie et des droits sociaux. Au contraire.

(*Tu parles de « propagande républicaine », on pourrait dire aussi que Charles Maurras n'a pas beaucoup aidé l'image de marque de la Monarchie ! L'Action française ! Les Camelots du roi !*) Maurras a été désavoué par le prétendant de l'époque et condamné par le Vatican ! Mais tu as raison, c'est une catastrophe ! Après Maurras, être monarchiste, c'est être d'extrême droite, alors que la Monarchie n'est pas un parti politique, mais un système de gouvernement, comme la République ou l'Empire. On peut être de gauche et monarchiste. C'est ce qui se passe avec les socialistes espagnols. Ou les travaillistes anglais.

(*Mais ça change quoi, Juan-Carlos ou Elizabeth ?*) Les rois et les reines ne sont pas, comme Mitterrand ou Chirac, élus par moins de la moitié de leurs citoyens. Ils n'ont pas passé leur vie à faire des coups bas pour arriver au pouvoir. Ils n'ont pas besoin de s'enrichir, puisqu'ils sont déjà riches. Ils peuvent être jeunes, ce qui n'est jamais le cas en République. Ils incarnent leur nation, ils arbitrent au-delà des mouvements du balancier conservateurs/progressistes. Ils ont la durée pour eux, voire l'éternité, puisque, à la mort du roi, son fils lui succédera. La Monarchie s'inspire de ce qu'il y a de plus universel chez l'homme : l'héritage. Laisser à son fils un commerce, ou un pays, dans le meilleur état possible, c'est l'ambition de tout père. La force de la Monarchie ? Elle s'appuie sur la vie, pas sur des théories. Elle n'est pas rationnelle, issue d'une idéologie, elle est empirique, organique.

(*Qu'est-ce qui prouve que le fils sera capable de gouverner ?*) Non. De régner ! C'est le Premier ministre, le leader du parti qui a gagné les élections, qui gouverne. La Monarchie est démocratique. Le fils du roi va régner. Il n'a pas à être une tête d'œuf, ça, c'est le boulot des Premiers ministres... La seule chose qu'on demande au fils du roi, c'est d'avoir du bon sens, d'aimer son peuple comme ses enfants, et de symboliser le pays. Et s'il est fou, il y a un conseil de régence. D'ailleurs, s'il y a eu deux rois fous dans l'histoire de France, il y en a eu le même nombre chez les présidents de la République ! En beaucoup moins de temps ! Et puis, roi est un métier qui s'apprend. Comme boulanger. Au moment de la tentative de coup d'État franquiste, en 1981, le Golpe, quand Juan Carlos apparaît en grand uniforme à la télévision, en pleine nuit, pour défendre la démocratie, on réveille l'infant Felipe pour qu'il prenne son premier cours de royauté. Et ce qu'il a vécu ce soir-là ne s'apprend pas à l'ENA.

(*Bon, d'accord, mais avoue que le problème d'une restauration monarchique n'est pas d'une extrême actualité, non ?*) Et pourquoi ? Pourquoi ne pas se poser la question du système politique de notre pays ? Au XIXe siècle, un député, nommé d'Eschassériaux, voulait organiser un référendum pour demander aux Français, qui venaient de les expérimenter successivement, s'ils préféraient la Monarchie, la République ou l'Empire ! Tu sais, Philippe, on n'en sait rien : le fait qu'il y ait eu des républiques dans l'Antiquité oblige à ne pas exclure qu'il y ait des monarchies dans l'avenir... (*Ce qui me rassure, c'est que là, on revient aux uchronies, à Philip K. Dick... Et puis, la Monarchie, c'est aussi un zeste, un reste de ton époque aristophile, ta période* Black Tie, *non ?*) Non. Pas du tout. Ce qui m'intéresse dans la Monarchie, c'est le principe de gouvernement, c'est la théorie politique. Les nobles, je m'en branle. Les altesses, les princesses, les duchesses, les comtesses, je laisse ça à Stéphane Bern ! Je n'ai pas le culte des *royals*. Mon monarchisme n'est pas une lubie, un snobisme, un dandysme. (*Mais tu en as bien rencontré quand même !*) Oui. Le duc d'Anjou, l'aîné des Bourbons, le plus proche descendant de Louis XIV... Je l'ai vu pour la première fois, salle des Arts et Métiers, rue Jean-Goujon dans le 8e. Ça doit être au milieu des Années Quatre-vingt. J'arrive et on me dit : « On va te présenter l'aîné des Bourbons. » Moi, j'entre, je vois des têtes et, au-dessus de tous les autres, un mec avec un profil de médaille, exactement Louis XIV ou Louis XVI. Une tête de roi Bourbon. Inutile qu'on m'indique que c'était le bon. J'étais là, à peu près comme Jeanne d'Arc qui dit : « Le roi, c'est lui ! »

Je te vois sceptique, Philippe, je reconnais que tout ça a des airs de légende, mais c'est ainsi que ça s'est passé. On me présente. Je dis bonjour. Et c'est parti. Je discute avec lui et je commence à prendre très au sérieux la question. À lire de plus en plus. À chercher. À rassembler de la doc pour mon livre, aidé par celui qui deviendra dix ans plus tard mon plus proche collaborateur dans mes affaires : Thierry Le Vallois. Par la suite, j'ai souvent revu le duc d'Anjou, jusqu'à ce qu'il meure décapité, oui, décapité, par un câble au bas d'une piste de ski à Aspen, aux USA, et que son fils lui succède sous le nom de Louis XX.

En 1986, quand *Louis XX* est sorti, on a fait une photo dans *Le Figaro Magazine*, où je suis aux Bains-Douches avec deux sublimes top-models en robes Lycra ultra-moulantes avec des fleurs de lis imprimées dessus. C'est exactement ce que je voulais dire avec ce livre : la Monarchie n'est pas obligatoirement synonyme d'extrême droite, de nobles fin de race avec fixe-chaussettes, ou de châteaux en Bretagne avec des toits percés et des gouttières qui tombent. Je voulais dépoussiérer l'idée, et la meilleure façon de le faire, c'était de montrer des fleurs de lis aux Bains-Douches. Je suis partisan d'une Monarchie cool et sexy.

Je suis sorti de l'écriture de *Louis XX* en pièces détachées. Je travaillais ici, là, sur cette table de cuisine, toutes les nuits. Je carburais à des mélanges explosifs : une grande ligne de coke, un double whisky, re-coke, re-whisky, et ainsi de suite jusqu'à sept heures du matin. Puis, je dormais jusqu'à midi. J'allais bosser l'après-midi. Si je n'avais pas été mon propre patron, c'est sûr, j'aurais été viré.

Le dernier jour de rédaction du livre, je termine vers six heures du mat' et je m'affale sur la table. Quand je me réveille, j'étais comme ça (*Mimique de paralysie, buste bloqué, bras et mains crispés, façon combat final avec le réplicant de* Blade Runner), mais comme ça, je te dis ! Impossible de bouger ! Alors, dans cet état de raideur cadavérique, je vais voir un toubib, qui était à côté de Business, aux Halles. J'arrive. Il me fait entrer dans son cabinet, et me balance : « Nom, prénom... » Je lui dis : « Attendez, soyez gentil, faites-moi tout de suite un shoot de Valium, je vais pas rester comme ça toute la journée. » Le mec : « Oui... Donc, nom ? prénom ? » Il m'a fait chier, ce connard... Je m'en souviendrai toute ma vie ! Mais il a fini, une demi-heure après, par me faire une piqûre. Le lendemain, je donne mon livre à la frappe, et je m'envole pour la Grèce, dans le sud de Rhodes, à Lindos, avec des potes.

J'arrive dans une maison très sympa, avec un patio, et au milieu de ce patio, un lit en toile sous des arbres. Je m'allonge et je m'endors. C'était l'automne. Les feuilles tombent sur moi. Au bout d'un moment, je me réveille. J'étais entièrement recouvert de feuilles mortes ! Visage compris ! Mes potes m'avaient tous laissé dormir pendant trois jours. Trois jours, je te jure ! J'étais comme mort. Et là, je reviens à la vie, comme si je sortais de terre. J'enlève les feuilles et j'engueule tout le monde : « Mais vous êtes cinglés, vous m'avez laissé là ? Comme ça ? » Eux : « Ben, Thierry, tu dormais bien, tu te reposais, t'avais l'air tellement heureux, et tout... » « Mais trois jours ! J'aurais pu être mort ! » Et là, on a commencé à aller faire de la planche à voile. T'imagines, moi, de la planche à voile...

Bref, je me suis refait une santé.

Louis XX a cartonné en librairie. On en a vendu cent mille exemplaires. Et, surtout, un vrai succès critique et médiatique avec passage chez Pivot. J'ai été l'invité d'un *Apostrophes* absolument épique contre Max Gallo, où il répétait en boucle : « La Monarchie lave plus blanc ! » Et moi, je lui expliquais qu'en Italie, le filet de bœuf coupé en dés s'appelle « Robespierre » à cause de la décapitation de Louis XVI !

Apostrophes, c'est le climax de ma vie.

J'attends ça depuis mon auto-interview dans *Fugues en gros bémols*.

« J'ai lu votre livre avec la passion que l'on met à découvrir les ouvrages habités par la vie. J'ai aimé votre construction et plus encore votre style. Votre dialectique m'a enchanté, sans toutefois m'aveugler. Elle est, comme toutes les dialectiques, pleine de mauvaise foi, mais c'est très bien ainsi. »

Alain Decaux de l'Académie française, « Lettre ouverte à M. Thierry Ardisson sur la Monarchie française », 1986.

III

Au cours de la saison 1986-1987, celle d'*À la folie, pas du tout* avec Poivre d'Arvor, l'audiovisuel a encore vécu de sacrées secousses. Étant sur TF1, nous étions sur la chaîne qui allait être privatisée. La plupart des gens étaient persuadés que ce serait le groupe Lagardère/Hachette qui obtiendrait la Une. Personne n'imaginait sérieusement que Bouygues avait la moindre chance de l'emporter. Entre-temps, la Haute Autorité de Michèle Cotta avait été lourdée. On avait créé un nouveau truc, une Commission Nationale de la Communication et des Libertés, qui devrait choisir le vainqueur pour TF1. C'est l'époque où on nous bassine avec cet argument invraisemblable : TF1 ira à celui des deux groupes qui sera le « mieux-disant culturel ». Quelle connerie ! J'te jure.

Moi, la privatisation de TF1, je suis contre. Je suis contre le fait qu'on vende à quelqu'un ce qui appartient à tout le monde. Ce sont les Français qui ont payé cette chaîne. On nous disait : « Vous allez voir, on la vend six milliards de francs. » Ouais, bon, sauf que les six milliards, on les a pas rendus aux Français. Donc, on a dépouillé les Français de quelque chose qui leur appartenait. Créer de nouvelles chaînes, oui. Vendre les chaînes publiques, non.

Finalement, la commission choisit Bouygues plutôt que Hachette.

Tee-shirt noir, bermuda noir, œil noir, sourcils noirs, café noir et barbe de trois jours : c'est encore et toujours un spectacle que de l'écouter se raconter. J'ai beau me dire, chaque fois que j'arrive chez lui, qu'il se la joue un peu, qu'il en rajoute pour moi, qu'il fait son numéro, je repars en me disant que non, justement non. Il n'a pas besoin d'en remettre. Il est tout le temps comme ça. Il s'autothéâtralise. Il est constamment auteur-acteur-metteur en scène de sa propre vie, à la ville comme à l'écran. Le fréquenter, c'est entrer dans la « black dimension ». Je me rends compte que depuis le début, il me raconte au fond l'audiovisuel des vingt dernières années exactement comme le ferait un aventurier-explorateur revenu de tous les continents. Ici de toutes les chaînes, de toutes les présidences, de toutes les grilles. Celui qui comparait son père à Indiana Jones me fait penser à un Aventurier de l'Écran Perdu. Thierry, tu devrais essayer un chapeau noir, pour voir !

À TF1, c'est l'apocalypse. Tout le monde avait parié sur Hachette. On est persuadé que les gens de Bouygues ne connaissent rien à l'audiovisuel et qu'ils vont foutre la Chaîne par terre en six mois. Alors, les départs se sont multipliés. Marie-France Brière est partie sur La Cinq de Berlusconi/Hersant en embarquant les vedettes qu'elle coachait depuis des années : Collaro, Sébastien, Sabatier.

Catherine Barma est tentée de rejoindre Marie-France.

Moi, j'hésite.

La remplaçante de Marie-France, Dominique Cantien, me propose de continuer *À la folie*, le dimanche après-midi, avec Poivre d'Arvor, qui ne demande pas mieux...

Durant cette saison, j'ai pris conscience de deux choses. La première, c'est que j'ai pris goût à l'idée de produire, de m'occuper de tout : le concept, le budget, le décor, la lumière, l'animation, le réalisateur, les invités... La deuxième, c'est que j'ai très vite compris, aussi, que j'allais me faire chier pour le restant de mes jours si je ne présentais pas moi-même à nouveau une émission.

J'ai une idée qui me trotte dans la tête. J'ai réalisé que les meilleurs moments de la télé, c'était après. Après avoir animé

Scoop à la Une, quand j'allais dîner et passer la nuit aux Bains, ex-Bains-Douches, la boîte d'Hubert Boukobza et de Claude Challe. Plutôt que d'aller me pourrir la vie sur des plateaux de merde, avec des techniciens de la SFP, pourquoi ne pas faire carrément une émission là où j'aime être, aux Bains ? Et l'appeler *Bains de Minuit*. Pour la convaincre, un soir, j'ai amené Catherine, rue du Bourg-l'Abbé. Elle était atterrée : « Mais c'est quoi, ton truc ? Tu veux vraiment tourner une émission là-dedans ? » J'ai fait : « Ben oui, c'est vachement bien, non ? » Elle ne me prenait pas au sérieux. Elle répétait : « Mais Thierry, t'y penses pas. Regarde, y a des gens qui mangent, des gens qui dansent. » Moi je continuais : « Ah ben oui, justement, c'est ça, l'émission : il y a des gens qui mangent et d'autres qui dansent. Et puis, il y a des stars que je vais interviewer en buvant un gin-tonic, tu vois... » Elle ripostait, énervée : « C'est n'importe quoi, Thierry, regarde comme c'est sombre ici, tu ne pourras même pas éclairer correctement... » J'en rajoutais : « Ouais, justement, la télé, c'est beaucoup trop éclairé. Moi, pour une émission de nuit, je veux faire de la basse lumière, comme au cinéma. »

J'en suis là quand un jour, en juin 1987, Marie-France Brière m'appelle. Elle aimerait nous voir avec Catherine et nous faire rencontrer des gens de La Cinq, pour discuter. C'est comme ça que j'ai fait la connaissance de Carlo Freccero, un intello-gaucho brillant devenu l'homme des programmes de toutes les chaînes de Berlusconi, et Angelo Codignoni, un diplomate italianissime qui s'occupait des affaires du même Berlusconi en France.

À l'époque, les mecs de Berlusconi étaient à la fois des stars et des parias. Des stars, parce qu'ils avaient un train de vie incroyable, des gens capables de te faire prendre un avion privé juste pour aller visiter leurs studios à Milan. En même temps, ce sont des parias parce que tout le monde dénigre leur télé-spaghetti et le fait que, venus en France grâce ou à cause de Mitterrand, ils se soient associés à un super-paria, Hersant.

En gros, ils nous disent : « Venez sur La Cinq, c'est là que ça se passe. Si vous voulez, vous créez votre société de production. »

Sur TF1, personne ne nous proposait de monter une boîte. On ne savait même pas ce que cette chaîne allait devenir à la rentrée suivante. Donc, je réfléchis. J'hésite. Barma est pratiquement décidée à partir, mais elle n'est pas du tout dans le trip boîte de prod. Elle est bloquée là-dessus.

Moi pas. Mais alors, pas du tout.

Dans nos conversations avec Freccero et Codignoni, il y a deux idées qui les intéressent. D'abord, *Face à France*. C'est de l'*infotainment*, c'est-à-dire une émission d'actualité en même temps qu'un show. Comme *À la folie*. Je l'ai inventée pendant un séjour au Brésil, ça s'appelait d'abord *Le Grand Panel*, j'ai gardé le petit carnet de l'hôtel où j'ai pris la note. J'ai imaginé qu'un échantillon représentatif permanent d'une vingtaine de Français se retrouverait tous les dimanches après-midi avec un journaliste pour interviewer les vedettes spectacle, culture, politique, sport, de la semaine... L'idée plaît. Patrice Duhamel, qui dirige l'info sur La Cinq, nous autorise à prendre le présentateur du 20 heures, Guillaume Durand, pour animer l'émission.

L'autre idée, évidemment, c'est *Bains de Minuit*, que je voudrais pouvoir produire et présenter moi-même. On parle. On reparle avec Freccero et Codignoni... On est à deux doigts de conclure. Sur ce, TF1 apprend que je discute avec La Cinq, se réveille et fait des contre-propositions. Dominique Cantien est toujours d'accord pour que je produise *À la folie* et Pascale Breugnot, qui a pris en charge les magazines, est intéressée par une émission comme *Bains de Minuit*. Mais elles ne veulent pas d'une production externe.

D'un autre côté, le problème de La Cinq, c'est que personne ou presque ne reçoit cette chaîne. « Il faut venir avec nous », me disent Codignoni et Freccero. D'accord, mais « où sont vos émetteurs, même à Paris, moi, je reçois mal La Cinq... » J'ai encore dans l'oreille l'accent d'Angelo Codignoni : « Ma ! Thierry ! Bienne sourrr qu'il est là, lè rèèzo ! Et s'il faut j'irai, moi, Angelllo, avec oune tournevisss sur les toits della Francia pour mettre la tellevizzione de Silvio Berlousconnni... » Ils me font vraiment marrer tous les deux. C'est ça qui m'a décidé, autant que l'envie de monter ma boîte de prod' : être du côté des étrangers. Des Ritals, quoi. Comme moi.

Quand j'ai monté ma société de production, Ardisson & Lumières, en 87, j'ai trouvé normal de proposer à Catherine Barma de s'associer avec moi. Mais elle a pas du tout apprécié ma démarche. Cette fille est incroyable. Je n'en reviens pas. Je lui offre d'entrer dans l'affaire et elle me sort, scandalisée : « Oui, c'est ça, Thierry ! Avec ta boîte, tu vas acheter des gens mille balles et tu vas les revendre mille cinq cents balles à une chaîne. C'est ça, la production ? Je ne peux pas. » J'ai répondu : « Non, Catherine, désolé, mais tu te trompes. Je vais pas les revendre mille cinq cents balles... mais trois mille, c'est pas pareil ! »

Elle était outrée qu'on puisse raisonner comme ça. J'ai essayé de lui expliquer : « Écoute, Catherine, fais pas l'idiote. C'est rien que du business. Le principe du commerce est aussi simple que terrible. Si tu achètes des oranges vingt centimes le kilo et que tu trouves des clients pour te les racheter dix francs le kilo, tant mieux pour toi, c'est tout ! Chaque fois que tu achètes quelque chose dans une boutique, ou au resto, tu demandes pas au mec combien ça lui a coûté. Tu prends ou tu prends pas. Ça s'appelle l'offre et la demande. Alors là, par exemple, si La Cinq est d'accord pour nous filer cinq cent mille balles pour *Bains de Minuit* à nous de nous débrouiller avec pour faire une bonne émission, et qu'il reste du pognon. Qu'est-ce que tu veux que je te dise, le système, c'est pas moi qui l'ai inventé. Mais il est là. Alors d'accord, on rêve tous d'une société meilleure, bien entendu, mais bon. Ces gens-là nous veulent sur leur chaîne. C'est sans doute qu'ils nous trouvent intéressants pour leur business, pour vendre de l'espace et rapporter du blé. C'est qu'ils s'y retrouvent. Ils nous veulent : donc, ils payent pour nous avoir. Voilà ! »

Je ne te dis pas dans quel état ça la mettait, Catherine ! J'aurais déclamé de la pornographie, c'était moins grave... C'était, chez elle, une espèce de survivance de valeurs politiques et morales des Années Révolution. Le fric restait tabou. Je la scandalisais. Elle aurait dû voir comment c'était dans la pub, ça l'aurait affranchie une fois pour toutes. Moi, j'en venais, et la télé ne me paraissait ni pire ni meilleure. Catherine, elle mettra des années avant d'admettre le système, et de créer sa société de production. Qu'elle a quand même baptisée Tout sur l'écran.

J'allais donc monter Ardisson & Lumières, tout seul, à 100 %.

C'est là que Claude Carrère m'appelle. Après avoir transformé Annie Chancel en Sheila, il s'est recyclé dans la prod' télé. Il m'invite à prendre un petit déjeuner dans ses bureaux à la Plaine Saint-Denis. Un décor de Sofitel. Des croissants infames. Il me dit : « Vous allez monter votre société de production ? Associons-nous et je vous obtiendrais deux fois plus ! Vous allez gagner deux fois plus ! »

Je lui ai répondu que comme il en prendrait la moitié, ça ne changerait rien pour moi, et je suis reparti.

J'ai donc monté Ardisson & Lumières tout seul, à 100 %.

Ardisson & Lumières ne produit pas *Face à France*, ça, c'est La Cinq, où Catherine est salariée, qui s'en charge. Moi, à part le concept, je fais de la direction artistique. Mon grand projet de producteur, c'est *Bains de Minuit.* Mais quand je crée Ardisson & Lumières, je n'ai absolument personne avec moi. Pas un seul collaborateur. Et je me retrouve, un jour de l'été 87, à La Cinq, dans le bureau de Marie-France Brière pour préparer ce *Bains de Minuit*. Elle veut savoir qui va diriger la production, quel réalisateur va s'occuper de l'émission... J'ai rien prévu de tout ça. Sur un ton d'enfant capricieux, je lui explique : « C'est bien joli d'avoir une boîte, mais j'ai personne... » Et, au moment précis où je lui dis ça, je la vois faire un geste et appeler quelqu'un qui devait passer dans le couloir derrière moi. C'était Michel Malausséna, un mec qui bossait avec Stéphane Collaro. Il entre dans le bureau et s'assied. Marie-France : « Malo, tu connais Thierry Ardisson... » Avec un accent du Sud, il fait : « Non, mais bonjour. » Marie-France continue : « Thierry vient de créer sa boîte, il va nous faire une émission genre *nightclubber* aux Bains-Douches. Il a besoin d'un directeur de prod', ça t'intéresserait de bosser avec lui ? » Réponse : « Ben ouais, pourquoi pas, parce que Collaro, en ce moment, il me casse les couilles ! » Marie-France m'a regardé : « Bon, voilà, maintenant, tu as une direction de production. Rappelle-moi, c'est qui, ton réalisateur ? » Je lui rappelle que j'en ai pas. Devant moi, elle prend le téléphone et appelle un réal', Frank Lords. Elle lui propose *Bains de Minuit.* En trois minutes, il est d'accord. Elle me regarde et me jette : « Bon, Thierry, c'est réglé. Tu as Malausséna, tu as Frank Lords. Tu as tout ce qu'il te faut. Alors maintenant, tu nous fais plus chier et tu te mets au boulot ! »

Cette fois, j'avais plus vraiment d'autre choix que de sauter dans le grand bain.

Et nous voilà partis, chez moi, rue du Faubourg. On vire des meubles. On pousse les fauteuils. On met une grande table au milieu du salon et on s'y colle. Je ne peux pas reculer. Il va falloir la faire, cette putain d'émission.

Première : Chaban-Delmas et sa femme aux Bains-Douches ! Plus Julien Clerc, Vanessa Paradis, Roda-Gil, Les Gipsy Kings... Ça commence fort ! Il y a cent mille problèmes techniques à régler pour tourner dans un endroit pareil, mais c'est génial. Malausséna est jeune, mais il a déjà du métier. Frank Lords est un photographe dans l'âme, un artiste de la lumière et de l'image. Et puis, je me retrouve enfin, pour la première fois, dans mon monde à moi pour faire une émission de télé. Ici, aux Bains, je peux boire du champagne, c'est normal. Je peux aller fumer un pétard dans le bureau du patron, c'est normal. Présenter l'émission avec un tarbouch sur la tête, des petites lunettes noires rondes, le *total look* Farouk, c'est normal. Chanter *Barbara Ann* avec Jack Nicholson jusqu'à l'aube, c'est normal. On tourne dans l'euphorie, le bordel et l'énervement. Je suis aux anges. Et, vers quatre heures du mat', la première de *Bains de Minuit* est dans la boîte. C'est le cas de le dire.

Le lendemain, en fin de matinée, je suis encore au lit quand j'ai un coup de fil alarmé du réalisateur, Frank. Il est au montage de l'émission. Je demande : « Qu'est-ce qui se passe ? » Là, il me sort un truc qui me détruit sur place : « Écoute, Thierry, y a un problème. Je suis désolé. Je ne sais pas ce qui s'est passé mais, voilà, l'émission est en noir et blanc. Y a pas de couleurs. » Rien que ça, ben putain ! J'appelle aussitôt Marie-France Brière et je l'engueule : « Dis donc, alors là, bravo, ton réalisateur, il est champion ! Il vient de me faire une émission en noir et blanc ! Tout va bien ! » Elle est calme. Elle me demande : « Mais t'es où, là, Thierry ? » Cette question ! « Ben, chez moi, évidemment. »

Apparemment, c'est pas la bonne réponse. Maintenant, c'est elle qui m'engueule : « Comment ça ? Mais qu'est-ce que tu fous chez toi ? T'es producteur et t'es chez toi, mais on rêve ! Un producteur, il est au montage, Thierry, au montage ! Tu m'entends ? » C'était le cri de la vérité, ça m'a vacciné. Depuis ce jour-là, Philippe, je suis au montage. Ça va faire vingt ans que j'y passe des nuits blanches.

Donc, je m'habille et je file au montage. On est en pleine catastrophe. Frank Lords me montre le début de l'émission. Noir et blanc. Je suis fou de rage. Il arrête pas de dire : « Je suis désolé, Thierry, désolé... » Moi, je gueule : « Ouais, t'es désolé, Frank, mais merde ! Frank ! Merde ! On va se faire virer avant d'avoir commencé... » Je regarde sur le moniteur les images défiler, effondré. Je revois Julien Clerc. On avait fêté son anniversaire au début de l'émission... Et là, d'un seul coup, Philippe, au moment où la fille pose le gâteau couvert de bougies allumées devant Julien Clerc, l'image passe en couleur ! C'est complètement dingue ! Un miracle, il n'y a pas d'autre mot. On est tous comme des cons. On s'embrasse. On trouve ça formidable. On la tient, notre première émission.

J'appelle Brière : « Marie-France, c'est super ! Tout s'arrange. Le début sera en noir et blanc, mais la couleur arrive, pile sur le gâteau d'anniversaire de Julien. On aurait voulu le faire exprès ! C'est fantastique ! »

Le lendemain matin, quand je suis sorti de la régie, je tenais la bande dans mes bras, comme un bébé. La Cinq en avait pour ses cinq cent mille balles. C'était du jamais vu à la télé.

C'est un peu après qu'est arrivée la grosse tuile.

De mémoire, ça doit être à l'automne 87. Un beau matin, on sonne à ma porte et j'entends, comme dans les meilleurs films : « Police, ouvrez ! » J'ouvre. Les flics entrent chez moi, à plusieurs, cinq ou six. Le problème, c'est que ce jour-là, le mercredi, j'ai pas trop de temps : on enregistre l'émission. Les mecs s'étalent dans tout l'appartement et ils n'ont qu'un mot à la bouche : « Perquisition. » Il y en a dans toutes les pièces. Je ne les vois plus. Je commence à gueuler : « Oh, oh, les mecs, attendez, si c'est pour me faire le coup de *Serpico* et foutre un petit paquet de poudre derrière le radiateur, c'est pas la peine, j'ai vu le film. » Ils ne sont pas causants, tu vois, mais pas du tout. Ils m'embarquent.

Je me retrouve à l'Octris – l'Office central pour la répression du trafic illicite de stupéfiants –, un truc genre les Stups, là, juste à côté (*du Faubourg-Saint-Honoré, où nous sommes*), à Saint-Philippe-du-Roule. Pendant le premier quart d'heure, ils deviennent presque sympa. Ils ont une vedette de la télé dans leurs bureaux, ils sont contents. Ils me baratinent sur *Bains de Minuit*, genre : « Ah ouais, c'est une émission un peu olé-olé... » Je me laisse prendre à ces conneries. Je commence à me dire : « Bon, il y en a pour une demi-heure et c'est fini. » Je ne vois pas ce qu'ils peuvent bien me vouloir... Puis les voilà qui m'emmènent dans un autre bureau. Et là, le ton change. Plus du tout gentils, ils disent : « Monsieur, vous trafiquez de la drogue, on le sait. Racontez-nous tout... » Putain, là ça devient plus chiant. J'en consomme, un peu de coke, ouais, mais j'en trafique pas, évidemment. On est passé de *Starsky et Hutch* à Kafka.

J'essaie de le prendre à l'ironie : « Ouais, bien sûr, c'est ça. Je trafique de la came, c'est bien connu... » Ils insistent : « Ne plaisantez pas, monsieur, on sait », et à ce moment, ils font entrer un type dans la pièce. Un inconnu total. Ils lui disent, devant moi : « C'est bien monsieur Ardisson qui vous a vendu de la drogue ? » Le mec dit : « Oui, oui, c'est lui... » J'y crois pas ! J'ai cinquante personnes qui m'attendent aux Bains pour faire une émission et j'ai même pas commencé mes fiches d'interview ! C'est le cauchemar. Et ça continue. Et ça monte. Les mecs m'accusent toujours. À force, je pige que je suis pris dans un truc à la con qui touche à une affaire dans laquelle était impliquée Françoise Sagan. D'ailleurs, quand elle viendra dans *Bains de Minuit* et que je ferai allusion à son affaire, elle dira, dans un demi-sourire : « La même que vous, non ? » C'est la fameuse affaire de la « Mercière de Lyon ». Tu te rappelles cette histoire ? Un scandale dans lequel un certain nombre de personnalités de la jet-set ont été citées. J'étais pas du tout dans ce coup-là, mais j'avais des contacts réguliers avec un pote, un junkie dont j'ai fait un des personnages de *Rive Droite*, qui, lui, était impliqué dans l'affaire. Je ne leur parle pas de lui. Je comprends juste le contexte. C'est un malentendu.

Mais les flics veulent rien entendre. Ils continuent à me faire chier alors que je devrais déjà être en train de me faire maquiller. À un moment, j'en ai tellement marre que je dis : « Bon, ça suffit, c'est vrai, je suis un trafiquant de drogue. Voilà ce qu'on va faire : je laisse tomber l'émission de ce soir, laissez-moi juste prévenir la Chaîne, et je vous propose qu'on parte tout de suite pour Lyon. Vous n'avez qu'à me confronter avec la Mercière. » Les mecs ont vu que j'étais à bout, et sincère.

Et ils m'ont relâché, comme ça. Sans explication.

Je sors, je vais au bistrot, juste à côté, à Saint-Philippe, et y a un des flics qui me rejoint, comme ça, pour bavarder, à nouveau sympa. Moi, je ne sais plus où j'en suis. J'ai une émission à faire. Je suis inquiet. Je dis au mec : « Vous avez cherché, vous n'avez rien trouvé. Je deale pas. Alors, maintenant, pas la peine d'alerter tout Paris pour des conneries. » Compréhensif, le flic me fait : « Oui, bien sûr, vous en faites pas, monsieur Ardisson. C'est une enquête délicate, mais on vérifie, c'est normal. On fait notre boulot. Vous pouvez compter sur la discrétion des services... » Je respire. J'imagine les larmes de ma mère et la gueule des patrons de La Cinq dans le cas contraire. Je bois un verre et je pars aux Bains. Journée de merde !

Plus tard, je suis dans les embouteillages boulevard de Sébastopol sur le chemin des Bains, et : « Europe 1, le flash... L'animateur Thierry Ardisson entendu dans une affaire de stupéfiants...

Nos informations... » Je me dis : « Ah putain ! Berlusconi, lui, il s'en fout, mais l'autre, Hersant, il va te foutre dehors aussi sec ! T'es mort, Thierry. » Et puis non. Ils savaient, chez Hersant, bien entendu, et ils ont laissé passer. Comme quoi, tu vois, le pire n'est jamais sûr.

« Quant à toi, nul n'ignore que tu as inventé, avec *Bains de Minuit* et *Lunettes Noires*, la télévision des Années 80. Ta modernité fut d'introduire la transgression dans un univers où la loi était encore la norme. La perversion devint avec toi la forme la plus chic de l'amour et du désir, et la provocation, une espèce de publicité intellectuelle, du "benettonisme" avant l'heure. Tu fis aussi passer le dandysme pour une manière d'ennui argenté et brillant. L'imposture satisfaite et la décadence surfaite étaient ton mode régulier de communication, ta vulgarité finit par devenir un comble, ou un surcroît de parisianisme. »

Arnaud Viviant, « Lettre ouverte »,
***Libération*, 25 avril 1994.**

Premier talk-show monté, ce qui élimine les digressions et les redites, première émission filmée en basse lumière, *Bains de Minuit* est absolument moderne. Le casting mélange branchés des Halles, stars de la politique et artistes internationaux. Le générique et l'habillage surprennent et séduisent. La musique emballe le tout. Incroyable, mais vrai, ce sont Berlusconi et Hersant qui permettent à l'avant-garde de se montrer à la télé.

Peu de gens nous regardent, pour cause de réseau faiblard, mais nous, on s'en fout complètement. L'émission devient une sorte d'objet culte, un programme invisible, mais réputé. Quand je vois les patrons de la Chaîne, ils disent : « C'est formidable, quand on va dans des dîners, les gens ne nous parlent que de *Bains de Minuit*. Pendant ce temps-là, ils nous font pas chier avec les séries américaines qu'on diffuse toute la semaine. »

Je suis l'alibi idéal. Finalement, tout le monde est content. Eux, ils ont une émission qui fait parler et les dédouane, et moi, je transforme Les Bains en cabaret hertzien.

Antoine Blondin

T. A. : *Rouart veut rentrer à l'Académie, il perd pas de temps.*

A. B. : Moi, j'habite à soixante-dix mètres de l'Académie française, mais il y a cinq bistrots entre moi et l'Académie...

Mel Brooks

T. A. : *Peux-tu expliquer l'humour juif ?*

M. B. : Le secret de l'humour juif est la peur. Si tu as peur tout le temps, tu es debout, tu es éveillé, tu es un peu fou, tu es un peu parano. La paranoïa est très importante, et tu es toujours vivant et tes yeux sont grands ouverts et tu es drôle. Tu dois donc avoir peur pour être drôle.

Jean-Luc Godard et Anna Karina

T. A. : *Vous ne vous êtes pas vus depuis combien de temps ?*

J.-L. G. : Ça fait vingt ans, le temps d'une longue sieste à Los Angeles.

T. A. : *Vous êtes contents de vous retrouver ?*

A. K. : Personnellement, oui. Mais un peu surprise aussi parce que je ne m'y attendais pas.

J.-L. G. : On se croirait dans une émission de Pierre Bellemare !

T. A. : *Est-ce qu'on peut être aussi heureux après ?*

A. K. : Je pense qu'on est heureux différemment.

J.-L. G. : Je pense qu'on peut l'être beaucoup plus. Et que demain est toujours un autre jour.

A. K. : Excusez-moi !

(Anna Karina se lève brusquement et part en pleurs.)

J.-L. G. : Je l'ai blessée comme ça. Moi, je suis un vieux du Viêt-Nam là-dessus. Quel départ ! Moi, je fais ça chez moi, mais pas ici !

Frank Zappa

T. A. : *Quel est pour toi le comble de la misère ?*

F. Z. : Voyager en Europe, surtout en Espagne sur les lignes d'Iberia.

Michel Drucker

T. A. : ***Tu dis que si tu étais séfarade, tu serais sur La Cinq ou sur la Une, mais comme tu es ashkénaze, tu es resté sur la Deux. Ce n'est pas un peu raciste ?***

M. D. : Non, c'est une image, que l'on comprendra bien. Dans notre métier, en général, les juifs d'origine d'Afrique du Nord, on les trouve plus du côté du « mieux-disant financier » que du « mieux-disant culturel ».

Roger Peyrefitte et Michou

T. A. : ***Vous bradez vos vieux godemichés ?***

R. P. : Oui, car il en avait de magnifiques, des précolombiens...

M. : Ils font mal, ceux-là, Roger !

Francis Bacon

T. A. : ***Vous préférez la réalité ou la cruauté de votre peinture ?***

F. B. : La vie est beaucoup plus cruelle que mes peintures. On passe sa vie bras dessus bras dessous avec la mort. La mort nous accompagne toujours.

Le problème de La Cinq, c'est qu'elle n'était pas viable. En 88, deux ans après sa création, il y a toujours aussi peu de monde pour la voir. Hersant fait la gueule parce que ça coûte une fortune et ne rapporte pas une thune. Berlusconi s'en fout parce que lui, il vend des séries par paquets de mille épisodes à la Chaîne. Toutes les stars de TF1 qui étaient venues repartent vite chez Bouygues qui a compris qu'il faut juste proposer plus de pognon que les autres. La Cinq, au bout d'un moment, tu sens que c'est Waterloo au ralenti. On voit bien que ce n'est pas tenable longtemps. Entre les Français d'Hersant et les Italiens de Berlusconi, l'ambiance vire à la méfiance, puis à l'orage. C'est chacun pour soi. C'est à ce moment-là, quand on termine la saison de *Bains de Minuit* et de *Face à France* que je suis convoqué, y a pas d'autre mot, par le P-DG d'Antenne 2, M. Contamine.

Contamine était un vieux de la vieille de l'ORTF. Il avait remplacé Jean Drucker, viré par la droite. Bon. Je ne le connais pas. J'y vais les mains dans les poches. Un rendez-vous avec Contamine, c'est gai comme le procès de Jeanne d'Arc. On se croirait au tribunal, et si tu ris, t'es mort. Dans son bureau, il y a deux mecs qui ont compris qu'on n'est pas là pour rigoler. Ils doivent s'occuper de la direction générale, quelque chose d'aussi désopilant que ça.

Je me demande ce que je fous là quand Contamine se lance dans un long discours pour m'informer d'un truc que je sais déjà : « L'émission hebdo *Les Enfants du Rock* s'arrête. » Elle deviendra peut-être mensuelle. C'est fini, quoi. Là, Contamine se fait aguicheur : « Imaginez, monsieur Ardisson, imaginez qu'on vous donne la tranche des *Enfants du Rock* le samedi soir, alors je vous pose la question, monsieur Ardisson, qu'en feriez-vous ? » Putain ! Vache de question. Mais là, j'ai un coup de génie, ouais, ouais, Philippe, de génie ! Je lui réponds du tac au tac qu'au lieu de faire une émission « de rock » je ferais une émission « rock ».

Contamine me regarde comme si je venais de parler japonais. C'est clair qu'il n'a rien compris. Ça se présente mal. Il se tourne vers ses assesseurs qui font un effort pour traduire en simultané : « Monsieur Ardisson veut dire par là qu'il ne parlera pas que de musique rock, mais aura un ton "rock" pour parler de tout. » Contamine le coupe : « Mais j'avais compris ! Et cette émission, monsieur Ardisson, quel serait son titre ? » Putain, deuxième coup de génie en deux minutes, ouais, ouais, et je sors ma botte secrète : « Elle s'appellera *Lunettes Noires pour Nuits Blanches*, monsieur. »

Le slogan que j'avais trouvé dix ans auparavant, du temps de *Façade*, pour les lunettes Glamor.

Contamine a seulement dit : « Bien, voyez avec ces messieurs. »

C'était réglé.

IV

« Sur les chaînes publiques, on devrait se permettre d'être à la fois cultivé et mordant, insolent, impertinent. C'est beaucoup plus facile que dans le privé : on n'a pas de comptes à rendre aux annonceurs, aux puissances d'argent. (...) Ça correspond à mon vieux côté soixante-huitard. L'envie de foutre la merde, de déstabiliser le discours préétabli. Et puis, il y en a qui ne l'ont pas volé. Quand j'ai Maxime le Forestier en face de moi, je suis bien obligé de lui dire qu'il a renié les trucs avec lesquels il nous a fait chier pendant dix ans. C'est la moindre des choses. Tout le monde devrait oser le relever. Je ne suis pas dur, ce sont les autres qui sont mous. (...) C'est vrai que je me suis mis à dos deux millions de jeunes quand j'ai dit au chanteur d'Indochine qu'il chantait faux. Avec Renaud, pareil. On s'est fâché parce que, quand il a racheté l'appartement de Georges Besse, j'ai dit : "Il a des dollars, l'anar." Lui, il allume tout le monde, Margaret Thatcher et autres, mais il n'est pas content si je parle de son fric. »

T. A., *Télérama*, 7 février 1990.

À la rentrée 1988, je fais donc mon arrivée avec Catherine Barma, sur ce qui s'appelle encore Antenne 2. Je vais animer et coproduire *Lunettes Noires pour Nuits Blanches.*

« Amis du Mouton Noir, bonsoir ! Bienvenus au Palace ! » (Et là, je sors de ma 404 Pininfarina.) *Lunettes,* c'est l'invention des

« interviews formatées » : « interview première fois », « interview up and down », « interview star by star », « auto-interview », « anti-portrait chinois », « questions cons ». Désormais, il y a un concept dans l'interview. Et ça, c'est nouveau. Il y a aussi la musique en live dans *Lunettes*. En exclu Lulu : *Hey Manhattan* par Prefab Sprout, *Tribute* par Pasadenas, *Teardrops* par Womack and Womack, Neneh Cherry époque *Buffalo Stance*, Sam Brown avec *Stop*, et Iggy qui chante *Nightclubbing*, le générique, en acoustique, sur scène... « Salut, bande de nases ! À samedi soir, bonsoir. »

Rosanna Arquette

T. A. : *Steve Porcaro, James Newton Howard et maintenant Peter Gabriel... Tu sembles être étrangement attirée par les musiciens... Ça vient d'où ?*

R. A. : C'est sûrement parce que j'aime leur instrument.

Pete Best

T. A. : *Tu as été le premier batteur des Beatles ! Puis ils t'ont viré et remplacé par Ringo Starr... Comment ça s'est passé ?*

P. B. : Il a invoqué que, comme batteur, je n'étais pas assez bon. Plus tard je me suis rendu compte que la véritable raison, c'était la jalousie. Il se trouvait que pour moi, ça marchait plutôt bien avec les filles.

T. A. : *Penses-tu être un meilleur batteur que Ringo Starr ?*

P. B. : Oui, cela ne fait aucun doute.

Serge Gainsbourg

T. A. : *Qui a coulé le* Titanic *?*

S. G. : Iceberg, encore un juif.

Elia Kazan

T. A. : *Comment expliques-tu qu'Orson Welles et Marlon Brando soient devenus si obèses, si gros ?*

E. K. : J'ai, une fois, posé la question à Tennessee Williams. Il a eu une réponse terrible, que je n'ai jamais oubliée.

Il m'a répondu : « Le dégoût de soi ou une colère envers soi. Ils ne tirent plus de plaisir de la vie. Le seul plaisir qu'ils trouvent finalement, ils le trouvent en se goinfrant. »

George Martin

T. A. : *Qu'est-ce que les Beatles avaient de plus que les autres, à ton avis ?*

G. M. : Des chansons.

Yoko Ono

T. A. : *Tu crois que les fans des Beatles t'en auraient autant voulu si John avait épousé une belle protestante blonde ?*

Y. O. : J'ai été un bouc émissaire très commode, en raison de ce que je suis : femme et orientale.

Oliver Reed

T. A. : *Si tu avais le choix, à qui est-ce que tu aimerais ressembler ?*

O. R. : À l'amant de ma mère.

Catherine Ringer

T. A. : *Ton père a été déporté. C'est à cause de ça que tu as écrit* Le Petit Train *?*

C. R. : Je pense, oui. Il est polonais, il est né à Auschwitz. Quand les Allemands sont entrés, ils lui ont dit : « Tenez, vous qui êtes juif et pauvre, si vous veniez dans les camps de travail ? » Il a pas dit ok, alors il a construit Auschwitz. Une fois que cela a été construit, il a été mis dedans. Il s'est fait neuf camps de concentration ! Il les a tous faits et il s'en est sorti ! Je ne sais pas comment il a fait, d'ailleurs... Il est très mystérieux là-dessus, peut-être qu'il a été un salaud ?

Alain Juppé

T. A. : *Tu voulais ressembler à qui quand tu étais petit ?*

A. J. : Napoléon.

Margaux Hemingway

T. A. : ***Tu as pensé au suicide avant d'aller te faire désintoxiquer à l'institut Betty Ford ?***

M. H. : C'est une tradition familiale avec laquelle j'ai rompu. Mon grand-père l'a fait, son père l'a fait, la mère de mon père, le frère de mon grand-père. J'y ai pensé en souriant.

T. A. : ***Pourquoi ne l'as-tu pas fait ?***

M. H. : Je suis trop intelligente pour ça.

(Margaux Hemingway s'est suicidée le 1er juillet 1996.)

Fabrice Luchini

T. A. : ***Si tu étais une perversion ?***

F. L. : Lesbienne !

Catherine Ringer

T. A. : ***Premier million ?***

C. R. : Moi, c'étaient les films porno que je faisais qui pouvaient me rapporter un million. Quand j'avais tourné ces films, comme j'avais commencé avant l'âge de pouvoir les faire, puisque j'avais commencé quand j'avais quinze ans, je revenais à la maison avec mes biftons : « Regarde, papa ! » Il le savait, et il ne comprenait pas très bien pourquoi je faisais cela.

En plus de *Lunettes Noires*, je vais aussi coproduire sur Antenne 2 *Stars à la barre*. Le pitch de *Stars à la barre* : convoquer des stars qui incarnent un fait de société dans un tribunal télévisuel. On est dans la continuité de *Star System* (TF1) et de *Face à France* (La Cinq).

Pour ce programme, Catherine et moi voulons absolument Guillaume Durand, qui est encore sur La Cinq, comme animateur-président du tribunal. Il s'en est bien tiré avec *Face à France* et *Stars à la barre* est une émission d'*infotainment* taillée sur mesure pour lui. Mais il n'y a rien à faire. Les gens d'Antenne 2 ne veulent pas de Durand et nous imposent Roger Zabel ! Là, avec Catherine, on fait la gueule. Je vais voir les assesseurs de

Contamine : « Non, attendez ! Là, c'est pas possible ! Donnez-nous un vrai journaliste, un mec de la rédaction, avec un peu de bagage. Vous ne pouvez pas nous filer Zabel ! Ce mec est gentil, mais inculte. Avec lui, c'est sûr qu'on se plantera en direct un jour ou l'autre. Le jour où quelqu'un mentionnera le "bachaga Boualem [1]", il ne saura même pas de quoi on parle, c'est sûr. » (*C'est quand il me racontera pour la troisième fois cette histoire que je confierai à Thierry que moi non plus, je ne sais pas de quoi ou de qui il s'agit.*)

Mais les assesseurs de Contamine ne veulent rien entendre. C'est Zabel ou rien. Le soir, j'en rediscute avec Barma et son mari (entre lui et moi, « Bon pour un tour » et « Bachaga Boualem » sont devenues des expressions cultes). Je soutiens qu'il vaut mieux laisser tomber plutôt qu'avoir un Zabel qui ne connaîtra pas... mais je n'ai pas le temps de finir ma phrase, Catherine me coupe la parole et tranche : « Thierry, d'accord, Zabel n'est pas Durand, c'est certain. Mais arrête de nous bassiner. On n'aura sûrement jamais à en parler, de ton "Bachaga". Ça suffit, maintenant. Il faut faire ce magazine ! »

On fait donc l'émission avec Zabel. Décor : une salle d'audience. On a recréé un tribunal à l'américaine, au sommet d'un building new-yorkais. Ça commence normal. Et ça loupe pas : quelques semaines plus tard, dans un débat, voilà qu'un mec se met à parler de Faurisson. Je vois que mon Zabel ne sait pas de qui on parle. Évidemment, comme toujours, en régie, on a bien une oreillette et une ardoise magique pour communiquer à distance avec l'animateur, mais, Philippe, va expliquer en quatre

1. Bachaga Benaïssa Saïd Boualem : chef des Béni Boudouane, né le 2 octobre 1906 à Souk-Ahras (Algérie). Capitaine de l'armée française, commandeur de la Légion d'honneur, croix de guerre avec deux citations, devenu vice-président de l'Assemblée algérienne, il disposait, dans son domaine de l'Ouarsenis, de quinze cents harkis, mais son autorité morale s'étendait sur quinze mille hommes. En remerciement de ses bons et loyaux services, il sera « parqué » avec les siens, au Mas-Fondu, près d'Arles. Décédé à Marseille le 7 février 1982.

mots qui est Faurisson et ce qu'est le négationnisme ! On ne peut donc rien faire que subir. L'émission est une cata.

Le lendemain, je vais voir les assesseurs de Contamine, et je leur dis : « Vous voyez bien que je ne racontais pas de conneries. Ce Zabel est nul. Il ne s'est pas encore planté sur le Bachaga, mais c'est fait pour Faurisson ! Alors on arrête les frais et les dégâts, et vous nous filez quelqu'un d'autre ! » Ils sont emmerdés par cette histoire. « Qui voulez-vous ? » « Guillaume Durand ». Mais c'est encore non. En désespoir de cause, on dit : « Donnez-nous Bilalian. » Et on a continué avec Daniel Bilalian. C'était ni Poivre d'Arvor ni Durand, mais il faisait quand même nettement mieux l'affaire que Zabel.

Un jour, un peu avant l'été, Marie-France Brière, qui avait quitté La Cinq pour La Deux, me dit : « On a plein de concerts sur lesquels on va bientôt perdre les droits, faudrait trouver une idée... »

Et moi, la récupération de stocks, le recyclage des catalogues, c'est une activité qui me fascine. J'ai une passion pour la réutilisation. Quand Woody Allen réussit à faire *Lili la Tigresse* avec des bouts de vieux films de yakuza, en changeant simplement les dialogues, je suis scotché.

Là, je me suis retrouvé comme un gosse devant les armoires en fer du sixième étage d'Antenne 2 où étaient rangées des dizaines de cassettes concerts. Un trésor. Je fais l'inventaire. Je reviens voir Marie-France, je lui dis : « J'ai une idée : on va montrer les artistes sur scène, on va passer entre les artistes des plans d'applos, et les gens pourront imaginer toutes ces stars sont sur la même scène le même soir. On va appeler ça : *Les Concerts imaginaires.* » Tout ça me paraissait simple et facile. J'avais peut-être trouvé mon vrai métier.

Pourtant l'envie, l'ambition, le bonheur d'écrire me taraudait toujours l'esprit.

« Réveillon très chic et littéraire à l'Hôtel Meurice
La littérature inspirée par les hôtels de luxe et les sleepings

va-t-elle revenir à la mode ? À la suite de Scott Fitzgerald et Ernest Hemingway, neuf jeunes écrivains et journalistes s'enfermeront chacun dans une chambre de l'hôtel Meurice. Ils y rentreront le 31 décembre 1989 à midi, et en sortiront à minuit, après avoir écrit chacun un texte d'adieu aux Années 80. Thierry Ardisson, Frédéric Berthet, Patrick Besson, Alain Bonnand, Olivier Frébourg, Jean-Michel Gravier, Marc-Édouard Nabe, Éric Neuhoff, et Jean-René Van der Plaetsen sont les heureux élus de cette réclusion littéraire.

Ils remettront leurs textes à Jean-Paul Bertrand, président des Éditions du Rocher, qui publiera leurs textes en janvier, dans une nouvelle collection, "Lettre recommandée". »

AFP, 17 novembre 1989.

C'est pour la bande du Meurice, les Nouveaux Hussards, que je publie, avec Éric Neuhoff, d'abord aux Éditions du Rocher, puis chez Albin Michel, la revue *Rive Droite*. Un bel objet. Classe. À l'ancienne. Faudra que je t'en montre un exemplaire, tu verras, couverture crème avec filets rouges, surcouverture en papier cristal, publicités comme dans les bouquins des Années Trente... On y a fait également écrire d'Ormesson, Sollers, Frank, Déon, plein d'autres, souvent des vieux académiciens de la droite littéraire, qui acceptaient de jouer le jeu d'un texte court sur une idée de base, par exemple, commencer obligatoirement par la première phrase de *La Recherche*.

« ENCORE EUX !

Ils ne sont pas (tous) de droite.

Ils habitent (presque) tous la rive gauche.

Ils ont terminé les Années 80 au Meurice.

Ils n'ont pas voulu se quitter comme ça.

Maintenant, ils se demandent si on doit appeler ça une génération.

Ou une bande.

Pourquoi une revue ?

Parce que les journaux et magazines n'ont ni le goût ni la

place de publier des inédits et des introuvables, des fictions courtes et des humeurs.

Pourquoi Rive Droite ?

Parce qu'il n'y a aucun éditeur de ce côté-ci de la Seine.

À cause du bar du Bristol.

Et de la CGT (Compagnie Générale Transatlantique). »

Préface du premier numéro de la revue *Rive Droite*, Mai 1990.

« Des jeunes gens refusent en bloc la société de consommation littéraire. (...) *Rive Droite* est leur revue. Une revue nonchalante, distinguée, luxueuse, et dont la seule publicité vend du champagne et des cigarettes. Le rythme des parutions est des plus fantaisistes. (...) Le ton est léger, désinvolte. (...) Ne nous y trompons pas : *Rive Droite* est un pari contre la platitude, une revue chic. »

***Le Figaro*, 17 juin 1991.**

« En fait, j'aurais aimé écrire et devenir ambassadeur, comme Paul Morand, être un *french writer* comme d'autres sont des *french doctors.* »

T. A., « Mes 20 ans », *20 ans*, 1992.

On a tenu deux ans. Le temps de faire six ou sept numéros.

J'adorais la devise de la revue : « La place Pereire est le centre du monde. »

Après, je suis passé à autre chose.

V

« Ardisson, le dandy, est désabusé. Il sabordera *Lunettes* fin juin. “Déjà à l’époque de Contamine, mon émission devait être diffusée vers 23 heures. La plupart du temps, elle commençait à minuit, minuit et quart. (...) C’est le même problème dont ont souffert *Les Enfants du Rock*. Maintenant, la culture rock n’est plus réservée aux petits jeunes aux cheveux longs. Les gens de 40-45 ans y sont sensibles, ils avaient 20 ans en 68, ils écoutaient les Beatles. Je ne comprends pas pourquoi ces émissions qui touchent un vaste public sont marquées d’un ostracisme digne des Années 60. Les dirigeants des chaînes pensent que c’est un mal nécessaire plutôt qu’un programme utile et normal. *Les Brigades du tigre* sont-elles indispensables avant *Lunettes*, à 22 h 30 ?” »

T. A., *Libération*, 31 mars 1990.

À la fin de la deuxième saison de *Lunettes*, au début de l’été 1990, Catherine Barma m’annonce qu’elle repart sur La Cinq ! Pas parce qu’on ne s’entend plus, non. Elle se barre d’Antenne 2 tout simplement parce que Pascal Josèphe, l’ancien bras droit de Bourges sur TF1, tu te souviens, va devenir le nouveau patron de La Nouvelle Cinq, celle de Lagardère. Il lui fait le genre de proposition de boulot que tu refuses pas.

Donc, Catherine va s’occuper là-bas d’une émission avec Guillaume Durand, *Les Absents ont toujours tort*. Et moi je reste sur la Deux, où le nouveau directeur général, Jean-Michel Gaillard, m'a plutôt à la bonne, où je m'entends plutôt bien avec le P-DG, Philippe Guilhaume.

« À la fin de *Lunettes*, j'ai vraiment eu besoin d'arrêter, j'étais devenu une espèce de poupée vidéo qui se demandait si sa mèche était bien coiffée ou si on ne voyait pas trop son goître... Là, c'est bon, j'ai pris un peu l'air. »

T. A., *Télérama*, 14 novembre 1990.

À cette époque, je n'ai plus trop envie donc de me montrer à l'écran, d'animer moi-même une émission. Mais Gaillard, lui, me veut dans sa grille de rentrée. Je le rencontre un peu avant l'été 90. Je lui dis carrément que j'en ai marre de faire de l'antenne. Il est pas d'accord : « Thierry, il faut absolument que vous animiez une émission en septembre... » Et moi, du haut de mon incroyable et ridicule sentiment de supériorité, je me contente de lui dire : « Je ne veux plus faire l'animateur. Je veux bien vous produire une émission... » Genre : « Ouais, je vais voir ce qu'on peut faire pour vous... » Aujourd'hui, tu fais ça, t'es blacklisté pour mille ans. Mais là, penses-tu ! Ils me prennent très au sérieux. Je pars en vacances avec Béatrice.

On passe deux semaines épatantes entre New York (Hotel Pierre), Hong-Kong (Peninsula Hotel) et Macao (Lisboa Hotel). Tout ce que j'aime. J'oublie Paris. J'oublie Gaillard. C'est au retour, en montant dans l'avion à Hong-Kong, que je réalise que je suis censé proposer un projet à Antenne 2 en revenant. Je me dis : « Thierry, t'as le temps du voyage pour trouver une idée... »

Écoute, tu vas encore me trouver sceptique, mais quand même, t'exagères un peu, non ? Tu veux me (nous) faire croire que tu te lèves le matin à Hong-Kong, tu prends l'avion, tu claques des doigts et, hop, il tombe un projet d'émission ? Thierry, y a des gens qui nous regardent, enfin je veux dire qui nous lisent, là, enfin j'espère qu'ils sont restés jusqu'à cette page. Si ça te rassure, dis-toi que ta vie est déjà intéressante comme ça. C'est pas utile de rajouter des calicots et des fanions à tous les épisodes. Et d'abord, réponds-moi, tu ne te dis jamais : « Et si je ne trouve pas d'idée, si c'est la panne, la défaillance, quoi ? »

Justement non, mon cher Philippe. L'enseignement de l'école de la pub, c'est : défaillance impossible. Apprendre à toujours trouver une solution. Focaliser ton esprit sur le brief jusqu'à ce que tu aies trouvé l'idée. Le génie, c'est savoir s'obséder.

Donc là, quand l'avion décolle de Hong-Kong, je sais que je vais inventer quelque chose avant Paris. Voilà. Je rêvasse dix minutes, l'avion monte, je m'aperçois que je pense « chaîne de télé, faire une chaîne de télé... » C'est ça, voilà l'idée. Dans un magazine d'une heure, je vais diffuser une chaîne entière avec des infos, des jeux, des fictions, des reportages, des interviews... Un concentré de télévision. Une chaîne en une heure. Ma chaîne à moi. Et puis, pour animer tout ça, les vacances m'ont pas fait changer d'avis, je veux pas m'y coller, je me dis qu'une bande, ça ferait l'affaire.

Je pense d'abord à un journaliste que je croise très souvent dans les boîtes, aux *Bains* ou ailleurs, c'est Yves Mourousi. Il s'est fait larguer du 13 heures de TF1. Il n'a plus de boulot. C'est l'occasion de lui en donner. Je pense aussi à des jeunes mecs, comme Yvan Le Bolloch', c'est d'ailleurs dans cette émission qu'il va rencontrer Bruno Solo. J'imagine Françoise Hardy pour une séquence « Astrologie ». Je mets tout ça bout à bout sur une feuille de papier à dix mille mètres d'altitude, entre trois continents. Je délire sur un décor qui tiendrait de Versailles pour les lustres géants en cristal et de *2001 : l'Odyssée de l'espace* pour le sol luminescent. Je rêve de sièges Louis XV tapissés de peau de zèbre, et finalement je me dis que ça pourrait s'appeler *Télé Zèbre*. C'est aussi con que ça.

À l'arrivée, on rajoutera Philippe Manœuvre avec un détecteur de mensonge, une idée que je traîne depuis mon projet *Interview* pour *Les Enfants du Rock*, projet avorté à cause de Manœuvre, justement. Je veux que ce soit une émission hypertravaillée sur la forme. Chaque mini-émission a son mini-générique, son mini-décor. Graphiquement, c'est très réussi. Le fond, le contenu, je m'en fous un peu. Je veux produire un spectacle télévisuel hebdomadaire. Bref, je veux jouer au vidéaste.

Drôle de Zèbre !

« France 2, samedi 19 heures. Un zèbre traverse l'écran poursuivi par un petit marquis très agité du chandelier. Derrière lui, une ondulante demoiselle entortillée dans un paréo. Puis, un danseur africain en peau de panthère. Tandis que revoilà le zèbre. À moins que ce ne soit le petit marquis ? Ou son chandelier ? En musique. "Pas mal mon générique grand chic XVIIIe trempé dans l'art nègre, non ?" »

***Télérama*, 14 novembre 1990.**

Au bout d'à peine trois mois, juste avant Noël, le P-DG, Philippe Guilhaume, m'appelle. Sans trop de préambule, il m'annonce : « Monsieur Ardisson, je vais supprimer votre émission. Croyez-le bien, je n'ai rien contre votre *Télé Zèbre*, c'est très original, très créatif... » Je le coupe : « Très bien, alors pourquoi la supprimer ? » Il me fait : « Je vous dis que je n'ai rien contre cette émission, mais, franchement, vu que je supprime celle de Frédéric Mitterrand et celle de Claude Sérillon, je dois donc vous supprimer aussi. Voilà. » Je ne savais pas quoi répondre, tellement je trouvais ça con. Alors, j'ai dit : « Si je comprends bien, vous me supprimez par souci de symétrie, quoi. » Et il a confirmé, comme si je venais de trouver l'argument que lui-même n'avait pas su formuler : « Mais oui, voilà. Exactement. Disons-le, je vous supprime par symétrie. »

C'est ça aussi, Philippe, la télévision.

Dans ces cas-là, faut pas flancher. Sauver ce que tu peux et pas perdre le nord. S'ils veulent faire des conneries, qu'ils les fassent et qu'ils les assument jusqu'au bout. Je pense : « rupture de contrat », « préjudice », « dédit ». Je lui dis : « Vous savez qu'en arrêtant l'émission vous allez me devoir au moins six millions de francs d'indemnités ? » Ça n'a pas l'air de l'émouvoir. Il fait : « Oui ? Eh bien, je vous donnerai vos six millions. » Quelques jours plus tard, Jean-Michel Gaillard me fait venir dans son bureau. En ouvrant le parapheur devant lui, il me dit : « Je sais. Je sais... On vous doit six millions, les voici. » Et il me tend un chèque.

C'est là que, suprême ironie du sort, même pas quinze jours après avoir abattu mon *Télé Zèbre,* le P-DG, Philippe Guilhaume, se fait éjecter au milieu de son mandat, et Jean-Michel Gaillard avec lui. Je n'irai pas jusqu'à parler de justice immanente, mais bon, la nouvelle ne m'attriste pas. Un qui en a gros sur la patate, c'est Frédéric Mitterrand. Je ne sais pas si tu te souviens, mais c'est l'année où, à peine viré, on lui donne un 7 d'Or qu'il refuse et qu'il abandonne sur la scène, par terre, « là où est le Service Public ».

Tout le monde attend qu'il se passe quelque chose pour redresser la baraque, mais quoi ? Finalement, tout va très vite, le jour même où Philippe Guilhaume est viré, un nouveau P-DG est nommé : Hervé Bourges ! La télé, c'est *Tournez manège* !

Quand il revient, tout le monde le sait, le rêve de Bourges, c'est de reconstituer la *dream-team* de l'époque TF1, quand il avait avec lui Pascal Josèphe, Marie-France Brière, Catherine Barma... Mais ils sont tous partis sur La Cinq. Donc, en attendant, Bourges a nommé Jean-Pierre Dusséaux. Et il lui a dit tout de suite : « Écoutez, il y a deux personnes que je ne veux surtout pas voir partir de cette maison, c'est Ardisson et Mitterrand. » Dusséaux a dû dire un truc comme : « Mais c'est impossible, c'est trop tard. Ardisson, on vient de le virer. »

Bourges a dû lui répondre de se débrouiller.

C'est comme ça que je me retrouve à déjeuner avec Dusséaux, qui m'explique que le Service Public compte sur moi, que Bourges tient à me voir sur Antenne 2 à la rentrée prochaine, celle de l'automne 1991.

Un jour, je suis viré avec six millions, et le lendemain, on me donne six mois pour préparer une émission ! C'est la première fois que j'ai autant de temps et de fric devant moi pour simplement réfléchir, développer des idées, trouver des gens. C'est là que je vais commencer à gamberger sur le projet qui deviendra *Double Jeu*... (Double Jeu, *c'est là qu'on commencera à te voir avec Laurent Baffie. Baffie, tu le connaissais depuis longtemps ?*) Pas du tout. Je n'avais jamais entendu parler de ce mec et un jour, il me téléphone : « Voilà, je m'appelle Baffie. J'anime une émission qui s'appelle *C'est quoi ce bordel* sur Fun Radio, j'aimerais que vous veniez y participer. » Je lui réponds : « Ouais, c'est ça... Mais, dommage, là, j'ai pas trop le temps. » Baffie me fait : « Ah non. On ne dit pas : "J'ai pas trop le temps", on dit : "J'ai pas trop le temps, connard." Faut rajouter connard. » Et là, j'éclate de rire, je lui dis : « Ben d'accord, je vais la faire ton émission », et j'y suis allé.

Mais le pire, c'est que ce con, il avait comploté avec ma femme, Béatrice, qui était enceinte de ma deuxième fille. Il avait monté un coup avec elle, qui m'appelle, en direct pendant l'émission : « Écoute, Thierry, y a une chose que je ne t'ai pas dite, mais je profite de l'occasion, voilà : j'attends des jumeaux. » Là, Philippe, je me mets à flipper grave ! Je le crois. Putain, des jumeaux ! Manquait plus que ça ! La cata ! Jusqu'à ce que je réalise l'énormité du truc. Je venais de me faire avoir comme un bleu. Bon. En sortant de là, je dis à Baffie : « Faut qu'on se revoie, tu me fais marrer... Je prépare une émission pour la rentrée... Tu pourrais essayer d'écrire des bonjours, des lancements ou des sketches pour moi. »

Deux semaines plus tard, il vient me voir avec une cassette vidéo. Il me dit juste : « Regarde, et si ça te va, si ça te plaît, c'est d'accord, je te ferai des trucs comme ça, plus des conneries pour ton émission. »

Il avait tourné des séquences où il interviewait, dans la rue, des gens qui portaient des blousons ou des vestes en Skaï. Il les arrêtait et il leur disait, très sérieux : « Ce que vous portez là, c'est bien du Skaï ? » Le mec : « Oui, oui », et Baffie : « Est-ce que vous vous rendez compte de la douleur de la maman Skaï quand on égorge ses enfants sur la banquise pour fabriquer ce que vous portez ? » Il culpabilise les gens à mort. Ils ne savent plus où ils en sont : « Euh, ben... Ah non, c'est vrai ça, on pense jamais au Skaï, et au petit Skaï aussi... » Et Baffie embrouille tout le monde sur le « Papa-Skaï », la « Maman-Skaï », le « Bébé-Skaï »... Je vois ça, je suis mort de rire, et je me dis : « C'est un génie, ce mec. On va bosser ensemble. »

Double Jeu, c'est donc des micros-trottoirs et des caméras cachées de Baffie consacrées à des invités que j'interviewe, et qui réagissent sur des sujets façon journal télévisé, vrais ou faux, « info » ou « intox », tout ça dans le décor Grand Siècle revisité Années Cinquante du hall des Folies-Bergère, devant un public dont les plus jolies filles sont habillées en marquises. Jamais un talk-show n'a été spectacularisé à ce point.

En plus de ses « Baffie Show » et ses « Costards de Stars », Baffie est également en plateau, dans le rôle du cameraman-vanneur où il invente le métier de *télé-sniper*. La première, je m'en souviens, j'avais demandé à Gérard Jugnot quelle était sa plus grosses perte. « Ses cheveux », avait lancé Baffie en une demi-seconde. Fulgurant.

Laurent Baffie

T. A. : ***Est-ce que tu as un surnom ?***

L. B. : À une époque, on m'a beaucoup appelé « Connard », mais je ne suis pas sûr que c'était un surnom.

David Bowie

T. A. : ***Tu aurais pu finir tes jours en superstar comme Sinatra, à Las Vegas ? Pourquoi as-tu choisi de retourner dans l'underground avec Tin Machine ?***

D. B. : En fait, je voulais être présentateur télé, mais je n'étais pas au niveau.

Robert Charlebois

T. A. : ***Tu as du sang indien ?***

R. C. : Quatre-vingt-dix-huit pour cent des Québécois ont

du sang indien dans les veines, et ceux qui n'en ont pas dans les veines en ont sur les mains.

Darry Cowl

T. A. : *Tu n'as jamais pensé à être harder ?*

D. C. : Non, je suis trop frileux.

Jacques Dutronc

T. A. : *La plus grande joie de ta carrière ?*

J. D. : C'est lorsque j'ai eu un gala annulé, et que je suis rentré à huit heures chez moi pour lire *Les Pieds-Nickelés.*

T. A. : *Et la plus grande déception ?*

J. D. : C'est d'essayer de se masturber avec *Les Pieds-Nickelés*, on n'y arrive pas !

Hervé Vilard

T. A. : *Quelle est l'insulte qui t'a fait le plus mal ?*

H. V. : « Tapette. »

Pierre Palmade

T. A. : *Tu ne te souviens pas de ta première cuite ?*

P. P. : Non, j'étais bourré.

Patrick Timsit

T. A. : *Tu fumes du haschich ?*

P. T. : Non, la drogue, c'est une catastrophe, on n'en trouve plus.

Françoise Hardy

T. A. : *Est-ce que tu as déjà pensé au suicide ?*

F. H. : J'ai l'impression que ma vie est un lent suicide.

Philippe Corti

T. A. : *Qu'est-ce qu'on écoute, Corti ?*

P.C. : Euh... Ben...

T. A. : *Je vais te virer, Corti !*

P. C. : Toi, un chrétien, tu me lourdes ? ! ?

Un jour, Marie-France Brière, qui a requitté La Cinq pour revenir sur Antenne 2, m'appelle : « On a un projet d'une émission spéciale sur la chanson depuis l'apparition des 45-tours, est-ce que ça t'intéresserait de la produire... » C'est oui, évidemment. C'est un truc pour moi, puisque j'ai déjà participé à la version écrite. Je t'explique : *Le Nouvel Obs* venait de sortir un « Hors-série », « *40 ans de 45-tours* » avec un casting d'enfer : Lescure, Manœuvre, Parringaux, de Caunes, Blanc-Francard, Jouffa, Labro... et moi. On avait tous fait des articles sur notre palmarès des meilleurs 45-tours. Là, Brière me dit : « On voudrait faire animer l'émission par un jeune : Jean-Luc Delarue. » Je vais donc, moi, produire ce Delarue qui à l'époque est un type qui fait son chemin, sans plus. Il a travaillé sur la chaîne musicale mort-née TV6. Il présente un truc qui marche bien paraît-il sur Canal, *La Grande Famille*. Je ne le connais pas plus que ça. Je sais juste qu'il a tapé depuis longtemps dans l'œil de Brière et qu'elle a du flair. Je sais aussi que Bourges lui a fait des propositions sur Antenne 2 et qu'il les a refusées. Je ne comprends d'ailleurs pas comment on peut refuser d'aller sur La Deux. Je me dis : « Faut être con. »

Grosse erreur.

Un beau matin, pour une réunion de travail, débarque donc ce Delarue. Je ne suis pas près d'oublier ce moment. Quand je l'ai vu pour la première fois, j'ai compris que la télévision, c'est un métier. Jusque-là, je faisais ça en dandy provocateur. Je prenais ça comme un passe-temps qui permet de gagner du pognon et d'être toujours sûr de trouver une place au resto.

Là, j'ai soudain compris que j'avais tout faux. Le mec que j'ai en face de moi, il a dix piges de moins que moi, et il ne raisonne pas du tout comme ça. C'est pas un amateur en goguette. Il n'est pas là pour déconner. Rigole pas. Pas une seconde. Il fait ce métier en industriel. Il a une attitude hyper-pro, genre directeur du marketing chez Gervais-Danone. Il est accompagné d'une nuée de collaborateurs qu'il nous présente comme le ferait le patron d'une multinationale : Machin, assistant nº 1, Truc, assistant nº 2, Bidule, assistant nº 3... Autour de lui, c'est un dispositif sans faille. Chacun sait ce qu'il a à faire. Ce mec a tout prévu.

Va pas falloir s'endormir.

VI

Tous les samedis soir, dans le générique de *Double Jeu*, costumé en chanteur d'opérette, je descends le grand escalier des Folies-Bergère avec deux douzaines de girls. L'image raconte l'humeur.

Double Jeu est un succès. Bourges est content. La presse est bonne. Tout va bien pour moi, sauf l'une des rares tentatives de censure que j'ai connues dans ma carrière... (*Qu'est-ce que tu appelles « censure », en l'occurrence ? On t'a empêché de diffuser une séquence sexy ou quoi ?*) Tu plaisantes, Philippe, moi, je te parle sérieusement ! Des séquences hot, j'ai jamais eu de problèmes pour en passer... Non, là, je te parle de l'affaire « PPDA-Castro », ça te dit quelque chose ? Bon, tu y es ? L'histoire de l'interview truquée, ce n'est pas moi qui la trouve, mais c'est moi qui la sors. J'ai un jour la visite d'un journaliste free-lance, Pierre Carles. Il me dit à peu près : « Voilà, j'ai un gros truc pour toi. Tu fais une émission où tu parles d'info et d'intox, eh bien j'ai la preuve qu'une interview de Fidel Castro par Patrick Poivre d'Arvor a été bidonnée... Est-ce que ça t'intéresse pour *Double Jeu* ? »

Poivre est un pote. Depuis qu'on a fait *À la folie, pas du tout* ensemble sur la Une, il est devenu le présentateur-vedette du 20 heures de TF1. Mais je fais une émission sur la manipulation des médias et, apparemment, cela en serait une.

Je demande à voir. On se met à bosser. On achète des documents vidéo inédits, en Hollande et ailleurs. On essaie de reconstituer la conférence de presse de Castro comme elle s'est vraiment déroulée. On établit qu'il y a bien eu intox afin de faire croire à une interview inédite, alors qu'il s'agit d'un montage de réponses à des questions posées ultérieurement. Carles fait un boulot de dingue, mais probant. Il réalise finalement un sujet qui montre clairement que Poivre n'a pas pu interviewer Castro comme il le prétend. C'est gros. Très gros.

On décide de diffuser le magnéto dans le prochain *Double Jeu* qu'on tourne, cette semaine-là, avec Patrick Sébastien, alors l'une des plus grosses stars de TF1. Pendant l'enregistrement de l'émission, Sébastien voit évidemment ce qu'on va diffuser sur Poivre... En sortant de là, il l'appelle : « J'étais sur le plateau d'Ardisson, ils ont un truc sur toi samedi, comme quoi tu n'aurais pas vraiment interviewé Fidel Castro... »

Ni une ni deux, j'ai un coup de fil de Poivre qui me dit : « Thierry, qu'est-ce que c'est que cette histoire ? » Je lui confirme ce qu'il en est. Il me fait : « Mais attends, Thierry, tu ne peux pas faire une chose pareille. On est copains... » « Bien sûr qu'on est copains, Patrick, mais ne mélange pas tout. Si je tue ma femme, bien qu'on soit copains, tu vas quand même ouvrir ton journal de 20 heures en disant : "L'animateur Thierry Ardisson a assassiné son épouse..." Eh ben là, c'est pareil. C'est une info. Enfin, plutôt une intox. Et comme mon émission parle de manipulation des médias, je vais diffuser l'enquête de Pierre Carles. » On raccroche.

Évidemment, Poivre appelle aussitôt le P-DG de la Chaîne, Hervé Bourges, qui appelle Dusséaux, qui m'appelle pour me dire que Bourges pense qu'on « ne peut pas faire ça à Poivre pour des raisons confraternelles » et qu'il ne faut pas diffuser cette séquence. À la télévision, ce genre de pressions est monnaie courante. Moi, je les refuse. Je déteste cette connivence. Je cherche la parade et je trouve un truc pas mal. Je dis : « Ok, d'accord. Je ne diffuse pas, mais vous m'autorisez à mettre dans l'émission, à la place du sujet "PPDA-Castro", un carton indiquant que le magnéto qui devait être diffusé à cet endroit ne le sera pas pour des raisons "confraternelles". »

Il n'ose pas dire non. Et donc, l'émission passe avec cet avertissement. Le lendemain, tout Paris m'appelle pour en savoir plus. Moi, j'ai prévu le coup. J'ai fait préparer une dizaine de cassettes avec le sujet interdit, prêtes à partir dans toutes les rédactions. Les journalistes visionnent. L'affaire est une traînée de poudre qui remonte partout, dans les journaux, les radios, et jusqu'à l'Élysée.

À l'époque, Mitterrand et ses hommes ont PPDA dans le collimateur. La guerre du Golfe a encore envenimé les relations entre l'Élysée, Poivre et TF1. Du coup, ils vont faire savoir à Bourges que c'est une connerie de ne pas diffuser cette enquête : « Attendez, Hervé, on vous a pas mis à la présidence du Service Public pour protéger Poivre d'Arvor et TF1. »

Deux jours plus tard, Bourges m'appelle : « Dites-moi, Thierry, vous l'avez toujours, votre sujet ? » Moi : « Bien sûr, Président, plus que jamais ! » Lui : « Bon, alors diffusez-le samedi, c'est un malentendu... »

J'avais gagné.

Je ne savais pas encore que j'allais faire un journal dont le slogan serait : « Toutes les vérités sont bonnes à dire ».

VII

Un soir, un mec me téléphone. Il se présente : « Je m'appelle Gérard Ponson... » Je n'ai jamais entendu parler de lui. Je demande ce qu'il veut. Il me dit : « Voilà, j'ai un projet de magazine, et j'aimerais que vous en soyez la figure de proue. » Comme ça. « Figure de proue. » Drôle d'expression. Le mec a l'air sûr de lui. Je lui réponds : « Écoutez, venez me voir pour en parler si vous voulez, mais autant que vous le sachiez : le jour où je serai la figure de proue d'un journal, ce sera *mon* journal. »

On se voit au bistrot, en face de chez moi, rue du Faubourg-Saint-Honoré. C'est l'époque où je voulais le racheter et l'appeler : « En face de chez moi ». Le Gérard Ponson est un type d'une trentaine d'années, intelligent et convaincant. Il me dit : « J'aimerais que vous soyez à la tête de ce journal. Moi, j'en serai l'éditeur. » Tout en parlant, il me sort sa maquette, et je vois le titre : *Stupéfiant*. Je l'arrête aussitôt : « Attendez, un canard dirigé par Ardisson qui s'appelle *Stupéfiant*, c'est peut-être pas la meilleure idée de l'année... »

On discute un bon moment. J'apprends qu'il a déjà vu pas mal de gens. Dont Antoine de Caunes, qui n'a pas donné suite. C'est toujours un peu vexant de n'être pas le premier choix. Je ne suis pas convaincu par son projet, mais le mec est vif, rusé, habile, énergique. Bref, ce Ponson me plaît bien. Et je lui dis : « Écoutez... non. Je le sens pas, votre *Stupéfiant*. Par contre, j'ai une idée depuis longtemps derrière la tête, c'est de faire un journal qui s'appelle *Interview*, où il n'y aurait que des interviews, si ça vous amuse, on le fait ensemble. » Il est déçu. Il me dit : « Non, non, tant pis. » Et on se quitte.

Le lendemain, Ponson me rappelle : « J'ai réfléchi, est-ce qu'on peut se revoir ? »

Lors de notre deuxième rencontre, je comprends que ce qui me plaît le plus chez lui, c'est que, contrairement à tous les gens de son âge, son rêve n'est pas de faire de la télévision, mais de la presse écrite. Il ne dit pas : « Je vais commencer par de la presse, mais un jour je serai à la télé. » Il dit que seule la presse le passionne. Le reste, il s'en fout.

Je décide de mettre un million de francs sur la fabrication d'un numéro zéro d'*Interview*. Il faut savoir investir ne serait-ce que pour montrer à tes partenaires potentiels que si t'as mis un million, c'est que tu y crois et que, eux, ils peuvent en mettre vingt fois plus. C'est une règle : un projet où tu n'es pas prêt à mettre ton propre pognon, c'est un projet auquel tu ne crois pas. Et il n'y a aucune raison pour que les mecs que tu iras taper y croient davantage.

Quand on a terminé le numéro zéro d'*Interview*, on entreprend la tournée des investisseurs éventuels. Ponson me dit : « J'ai des amis banquiers, allons les rencontrer... » On voit des tas de gens. On bouffe avec eux. On discute. À chaque fois, au bout d'une heure, il y a toujours un connard pour me faire chier en disant : « Mais, là, le titre, vous l'écrivez en noir sur jaune... Est-ce qu'il ne vaudrait pas mieux du blanc sur du rouge ? » Tu vois le genre d'emmerdeurs ! Je finis par dire : « Attendez, vous êtes gentils, mais moi je vous demande pas comment vous tracez les colonnes de vos comptes d'exploitation. Et je m'en fous. Nous, on veut faire un journal. S'il ne vous plaît pas, on le fait pas ensemble. Mais n'essayez pas de me dire comment je dois le faire... »

C'est là que j'appelle Daniel Filipacchi que j'ai pas revu depuis *L'Ebdo des Savanes*, qui me dit juste : « Viens. »

La chemise à rayures avec la cravate dans le même tissu, la voix qui traîne un peu, le sourire de latin lover. Il n'a pas changé. On est dans son bureau. Sur les Champs. Avec des juke-boxes vintage, des sculptures pop, des toiles hyperréalistes et un objet cultissime absolu : un sous-verre, une enveloppe un peu jaunie où il y a juste écrit « Daniel. Paris », avec un timbre. La vraie célébrité, Philippe, c'est celle-là ! Juste ton prénom sur une enveloppe qui arrive où elle doit arriver ! C'est-à-dire, à l'époque de *Salut les Copains*, chez Europe N° 1.

Je lui explique *Interview* en trois minutes. Il écoute distraitement. On a déjà dû le faire chier avec dix mille projets dans sa vie, alors tu penses, un de plus, un de moins... Mon topo sur le canard, il s'en fout un peu. Ce qui l'intéresse, c'est le concret. Il me dit : « Bon, fais voir. » Je lui montre le zéro. Il le feuillette. Silencieux. Il lève la tête. Me regarde, et prononce deux mots : « C'est d'accord. » Le reste ne prend pas dix secondes. Je lui fais : « On dit 50/50 ? » Il me répond : « Non. 60/40. » Je dis « D'accord. » Il sourit et ajoute : « Bien, demain à midi, tu auras un coup de fil de Gérald. Salut. »

C'est réglé. On va pouvoir le faire, ce journal. Le lendemain, à midi, mon téléphone sonne. C'est Gérald de Roquemaurel, le directeur général du groupe : « Daniel m'a demandé de vous appeler. Votre idée a l'air de lui plaire. Dites-moi de quoi et de combien vous avez besoin pour préparer ce magazine. » Tu comprends d'où vient ma fascination pour Filipacchi : des mecs comme ça sont rarissimes.

On se met donc à bosser sur le numéro un d'*Interview* au printemps 92, quand se termine la première saison de *Double Jeu*. Daniel me propose d'installer le journal dans ses bureaux, aux Champs-Élysées. Mais je garde un trop mauvais souvenir de Roger Thérond, qui est toujours là. Lui, quand il voit le projet *Interview*, il décrète en réunion : « *Interview* ? C'est un magazine qui ne réussira jamais ! Ce qui marche, on le sait bien, ce sont des titres spécialisés comme : *Ski Magazine*, *Surf Magazine*, *Photo*

Magazine. Mais un généraliste, non, aucune chance ! » C'est effectivement ce que Daniel faisait depuis trente ans, mais cette fois-là, pour réussir, il fallait faire le contraire, *dear*.

Finalement, on prend des bureaux à nous, pas trop loin de chez moi, rue de Miromesnil, et je recrute une équipe de mecs solides qui sont passés par *Libé, Actuel, Rock&Folk* ou *L'Écho des Savanes*. Le concept, c'est que tous les sujets seront traités à travers des gens, sous forme d'interviews. La devise, c'est que « toutes les vérités sont bonnes à dire ».

« Radio Vérité, la station qui sait tout, et qui dit tout ce qu'elle sait. »

T. A., *La Bilbe*, Paris, Seuil, 1975.

Premier numéro : 220 000 exemplaires vendus, ce qui n'est pas mal du tout pour un mensuel qui démarre. Tout content, j'annonce le chiffre à Filipacchi qui me regarde, consterné : « Ah ouais... 220 000... Eh ben, c'est pas la ruée, dis donc. » Avec lui, si tu n'es pas dans le million d'exemplaires de *Salut les Copains*, c'est un échec. Je lui fais : « Attends, Daniel, 220 000 exemplaires, c'est pas rien. C'est génial, même ! » Il est impassible : « Ouais, ouais... mais tu vas voir, tu vas redescendre, au deuxième numéro, puis au troisième... » Vachement encourageant. Mais vrai. On est passé à 180 000, puis 160 000... Là, je commence à voir tout en noir. Je pense que j'ai perdu la baraka. Et que je vais perdre beaucoup d'argent, puisque je suis actionnaire à 40 %. L'idée du magazine est bonne, mais y a un truc qui déconne et je sais pas quoi...

Jusqu'au jour où je réalise qu'un magazine qui s'adresse plutôt aux jeunes, c'est une connerie de le faire avec des gens de mon âge. Il faut du neuf, du sang frais, des mecs qui en veulent comme j'en voulais à vingt ans. On change la rédaction. Et puis, il faut parler aux jeunes de ce qui les intéresse, de leur culture à eux, leur univers. On recentre le journal sur le monde montré par la télévision. Et ça marche.

Interview est un succès. Mais le triomphe, ce sera *Entrevue*.

Été 1992. Je pars en vacances dans le Midi en voiture, une grosse Peugeot. Le chauffeur aussi est énorme. Comme mon portable. Un peu après Avignon, on est arrêté dans une station-service, le téléphone. C'est Filipacchi. « Dis-moi, le titre *Interview*, il est bien à toi ? » Moi : « Oui, pourquoi ? Je l'ai déposé il y a dix ans pour la France... » Daniel continue : « Non, je sais pas, j'ai eu un mec, un nommé Peter Brandt qui a racheté le journal aux héritiers de Warhol et qui l'a offert à son épouse en cadeau de rupture quand elle est partie vivre avec une femme. Il dit que c'est à lui. » Je la ramène pas, je tente : « Et alors ? » Filipacchi, sur le ton de l'évidence : « Et alors, je l'ai envoyé chier, mais je voulais savoir... »

Le problème, c'est que c'est nous que le tribunal enverra chier à la sortie. Faut dire qu'en 81 je travaillais pour *Interview* USA et que j'avais déposé le titre *Interview* en France sans même modifier le logo. Faute.

Il faut donc changer. Je propose *Entrevue*. Daniel dit qu'on va se planter. Il parle de vendre ses parts. Je lui propose de les lui racheter. Il reste.

Interview devient *Interdit*, puis *Entrevue*, sans que nous perdions une vente !

Chers amis,

par décision de justice du 22 juin 1993, il a été interdit à la Société de Conception de Presse de continuer à diffuser *Interview* sous son nom initial. Après deux numéros sous l'appellation *Interdit*, nous avons choisi, Daniel Filipacchi et moi-même, de nous appeler *Entrevue*. Le prochain numéro d'*Entrevue* sort le 28 septembre. Pour réussir ce changement de titre, nous avons acheté une grosse campagne de pub, mais nous savons que c'est par vous que passera le succès de cette opération. D'avance, Daniel Filipacchi et moi-même vous remercions de votre aide.

Campagne de pub / Affichage 3 000 000 F
Radio 1 500 000 F
Promotion points de vente 500 000 F
Total : 5 000 000 F

(Communiqué aux distributeurs).

Faut dire qu'on fait de la pub. Et de la promo. Je paie de ma personne. J'ai gardé de BBDO et l'ouverture des Prisunic une grande capacité à aller sur le terrain. Ensuite, les années Business m'ont familiarisé avec le monde de la vente. Donc, je sillonne la France pour rencontrer les kiosquiers, faire des photo-souvenirs avec eux, et leur demander de bien mettre *Entrevue* en pile devant la caisse. À côté du *Match* de Roger.

Entrevue devient rapidement une grosse machine à fric, mais aussi de moins en moins mon journal. Je laisse publier des papiers insensés dans le canard. C'est mon côté provo. C'est mon inconscience aussi. L'envie d'aller toujours plus loin dans le trash. On parle de plus en plus de cul, de fric, de dope... On atteint bientôt les 250 000 exemplaires. Le seul problème que je ne vois pas venir, c'est que le magazine est rempli de bombes à retardement.

Je suis en train de me fabriquer des ennemis pour la vie.

À la rentrée de septembre, on recommence *Double Jeu*. Je suis dans une période rien à foutre de rien et là, avec Baffie, on pète les plombs. On commence à dérailler grave. Par exemple, au début de chaque émission, il y a systématiquement un petit sketch bien destroy. Un jour, on en fait un où je suis sur le plateau, le téléphone sonne. Je prends l'appareil et je fais semblant d'être en conversation avec le patron de France Télévisions, Hervé Bourges. Je fais comme s'il était en train, à l'autre bout du fil, de me reprocher de trop parler sexe dans l'émission. Et ça donne un monologue genre : « Mais oui, bien sûr Hervé, il faut arrêter de dire "cul". Alors, je ne vais plus dire "cul", ou moins qu'avant, parce qu'on peut quand même toujours dire un peu "cul" à l'antenne, non, Hervé ? Juste un petit "cul"... » Et d'un coup, le ton énervé : « Ouais. D'accord, Hervé, mais si tu vas par là, ça fait bien quinze jours que tu m'as pas touché ! » Comme tu t'en doutes, au bout de deux, trois conneries du même genre, le CSA fait savoir à Bourges que les limites sont dépassées, et qu'il est temps de virer du Service Public ce grossier personnage qui s'appelle Ardisson.

Pour te dire l'effondrement de ma cote personnelle, même Daisy de Galard, membre du CSA, amie personnelle et marraine d'une de mes filles, encourage les plus remontés des membres de la haute instance. Je sens que c'est cuit.

Pour l'annonce officielle de l'arrêt de *Double Jeu*, Baffie et moi sommes convoqués chez le Président. On débarque, un matin de bonne heure, dans son bureau. On s'assoit. Et là, Bourges réprime mal un petit rot. Baffie : « Ah ! Vous avez fait un rototo, Président. » Je suis effondré. C'est la fin. Non seulement l'émission est supprimée, mais il n'y en aura plus jamais d'autre ! Baffie vient de ruiner ma carrière et, accessoirement, la sienne. Il est trop con. Je vais dire un truc, je sais pas quoi, quand le président Bourges éclate de rire. « Un rototo ! Ah ! Ah ! Ah ! Oui, c'est ça : un rototo ! Sacré Baffie ! »

Pour la dernière de *Double Jeu*, on est là, toute l'équipe, sur le plateau, à brailler des chants d'adieu tahitiens avec nos plus belles marquises, pendant que des laquais en livrée vont et viennent pour emporter fauteuils et tables basses. Et ça se finit avec Baffie et moi, seuls, assis par terre, au milieu du grand hall des Folies-Bergère. L'émission fait un gros carton.

Le lendemain, Pascal Josèphe (qui, après La Cinq de Lagardère, est revenu auprès de Bourges) me dit : « Maintenant, Thierry, il faut que tu nous refasses vite une émission. » Moi : « Pour septembre ? » Lui : « Non, pas pour la rentrée prochaine, non, tout de suite, là, dans un mois. » Moi : « Non, c'est trop court, j'ai pas le temps. » Pascal s'en fout : « Thierry, tu te démerdes. » Ce sera *Ardimat*. L'idée m'est venue, un soir, en dînant avec Béatrice : une émission dont l'animateur fait absolument tout pour faire de l'audience. Normal. Mais lui, si l'audimat baisse, il est viré et on tue Zap, son chien. Une mise en abîme de la télé très hard.

En fait, si *Double Jeu* était un programme à risques, *Ardimat* sera carrément une émission suicide, un show kamikaze. C'est quand même le programme où j'interviewe un âne avec des cuissardes comme s'il était Francis Lalanne, une pintade avec un collier comme si elle était Sophie Favier, ou une gourde comme si elle était Claire Chazal. Quand j'ai envie de pisser, j'y vais. Le public me fait une haie d'honneur en sifflant *Le Pont de la rivière Kwaï*. La caméra me suit jusqu'à l'urinoir, attend que j'aie fini de pisser, de m'égoutter, et remonte avec moi. C'est dans *Ardimat* qu'on organise des « Concours de potiches » avec épreuve de « Tournage de roue ». C'est dans *Ardimat* que je pars, avec mon commando de cadreurs dans un espace, servir la soupe, dans une vraie soupière, à des artistes qui sortent de scène. Un jour où la baisse de l'audimat va m'obliger à abattre Zap, je découvre que c'est Corti déguisé en chien, prêt à tout pour participer à l'émission. C'est n'importe quoi.

Quand on préparait *Ardimat*, on se retrouvait chez moi avec Frédéric Beigbeder et François Rollin. Eux, allongés par terre, buvaient de la vodka. Moi, je fumais pétard sur pétard. Soudain, Rollin avait une idée à la con genre : « Alors, voilà Thierry, on dit que toi, t'es en retard pour venir sur le plateau et donc tu lances l'émission depuis une cabine téléphonique des Champs-Élysées. Moi, je fais attendre les téléspectateurs en leur chantant *Une souris verte*. T'es d'accord ? » On l'a fait. On a tout fait.

(Thierry, maintenant, en face de moi, fredonne dans la cuisine du 93. On devrait vendre une compil' des meilleurs moments de sa vie racontés par Thierry, avec, en bonus, Une souris verte *a cappella*).

On en viendra même à diffuser des extraits de films porno à l'envers : « Pour faire de l'audience en évitant les blâmes du CSA. » On passe une interview de Jacques Derrida entrecoupée d'images subliminales d'une énorme bite, après quoi le Professeur Rollin s'étonne de voir la culture faire de l'audience, pour une fois ! Laure Adler appelle tout Paris : « Mais comment peut-on laisser ce mec sur une chaîne de Service Public... ? » Je suis lancé dans un processus d'autodestruction radicale. Je ne fais plus attention à rien. J'emmerde la terre entière.

Finalement, je suis viré, pour de bon cette fois. Je dégage de l'antenne et là, Pascal Josèphe ne me demande pas de préparer une autre émission pour le mois suivant.

VIII

Frou-Frou commence un jour de printemps 92, au bar du Bristol. On m'apporte le téléphone. C'est Pascal Josèphe : « Thierry, comment tu es avec Christine Bravo ? » On n'est pas intime, mais on n'est pas fâché, si c'est la question. J'ai même fait dernièrement une apparition dans *Merci et encore Bravo*. On se voit parfois dans les boîtes des Halles, surtout au Distrito, où Corti fait la féria tous les mardis avec les Lacroix et Roda-Gil. Je l'ai connue quand elle était journaliste au *Matin de Paris* et que je proposais des articles clef en main pour le supplément hebdomadaire dont s'occupait Chabalier.

Josèphe continue : « Donc, t'as rien contre Christine... » Ben non, pourquoi ? Et là, il explique : « Écoute, pour la rentrée, Christine a un concept d'émission qui s'appelle *Interdit aux hommes*. C'est une très bonne idée, un truc nouveau... Mais le producteur pressenti ne veut plus le faire parce que le budget n'est que de quatre cent mille francs... »

Je le coupe : « Je prends. »

Je dis ça, « je prends », sans même savoir ce qu'il faudra faire pour quatre cent mille balles de budget. Mais ce qui me plaît, c'est de jouer. J'aime quand la vie ressemble au Monopoly. Les jeux de société, les casinos, le loto me font carrément chier. Je joue dans l'existence. Je prends des paris sur des affaires et des talents, un nouveau journal, une nouvelle émission. (D'ailleurs, l'année d'après, le budget sera pratiquement doublé.) Là-dessus, je rencontre Christine. Elle me raconte son projet. Une émission pour les nanas avec des gonzesses. Ça me va très bien. Mais je lui demande quand même : « T'aurais pas un autre titre, quelque chose de moins autoritaire que *Interdit aux hommes* ? » Elle me dit : « J'en ai un, mais personne n'en veut : c'est *Frou-Frou.* » Je bondis : « Mais t'es cinglée d'y renoncer ! *Frou-Frou* ! Mais c'est absolument génial ça, *Frou-Frou* ! Oublie ton *Interdit aux hommes*, c'est *Frou-Frou* qu'on va faire. »

À partir de là, on se voit beaucoup avec Christine. Elle se déplace à vélo. Elle vient en pédalant, place Saint-Sulpice, là où on va tourner l'émission. Sur une reprise de *Frou-Frou* en reggae, ça fera un excellent générique. Christine est charmante. Elle est enceinte. Je ne sais pas si ce sont les hormones de grossesse qui la rendent particulièrement agréable, mais elle est vraiment facile. Dès la première de l'émission, sans attendre l'audience, on sait que ce sera un succès.

Ma première bonne idée de producteur sur ce magazine, c'est d'avoir fait appel à Jérôme Revon pour la réalisation. À l'époque, Revon n'est pas encore la star de la télé qu'il est devenu. Les gens de France 2 me disent : « Mais tu ne vas quand même pas prendre un mec qui fait le football sur Canal. » Justement, si. Dans un talk-show, il faut que la parole circule comme un ballon sur le terrain. Donc, ce sera Revon.

Comme je suis au chômage pour cause de cessation d'activité sur *Double Jeu*, puis sur *Ardimat*, j'ai le temps qu'il faut pour m'occuper de Christine et de *Frou-Frou*. Je m'amuse beaucoup avec cette équipe de nanas. Je suis à peu près le seul garçon avec vingt bonnes femmes autour de la table, qu'est-ce que tu veux de plus dans la vie ? L'ambiance a un côté *Charlie's Angels* qui me plaît bien. Quand j'entre dans une salle où elles sont en train de discuter pour savoir s'il faut faire un sujet sur l'épisiotomie, et qu'elles comprennent que je ne sais pas ce que c'est, elles se foutent de ma gueule pendant un quart d'heure. *Frou-Frou*, c'est un moment de joie.

Bon, ça dure comme ça quelque temps, et puis, après l'accouchement de Christine, le climat commence à sérieusement se gâter. Ne me demande pas ce qui est arrivé, je n'en sais rien. Ce que je vois, c'est que de semaine en semaine les filles commencent à se castagner de plus en plus fort. Christine se met à détester Tina Kieffer. Il faut dire qu'on lui dit toujours : « Euh, Christine, comment elle s'appelle, déjà, la fille... Euh, tu sais, la brune, là... Mais si, celle qui est très jolie, j'ai son nom sur le bout de la langue... » Donc, Christine prend sévèrement Tina en grippe. Puis, toutes les chroniqueuses. Christine les flingue les unes après les autres. Ça devient une version télé des *Dix Petits Nègres*. La production de *Frou-Frou* se transforme en champ de bataille, avec des stratégies féminines qui m'échappent complètement.

Bien évidemment, si j'avais deviné que ça tournerait comme ça, je me serais pas lancé dans l'édition d'un magazine mensuel papier.

Quand j'ai eu l'idée d'adapter *Frou-Frou* en presse, j'en ai immédiatement parlé à Filipacchi, qui craignait que ça ressemble un peu trop à *Cosmopolitan*. Et puis Daniel n'était pas emballé par Christine, qui avait des exigences inacceptables. Elle s'était dit : « Ardisson + Filipacchi = mecs dangereux. Donc je leur fais pas confiance, donc je veux un *golden parachute*... » Elle voulait une énorme garantie au cas où elle serait écartée du journal. Filipacchi : « Dis donc, ta copine, elle est quand même bizarre... Tu sais qu'elle veut deux millions et demi de francs si on la vire. » À ce compte-là, Christine n'avait qu'à se faire lourder au bout d'une semaine. Et quand on connaît son caractère... On s'est disputé, je te raconte pas ! Après, elle est partie, et ça a été la haine pendant des années.

Finalement, le premier numéro de *Frou-Frou*, sans Christine, donc, est sorti en kiosque à l'été 94. On a dû en mettre près de 400 000 exemplaires en vente avec l'objectif d'en vendre 250 000. Là encore, pitch hyper-simple : « Le magazine qui teste tout : les stars, le style, le shopping, les services. » Les quatre

« S ». Pas un sujet qui ne fasse l'objet d'un essai par une fille de l'équipe.

L'idée était bonne, et d'ailleurs Laurent Ruquier en fait un succès à la télévision depuis des années, parfois en compagnie de Christine Bravo, avec *On a tout essayé* que je produis avec Catherine Barma. Mais, à l'époque, on ne teste pas impunément les crèmes rajeunissantes de L'Oréal. On a les annonceurs et les agences de pub contre nous. Et puis les ventes en kiosque tournent autour de 140 000 exemplaires. C'est trop pour arrêter. C'est pas assez pour continuer. La situation de merde.

Un lundi matin, en faisant le tour du parc, en Normandie, j'appellerai Filipacchi pour un geste très filipacchien : trancher le nœud gordien. Plus de *Frou-Frou* dans les kiosques. Hop !

« Chers amis, j'ai le regret de vous annoncer l'arrêt du magazine *Frou-Frou*. Malgré tous nos efforts, nous ne sommes pas arrivés à dépasser 140 000 ex. de diffusion totale. Bien sûr, ce chiffre nous plaçait dans le peloton de tête des mensuels féminins, mais l'absence de publicité due à la formule "Teste Tout" ne nous laissait pas espérer d'atteindre l'équilibre financier avant longtemps. C'est pourquoi nous avons décidé de recentrer nos efforts sur *Entrevue* qui triomphe en ventes et de continuer l'élaboration de notre projet *Télézap*. Je tiens personnellement à vous remercier du soutien que vous nous avez apporté sur *Frou-Frou* dont le demi-échec ne peut en aucun cas être attribué au réseau de distribution, bien au contraire. Amicalement. T. A.

PS : il serait dommage de perdre toutes les clientes de *Frou-Frou*. Quand, à la fin du mois, on vous demandera *Frou-Frou*, proposez *Vital* : c'est le plus proche et le meilleur. »

(Communiqué aux distributeurs).

IX

« Le 1er novembre 1954, Pondichéry s'apprêtait à vivre ce que, dans tous les territoires d'Outre-Mer, les uns après les autres, bon gré mal gré, les habitants nommeraient : "Le dernier jour de la France". (...) Dans la capitale, les journaux du jour et les suivants ne consacreraient que quelques lignes à l'abandon des Comptoirs : la France était encore sous le coup de sa défaite indochinoise au mois de mai précédent à Diên Biên Phu, et le jour même, le 1er novembre 54, commençait, avec la Toussaint Rouge, l'insurrection en Afrique du Nord. Alger allait remplacer Saigon dans la presse française. Mais Pondichéry ? Pondichéry n'existait pas, pas plus qu'un mirage oriental. Un rêve effacé par un réveil cruel. Un non-sens de l'Histoire. »

T. A., *Pondichéry*, Paris, Albin Michel, 1993.

À l'époque où nous habitions Arêches, en Savoie, je me rappelle avoir passé des heures allongé sur le tapis du salon, à feuilleter l'atlas mondial de ma mère, où de grandes taches roses symbolisaient l'Empire français en Afrique et en Asie. Mais ce que je préférais, c'étaient les Comptoirs français des Indes. Juste un trait, rose bien sûr, sous une litanie absolument poétique : Pondichéry, Mahé, Chandernagor, Karikal et Cochin.

Au début des Années Quatre-vingt, j'avais passé trois semaines avec Béatrice à Pondichéry : un des sommets du « double dépaysement », avec, un peu partout, des répliques du Petit-Trianon sous les palmiers... Sublime.

Et comme, depuis des années, je rêvais de faire *Le Charme discret des Colonies*, je décide donc de faire un livre, *Pondichéry*, chez Albin Michel.

Le héros, Raymond Dorgères, habite dans une cité, la Cité des Indes, à Sartrouville. C'est un ancien fonctionnaire colonial qui a vécu à Pondichéry, un rapatrié. Il habite au rez-de-chaussée d'un immeuble. Sur ses fenêtres, il a été obligé de mettre du grillage, parce que les mômes jettent des cailloux chez lui. Il a quitté son enclave pondichérienne pour une enclave sartrouvilloise. Puis, on apprend qu'il a été le premier à baisser le drapeau tricolore sur les Comptoirs français des Indes en 1954. C'était la première fois qu'on baissait la bannière nationale sur une possession française. Pour lui, c'était le signal de la fin de l'Empire.

« Dorgères est français et quand la France est partie, il est parti aussi. Il n'a pas voulu passer le reste de sa vie à jouer aux boules avec une poignée des quinze mille Pondichériens qui, entre 1954 et 1962, ont opté pour la nationalité française. Il n'a pas voulu finir sur la côte de Coromandel où des boas se faufilent dans les patios pour avaler des rats palmistes, où des squelettes de chélingues se dessèchent sur la plage, où tout se dessèche d'ailleurs, surtout les hommes... Je revois les fins d'après-midi pétanquistes des "soldats", comme on les appelle là-bas, pas forcément des militaires en retraite, souvent des anciens de l'administration coloniale, tous ceux qui touchent une solde de la France, en bons francs français. Là-bas, les "soldats" sont les rois, des rois fainéants qui boivent leur pension en attendant la prochaine, à l'Armand Wines, rue Barathy, ou à l'Ajantha, sur le front de mer. Dorgères aurait pu rester avec eux, mais il n'a pas voulu. Il n'a pas voulu de cette maison rue Suffren, au cœur de la Ville Blanche, sorte de quartier français d'une Nouvelle-Orléans au bord de l'océan Indien. Il n'a pas voulu partager le sort de ces citoyens auxquels Paris ne s'intéresse plus qu'au moment des élections, pour y chercher quelques milliers de

voix. Il n'a pas voulu voir les enfants de ces Pondichériens écartelés entre deux cultures, deux civilisations, incapables de poursuivre leurs études en France, trop cher, ni d'entrer dans l'administration indienne, trop français. Il n'a pas voulu attendre la mort entre ceux qui n'ont pas choisi la France mais s'expriment couramment dans notre langue et ceux qui sont citoyens français, mais ne parlent que le tamoul. Bref, il n'a pas voulu faire partie des "Franco-Indiens de Pondy", caste inférieure.

Th. A., *Pondichéry*, Albin Michel, 1993.

J'accumule des notes pendant des mois. J'ai aussi un documentaliste qui travaille pour moi et qui réunit une paperasse extrêmement volumineuse. (*Un documentaliste ou un « nègre », Thierry ? On entre peut-être dans une zone de turbulence, là. Mais non. Même pas. Il devine la remarque et enchaîne :*) Un documentaliste, Philippe, pas un « nègre ». J'avais un mec qui allait me chercher des documents à la Bibliothèque nationale. À part ça, j'écris moi-même. Sinon, ça m'aurait pris moins de temps. J'y ai passé trois ans, sur ce bouquin !

Le problème, c'est que moi, avec mon côté scolaire, au lieu de faire l'histoire que je te raconte là, je commence par remonter à l'Antiquité. Je trouve des documents prouvant que Pondichéry avait été un port du temps des Romains, t'imagines... Et je me tape toute la saga de Pondichéry jusqu'à Dupleix ! Puis, j'en arrive à mon héros, mais on est déjà aux deux tiers du livre. Chez Albin, Ducousset, le patron, trouve que ça traîne. Il n'a pas tort. Ce bouquin prend des proportions démentielles. J'en fais une affaire personnelle. Au lieu de torcher un petit roman colonial néo-hussard, je me suis lancé dans une somme universitaire...

Ducousset me dit un jour : « Écoutez, Thierry, on met le livre au premier office de septembre, il faut absolument que vous rendiez le manuscrit début août, sinon, on ne sera jamais prêt. » Fort du succès de *Louis XX*, j'avais exigé trois cent mille francs d'à-valoir, ce qui ne me mettait pas dans une position idéale pour repousser la sortie. C'est là que je fais la connerie de ma vie. Un dimanche après-midi, pour gagner du temps, complètement inconscient des conséquences, je recopie mot à mot six pleines pages d'un bouquin des Années Trente, une description d'un quartier de Pondi. Un livre de Louis Delamarre, *Désordres à Pondichéry*. Et, dans ce texte, il y a le mot qui va me planter : « zinzolin ».

Bref, en attendant, je file le manuscrit à Ducousset. Le livre sort en septembre.

« Ardisson a réussi là un joli mix de Cinémascope et de nostalgie sépia, comme un film hollywoodien recoloré à la main au strass et au champagne. »

Jean-Luc Coatalem, *Le Quotidien de Paris*, 1993.

« Les causes perdues ont cela de bon qu'elles donnent parfois les meilleurs romans. »

Arnould de Liedekerke, *Le Figaro Magazine*, 1993.

« Le ton, la qualité de l'écriture, les trouvailles d'Ardisson rendent ce livre plus vivant qu'un ouvrage historique. »

Jean-Claude Perrier, *Jeune Afrique*, 1993.

« On n'ouvre pas Pondichéry sans 30 kilos de préjugés défavorables. Depuis quelque temps, Paris s'interroge : qu'est-il arrivé à Thierry Ardisson ? Comment ce brillant créatif de pub (Business), ce journaliste inventif (*Descentes de Police*), cet animateur de télé branché (*Bains de Minuit*), ce romancier chic (*Rive Droite*) a-t-il pu devenir aussi beauf, cynique et populaire ? En lançant ce torchon qu'est *Interview* (dont il n'a même plus le droit d'utiliser le nom, qu'il a volé à Andy Warhol), Ardisson a détruit lui-même son image de modernité pour devenir le pape de la vulgarité trashy (la plupart des gens ignorant qu'il produit également *Frou-Frou*).

Un exemple de suicide médiatique unique en son genre, et qui n'est sûrement pas étranger à sa mise au placard de France 2. (...) Le plus surprenant, en fin de compte, c'est qu'un type aussi riche et célèbre que Thierry Ardisson ressente le besoin de se fatiguer pendant trois années à écrire un roman sans utiliser de nègre ! La littérature a de ces mystères (...) En définitive Ardisson veut être Daniel Filipacchi en même temps qu'Alain Pacadis et un Jean-Pierre Foucault qui aurait le prix Roger-Nimier. Ce n'est pas un dilettante, mais un stakhanoviste, dans une société boulimique. »

Frédéric Beigbeder, *Globe Hebdo*, 1993.

Question critique, à part Beigbeder, mon orgueil est comblé. En librairie, *Pondichéry* est un succès immédiat.

Jusqu'au moment où, presque un mois après la sortie, alors qu'on enregistre un numéro de *Frou-Frou* près de Saint-Sulpice, je suis en train de déjeuner avec Bravo et l'équipe, on me demande au téléphone. Je vais prendre l'appareil sur le bar, j'ai l'éditeur d'*Entrevue*, Ponson, qui me fait : « Dis donc, t'as peut-être pas encore vu, mais il y a un papier dans *Le Monde*. Il paraît que t'as pompé des trucs dans *Pondichéry*... C'est un prof d'histoire de La Réunion qui balance tout. Il a reconnu un mot... Attends... C'est “zinzolin” qu'il avait lu dans un vieux bouquin. »

Putain, Philippe, je sais maintenant ce que c'est quand on dit que la terre se dérobe sous tes pieds. Tout s'écroule. Je suis vert. Je suis blanc. Je transpire. Je titube. Je retrouve l'équipe. Christine me dit : « Thierry, t'es tout pâle, ça va pas ? » Je sais pas quoi dire. Je bredouille un truc comme : « Ben, je peux pas te dire maintenant, mais c'est terrible c'qui m'arrive ! » Elle imagine tout de suite que mon père est mort, ou ma mère. « Franchement, non, je peux pas te dire, là, Christine, mais c'est une merde noire pour moi... »

Catastrophé, j'appelle Ducousset qui me dit : « Thierry, c'est con, mais c'est pas la mort. Restez silencieux, vous vous en foutez, vous les emmerdez... C'est la seule solution. Et ça se tassera.

Vous verrez... Vous n'êtes ni le premier ni le dernier. » Il me parle comme tous les gens de ce milieu qui sont au courant de ces pratiques. Mais moi, si je suis pris en flagrant délit de plagiat, j'avoue. C'est sans doute mon éducation judéo-chrétienne, mais, bon, si tu te fais prendre les doigts dans le pot de confiture, c'est mieux de le reconnaître et de payer. D'ailleurs, c'est ce que je fais à la première occasion, quelques heures plus tard, sur Europe 1 avec Jacques Duquesne : « Oui, monsieur, j'ai copié sur le bouquin de mon voisin. »

Là, normal, j'en prends plein la gueule. C'est clair, ceux qui n'avouent pas, on ne les fait pas chier autant. Si j'avais nié, on m'aurait cassé les couilles pendant trois semaines, et tout le monde serait passé à autre chose. C'était la stratégie Ducousset. Tandis que là, c'est la curée. Et puis, on m'en parle depuis dix ans de ces six pages recopiées sur les trois cents que comporte le livre ! J'ai pris dix piges ! Y a des jours, je ne sais pas si toutes les vérités sont bonnes à dire.

Le plus drôle, c'est que j'ai plein de potes, des journalistes, des romanciers qui m'ont littéralement engueulé : « Thierry, quand on recopie, on photocopie pas, on paraphrase, on commence par la fin, on mélange, on rewrite, on contourne les expressions trop reconnaissables. Personne n'est débile au point de reproduire mot à mot des pages entières. » Eh ben, si : moi !

Le côté pantomime du plagiaire Ardisson n'est pas triste à entendre, encore moins à voir. L'énergie, la physionomie, les mimiques de Thierry avouant pour la dixième fois... Il y a quelque chose d'à la fois naïf et machiavélique dans cette confession d'un plagiat en effet si maladroit qu'il faudrait n'avoir aucune notion, même très vague, de psychologie pour ne pas se demander jusqu'à quel point une telle connerie n'a pas été faite intentionnellement, à sa manière, pour en payer le prix fort. Le prix étant ce qui suit immédiatement.

Cette faute m'a complètement coupé les ailes. Mon intérêt pour l'écriture s'est effondré sous le poids d'une espèce de culpabilité sociale de petit-bourgeois, mais surtout de honte intime. Alors que j'avais connu auparavant des succès littéraires, je suis sorti de *Pondichéry* abattu, déchiré, morveux. Avec cette connerie, c'est mon désir d'écrire que je venais de bousiller pour des années. C'est ce qui pouvait m'arriver de pire. Ouais, c'est ma faute, c'est ma faute, c'est ma très grande faute ! Cette histoire fait partie de mon image. Ce n'est pas ce que je préfère dans mon image.

Pondichéry. Je n'aime pas cette cicatrice-là.

X

La période qui suit est l'une des pires de mon existence. De 1993 à 1995, c'est deux ans de galère, de traversée du désert. Je résume. D'abord, évidemment, l'histoire du plagiat pour *Pondichéry*. Comme si ça ne suffisait pas, l'ambiance de la seule émission régulière que je produis, *Frou-Frou*, est insupportable. Ajoute à ça que je vais me faire virer de France 2.

La télé, c'est comme le rodéo : il faut réussir à rester le plus longtemps possible sur le cheval. Mais là, j'allais faire une mauvaise chute.

Avant de partir, j'arriverai quand même à faire deux émissions qui resteront sans lendemain. D'abord, *Long-Courrier*. Le pitch est très simple : c'est *Le Bal des vampires*. On atterrit le soir dans une capitale étrangère, à la tombée de la nuit, on filme tout ce qui se passe d'intéressant dans l'endroit, les gens, les lieux, l'humeur, et on redécolle à l'aube.

J'en fais une à Rio. Le Carnaval, Tom Jobim, le Corcovado, l'héritier du trône brésilien, Chico Buarque, le Copacabana, les favelas, c'était pas mal du tout.

Ensuite, la même année, 1994, je fais une autre tentative avec *Autant en emporte le temps*, qui devait initialement s'appeler *La caméra explose le temps*. L'idée, c'est que les invités viennent du présent, du passé, mais aussi de l'avenir, comme le fils que Jane Birkin aurait pu avoir avec Bernard Tapie, incarné par Frédéric Lebon.

L'émission surprend sans convaincre. Ce *Autant en emporte le temps* marche moyennement. Quelle que soit la qualité du concept, au final ce sont des interviews tronche à tronche. C'est pas assez samedi soir. Donc, l'émission s'arrête.

Retour à la case tricard.

Je m'aperçois que jusqu'à cette époque, à la télévision, j'avais eu vraiment beaucoup de chance. J'avais été une espèce d'enfant gâté. Marie-France Brière m'avait aidé à monter ma boîte. Catherine Barma m'avait apporté son savoir-faire. Mes émissions avaient toujours eu du succès. La notoriété, ça m'était tombé dessus fastoche. Mais soudain, je réalise qu'il faut que je me secoue pour pas rester en l'air en pédalant dans le vide. D'un seul coup, tout me paraît difficile. Il faut prendre des rendez-vous avec des gens pour aller leur proposer des idées de programmes. Il faut refaire le représentant de commerce, comme autrefois dans la pub, dur.

Je me souviens d'un jour, je vais voir Béatrice Esposito, qui s'occupe des variétés sur France 2. La fille me fait attendre trois quarts d'heure. Je voulais lui parler d'un projet mais, pour me donner une idée de ce que la Chaîne cherche à faire comme nouveaux programmes, elle me montre le pilote de l'émission que va faire Nagui, *La Brosse à dents*. Et là, je prends une énorme claque dans la gueule. Après l'avoir vue, je suis incapable de proposer quoi que ce soit. Je me dis : « Putain, Thierry, mais t'es infoutu d'animer une émission comme Nagui. Lui, Nagui, il est formidable, il est là, il virevolte sur la scène, il bouge son corps, il est à l'aise, Nagui... Tout ce que tu ne sauras jamais faire. T'es mort, Thierry, c'est la fin. » J'étais tellement flippé que j'en étais arrivé à me persuader que la télévision, c'était Nagui. Je ne sais pas pourquoi.

Bref, je sors de ce rendez-vous en miettes. Je me sens pathétiquement vieux. Fini. Out. Pour aller de France 2, avenue Montaigne, à chez moi au rond-point des Champs, j'ai dû mettre une demi-heure. Je rase les murs. J'avance au ralenti. Je suis anéanti. Je rumine : « Voilà, t'as eu tout entre les mains. T'as tout foutu en l'air, comme d'habitude, et là, t'es comme un con,

Thierry, t'as plus d'émission. » Heureusement que je suis pas tombé sur un mec de *Technikart* ce jour-là.

C'est l'époque où je prends les chauffeurs de taxi en grippe. Et comme je ne conduis pas, je suis toujours fourré dans des taxis. Quand je monte dans leur caisse, ils me reconnaissent, puis : « Ah, c'est vous qui faites de la télé », juste avant de réaliser qu'ils ne m'ont pas vu dans leur salon depuis un bon bout de temps. Alors, ils disent : « Ah, mais on ne vous voit plus, plus beaucoup ! Qu'est-ce qui se passe ? C'est dommage, vous étiez bien, pourtant. Mieux que tous ces connards qu'on nous met tous les soirs. Faut que vous reveniez, vous, hein ! »

« Ah, mais on ne vous voit plus, plus beaucoup ! Qu'est-ce qui se passe ? » L'enfer, c'est ça, Philippe : des chauffeurs de taxi qui te répètent ça pour l'éternité.

Je me réfugie en Normandie. Pour mieux téléphoner à Paris. Scotché au portable, enfermé dans mon bureau du deuxième étage de la maison, j'échafaude des stratégies de reconquête. Mais je fais l'inverse.

Je me souviens d'une conférence de presse de Bourges. Je ne sais plus en quelle année c'était. Peut-être en 93. J'avais pris le train de 6 heures. Mille deux cents personnes réunies au Pavillon Gabriel pour la grand-messe du P-DG de France Télévisions, celui que je surnommais « Omar Bongo » dans les magazines. Après la présentation des grilles des chaînes pour la saison qui commerçait, on passe aux questions libres. Pour écourter ce qu'il considérait comme un crime de lèse-majesté, le Roi Bourges se débrouillait toujours pour qu'il soit alors l'heure d'aller déjeuner. Malgré tout, il y a quelques questions. Et la dernière : « Vous en êtes où avec Thierry Ardisson, Président ? » Sur le coup, Bourges ne répond pas, puis après un léger flottement général : « Tout va bien avec Ardisson. Il a eu un nouveau contrat vendredi. »

« C'est faux, Président. » C'est moi qui viens de dire ça. Dans un silence de mort. Je suis mort ? Dans le métier, c'est sûr.

Alors que j'ai de plus en plus de mal à travailler à la télévision, je ne me rends même pas compte que le journal que je dirige y est peut-être pour quelque chose. Comment j'ai pu être aussi con ? Ça me dépasse. Chaque mois, *Entrevue* dézingue à peu près tous les gens de la télé. On expose par le menu leur vie, leur fortune, leurs amours. On publie des photos interdites. C'est la surenchère permanente. Vu comme ça, c'est pas étonnant que le journal marche. Pas étonnant, non plus, que les responsables, dans les chaînes aient moyennement envie de me voir.

Bien sûr, j'ai des états d'âme. Mais quand tu écoules chaque mois 10 000 exemplaires de plus que le mois précédent, ça fait oublier les scrupules. En plus, j'ai envie d'étonner Filipacchi. Je cherche la consécration. L'adoubement. Sans aucune chance de l'épater, d'ailleurs. Pour lui, même 300 000 exemplaires, c'est pas loin d'être minable. Je suis en mal de reconnaissance, et tout ce que lui inspirent les résultats d'*Entrevue*, c'est une moue un peu désabusée. La moue du Capricorne pessimiste qu'il est. Comme moi.

Et puis, avec tout ce qu'on sort comme scoops graveleux, c'est reparti comme dix ans plus tôt avec *L'Ebdo des Savanes*. Une kyrielle de procès ! Ça n'arrête pas ! Je passe la moitié de mon temps à la 17e chambre correctionnelle de Paris. J'y vais souvent pour des conneries que je n'ai pas envie de cautionner. Mais j'y vais aussi pour soutenir des mecs qui en ont besoin. On avait reproduit dans le canard les paroles d'une chanson du groupe Ministère Amer, avec ce titre à double sens sur le « sacrifice des poulets ». Heureusement, il y a aussi un Ardisson qui déteste qu'on emmerde les gens pour leurs écrits, leurs films, leurs chansons... Les gars de Ministère Amer, ils s'en souviennent, je peux te le dire, parce qu'on n'était pas nombreux à les soutenir ce jour-là, chez le président Montfort !

Un jour, j'obtiens un rendez-vous avec Patrick Le Lay, le patron de TF1. Je suis certain qu'il va écouter attentivement mes projets d'émission pour sa chaîne et qu'on va s'entendre.

D'ailleurs, pour mettre toutes les chances de mon côté, je décide de la jouer très « Enfants du bâtiment, unissons-nous dès demain ». Je me dis que Le Lay sera sensible à mon côté travaux publics. Alors, j'essaie de lui expliquer qu'au fond, on est du même monde. Lui par Bouygues, moi par mon père. On est des hommes de chantiers, tous les deux, des gens du BTP. Bref, des pragmatiques. D'ailleurs, on va faire de grandes choses ensemble à partir de maintenant.

Le Lay m'écoute gentiment délirer quelques minutes là-dessus. De temps en temps, il hoche la tête. Je me dis que c'est gagné. Enfin un mec intelligent et sensible. On va faire affaire. Jusqu'au moment où il sort lentement d'un tiroir de son bureau un numéro d'*Entrevue*, et il se met à me lire à haute voix le gros titre de la une, quelque chose comme : « Tout sur les escrocs de TF1 ».

Je dois subitement changer de gueule. Je me sens pas bien du tout. Je n'ai rien d'autre à dire que : « Oui, Patrick, c'est vrai, on a... en effet. » C'est là que, sans animosité, Le Lay me sort : « Alors, dans ces conditions, on se reverra peut-être un jour... quand vous ne ferez plus ce journal. Au revoir, Thierry. »

Je ne vois qu'un moyen de sortir de ce merdier, c'est de revendre mes parts d'*Entrevue* vite fait et de le faire savoir. Il faut que je renonce à ces articles merdeux, ces scoops pourraves, ces révélations à deux balles sur la culotte que Malaury Nataf a oublié de mettre pour passer à la télé...

Dans la vie, la plus grande force, c'est de savoir dire non. Sur le trottoir, devant TF1, je décide : « Thierry, tu as vendu Business pour ne pas être Séguéla, tu ne seras pas Ayache. »

Quand j'en parle à Filipacchi, il n'en revient pas ! Comment peut-on vendre les 40 % qu'on détient dans un canard qui marche aussi bien ? Il croit à un coup de tête, il croit que ça va me passer, il n'y croit pas vraiment. Et puis, devant ma détermination, il a ce geste incroyablement amical : « Écoute, tes 40 %, on va les ranger dans un tiroir, et dans un an, quand tu auras changé d'avis, tu reviendras, et ils seront à toi. » Il était persuadé que je faisais un caprice. Moi : « Non, Daniel. Merci, mais il faut que je brûle mes vaisseaux. »

Cette décision, je l'ai regretté, chaque putain de matin au réveil pendant les six mois qui ont suivi ! Je me disais chaque putain de matin au réveil que je me serais fait des couilles en or si j'avais gardé mes parts d'*Entrevue*. Tu lâches pas des pompes à fric comme *Entrevue* ! Surtout après avoir quitté Business et t'être fait virer de France 2. Mais je sentais, au fond de moi, que c'était la bonne décision. Instinctivement, je savais que ce n'était pas mon destin de continuer.

Le problème, c'est que je savais pas non plus quel était mon destin.

XI

À la fin du printemps 1995, j'apprends que TF1 cherche un programme pour succéder à Dechavanne sur la tranche 19 heures-20 heures. J'appelle Étienne Mougeotte, qui me confirme qu'ils ont lancé un appel d'offres et qu'il y a déjà beaucoup de monde sur les rangs, à commencer par Philippe Bouvard ou Gérard Louvin, le producteur de Jean-Pierre Foucault. Mais cela ne m'empêche pas de faire une proposition.

Je commence à me dire que j'ai peut-être bien fait de vendre *Entrevue*. Une minute plus tard, j'appelle Laurent Ruquier. Je lui donne rendez-vous au Bristol : « Écoute, voilà, je te propose un deal. On monte un projet ensemble pour l'*access* de TF1. 50-50. D'accord ? » Toujours ma bonne vieille règle selon laquelle il vaut mieux faire 50 % d'une bonne affaire que 100 % d'une mauvaise. Laurent n'est pas producteur, il n'a pas de société. Ce que je lui propose, c'est la garantie de la moitié des bénéfices. J'avais fait la même chose avec Christine Bravo sur *Frou-Frou*. Il est d'accord.

On se met à travailler avec Laurent et sa bande de l'époque. Très vite on fait un pilote sur le principe d'un faux journal télévisé, une sorte d'anti-journal pour avant le 20 heures : *Les Niouzes*. On envoie la cassette à TF1.

Un jour, vers quinze heures, Mougeotte m'appelle. Il est en train de déjeuner avec le G7, m'explique-t-il. Le G7, ce sont les principaux cadres dirigeants de TF1 réunis en conclave. Étienne : « Thierry, voilà, nous sommes tous au Pavillon Dauphine. On vient de visionner ton pilote et on est tous écroulés de rire. C'est vraiment génial. » Je lui demande : « Et Louvin ? » Réponse : « Me parle pas de Louvin ! » Je fais : « Et Bouvard ? » Réponse : « Me parle pas de Bouvard. Je t'attends demain. » Le lendemain, ça se passe comme dans un rêve.

Philippe, je ne sais pas si tu te rends compte de ce que c'est, pour un producteur, que la perspective de faire une émission quotidienne. C'est le jackpot absolu : près de deux cent cinquante jours ouvrables dans l'année ! On discute donc et, chaque jour qui passe, mes prétentions budgétaires augmentent. Je n'arrête pas de calculer les sommes gigantesques qu'on va se mettre dans les fouilles avec une émission pareille. Chez TF1, ils la veulent tellement qu'ils disent oui à tout.

Je n'arrête pas de faire grimper l'ardoise. Au matin du premier jour de l'émission, je n'ai toujours pas signé le contrat. Je tergiverse. J'ergote. La veille, j'ai réalisé qu'en demandant dix mille balles de plus par numéro, je gagnerais deux cent cinquante plaques supplémentaires dans l'année. Et dix mille balles, sur un budget quotidien de huit cent mille balles, c'est rien. Je suis en pleine crise grave de gourmandise. J'ai la chance de revenir dans la course audiovisuelle sur la plus grosse chaîne d'Europe et mes pires démons reprennent le dessus.

J'appelle TF1 : « Je ne signe pas le contrat. » Ils demandent : « Pourquoi ? » Et, sur un ton très « homme d'affaires intraitable », je leur jette : « Parce que voilà, le budget ce n'est plus huit cent vingt mille, mais huit cent trente mille francs. » Pas une seconde je me dis qu'ils vont m'envoyer chier. Je sais ce que je veux. Je suis sûr de l'emporter. Je suis prêt à tout. À tout, y compris, en cas de refus, à leur dire : « Très bien, les mecs, donc il n'y aura pas d'émission ce soir. » Ils cèdent sans discussion. On corrige donc le contrat des *Niouzes*. Je le signe à midi, alors que l'émission débute le soir même en direct. Un vrai direct, malheureusement. Pourquoi malheureusement ? Ben, parce que c'est un festival de conneries pas toujours bienvenues. On était dans une période d'attentats terribles à Paris, il y avait eu la tragédie du RER Saint-Michel. Le premier soir, un vieux chansonnier, nommé Jacques Ramade, demande à Ruquier : « Eh, Laurent, vous savez comment avoir de la place dans le métro en ce moment ? » Et là, le mec se met une bouteille de gaz sur les genoux ! Deux minutes après, c'est un des journalistes de l'émission qui se tourne, étonné, vers l'humoriste Alévêque : « Ah bon, mais c'est vous qui allez traiter le sport dans ce journal ? » Et Alévêque lui fait : « Ben oui, Claire Chazal fait bien le 20 heures ! »

Pourtant, Mougeotte et Le Lay ne mouftent pas. Ils avaient complètement accepté le principe. Ils ne m'ont jamais emmerdé sur le contenu. Tout le monde croit, encore aujourd'hui, que c'est TF1 qui nous a virés au bout d'une semaine. Mais pas du tout. C'est moi qui suis parti. (*Tu veux vraiment me faire croire ça, Thierry ?*) Mais putain ! C'est la vérité, je te dis ! Le lendemain de la première, résultat d'audience très moyen. Il n'y a pas eu l'effet de surprise, ça risque donc d'être pire pour la deuxième. Effectivement, tous les jours l'audience baisse un peu plus. Laurent est mal. Ça marche pas. Moi, j'avais tout prévu, sauf que ça pouvait ne pas marcher, justement.

Mais il faut se rendre à l'évidence : l'émission qui avait séduit le G7 après un déjeuner arrosé au Pavillon Dauphine n'était pas faite pour le public de TF1 à 19 heures.

Chaque jour de cette semaine-là est un calvaire. J'ai l'impression de revivre l'époque où j'ai planté *L'Ebdo des Savanes*. Aujourd'hui, je supporte beaucoup mieux les échecs. C'est désagréable, mais tu sais que tu n'en meurs pas. Là, en 95, avec *Les Niouzes*, je suis détruit en moins de quarante-huit heures. J'ai tout merdé. Je m'en veux d'avoir emmené Laurent dans ce désastre.

L'équipe de Ruquier, naturellement, sent que le bateau coule. Certains sont moyennement solidaires. D'autres sont franchement casse-couilles. Je me souviens d'une fille, Sophie Forte, qui me dit un jour : « Ce soir, je pourrai pas être dans l'émission. » Elle avait un gala à Palavas. Palavas-les-Flos ! Entre une présence dans l'*access* de TF1 et un gala pourrave, elle choisissait le gala pourrave ! Je crois rêver. Je lui dis : « Laisse tomber. Dis-moi combien on leur doit, on va dédommager les mecs, et tu es avec Laurent ce soir sur le plateau. » Rien à faire ! « Je ne peux pas, j'ai donné ma parole. » Et nous ? On n'avait pas donné notre parole à TF1 de faire un succès ?

C'est clair, c'est foutu. Dans ce genre d'opération, au troisième ou quatrième jour, tu sais où va se stabiliser l'audience. Il y a rarement de bonnes surprises ensuite. Souvent des mauvaises, en revanche.

Le jeudi soir, quatrième jour d'antenne, je dîne tout seul à la terrasse du Berkeley. J'appelle mon père pour lui demander un avis...

(*Hein ! Attends... Qu'est-ce que tu me racontes là... Toi, Ardisson le rebelle, t'appelles ton père pour lui demander un conseil ?*) Ben oui, ça t'étonne ? Tout le temps, je l'appelle ! Ce n'est pas parce que je dis que j'ai eu une enfance de merde que je n'aime pas mes parents. Je me suis barré de chez eux, ouais. Ensuite j'ai mis vingt ans à comprendre que ce n'était pas leur faute si leur monde ne me convenait pas. Vingt ans avant de réaliser que je tenais à eux, à leur présence dans ma vie. Mes parents, Philippe, je les aime. J'y ai mis le temps, mais je les aime.

Donc, je l'appelle et je lui dis : « Est-ce que tu regardes *Les Niouzes* ? » Question idiote : avec ma mère, ils regardent tout ce que je fais ! Il me répond : « Franchement, ben, c'est... pas ce que tu as fait de mieux. » Et c'est tout. Même pas un mot d'optimisme pour le lendemain. Rien. Même pas une parole gentille comme : « Ça ira mieux dans une semaine ou deux. » Rien. Traduction : *Les Niouzes,* c'est mort.

Le lendemain, j'appelle Étienne Mougeotte. Je demande à le voir d'urgence. On déjeune ensemble chez TF1 et je lui dis tout de suite : « J'arrête l'émission. » Il est surpris. Il me regarde, incrédule et réprobateur. Il me fait : « Mais Thierry, t'es complètement fou... Il n'y a même pas une semaine qu'on a commencé.

Je n'ai jamais vu un producteur arrêter lui-même une émission, une quotidienne, ça n'a pas de sens. » J'insiste : « Étienne, on ne va pas se raconter d'histoires. Ça vous a fait marrer au Pavillon Dauphine, mais le public de TF1 n'aime pas *Les Niouzes.* Je la sens pas, cette émission. Je la sens plus. Je veux arrêter. Drucker fait sa rentrée sur France 2, lundi, à la même heure que nous. On va se faire encore plus rétamer la gueule. On s'est trompé. Je me suis trompé. » Il pense que j'ai un sale coup de blues. Il m'exhorte à réfléchir. Mais c'est tout réfléchi.

En fait, Mougeotte ne croit pas du tout que je veuille vraiment arrêter. D'ailleurs, dans l'après-midi, il est l'invité d'une émission de Canal sur la télé, celle du dimanche qui est enregistrée le vendredi. Et quand Denisot lui parle des *Niouzes*, il fait : « Ce n'est pas encore ça, mais il faut donner du temps au temps. Vous allez voir dans les prochaines semaines. Une fois rodée, cette émission... »

La réalité, c'est que TF1 croyait plus que moi aux *Niouzes*. C'est le monde à l'envers ! Cette émission, pour eux, c'était aussi l'occasion de montrer, face aux *Guignols* notamment, qu'ils étaient aussi capables d'impertinence et d'autodérision. Mais Mougeotte ne se rend pas compte que la presse déteste TF1 comme jamais à cette époque. Il n'y en a que pour Canal. Tous les matins, Ruquier se fait dézinguer par des journalistes qui pourtant l'aiment bien, et qui l'auraient encensé s'il avait fait la même chose sur France 2. En gros, ils lui reprochent d'avoir quitté France-Inter et trahi le Service Public. C'est injuste. Mais c'est comme ça. Je leur dis qu'à la place de Ruquier, ils auront Lagaf et qu'ils ne diront rien. C'est ce qui se passera.

Je suis résolu à en finir. Le vendredi soir, on dîne tous ensemble, chez Benmussa, dans un salon, Ruquier, Mougeotte, Couture et moi. Laurent est en retard. Je préviens les autres : « J'ai décidé d'arrêter pour de bon. » Laurent arrive. Il salue tout le monde. Mougeotte, prévenant, lui demande : « Alors Laurent, il paraît que ça ne se passe pas très bien... » Ruquier fait l'étonné : « Mais non, Étienne, tout va bien, ça se passe bien... » L'espoir renaît le temps d'un dîner.

Mais, le samedi matin, j'appelle Mougeotte pour lui dire que c'est fini. Il n'y aura pas de *Niouzes* le lundi suivant. Cette fois, il doit me prendre au sérieux, puisque je suis convoqué le lendemain après-midi, un dimanche, dans le bureau du P-DG, Patrick Le Lay.

Mon contrat avec TF1 est tellement bien blindé que, même si j'ai pris l'initiative d'arrêter, c'est eux qui me doivent un paquet de pognon. J'attaque direct : « Bon, vous me devez treize millions. » Le Lay est un type correct, il connaît les chiffres, il a dû faire examiner le contrat avant de me voir. Il confirme : « Oui, on vous doit cette somme, en effet. » On se regarde, en silence. Et je lui dis : « Écoutez, je ne vais pas vous prendre treize millions, parce que je sais très bien que je ne les mérite pas... Je vous propose un marché. Vous m'en donnez six, parce que j'ai des frais, une équipe à indemniser, des prestataires à payer, etc. Et les sept autres, vous les gardez, et ils me serviront pour faire des pilotes de nouvelles émissions, exclusivement pour TF1. J'ai une idée : un jeu qui s'appelle *Ali Baba*. »

Il dit : « C'est d'accord. » « Entre gens des travaux publics, on trouve toujours une solution », je réponds.

À l'occasion de ce désastre, j'ai essayé de me comporter comme je pense que l'aurait fait Filipacchi. Quand Daniel a voulu relancer le mensuel *Look* aux États-Unis, ça a été un désastre. Il a perdu un fric fou. Il avait embarqué avec lui des actionnaires qui perdaient aussi beaucoup d'argent dans l'affaire. Daniel leur a dit : « C'est moi qui vous ai entraînés, je vous rembourse ce que je vous ai fait dépenser. » Les mecs ont dit : « Tu nous dois rien. Si ça avait marché, on aurait gagné beaucoup de fric. » Daniel a insisté. Il a payé.

Des années plus tard, quand il a voulu racheter *Paris Match*, les mêmes étaient au rendez-vous pour l'aider. Moi, quand j'ai quitté son groupe après l'épisode *Ebdo des Savanes*, il m'avait filé un chèque qu'il ne me devait pas. Il m'avait juste dit : « Prends-le. » Résultat : pour faire *Entrevue*, je suis retourné le voir. Et, avec ce que gagne *Entrevue* depuis dix ans, il a gagné un million de fois le fric en question.

Donc, là, moi j'ai fait pareil. J'ai payé ceux à qui je devais. À commencer par Ruquier. Ce qui fait que quand je l'ai rappelé, cinq ans plus tard, pour faire *On a tout essayé*, il n'a pas hésité à accepter. Et on fait un gros succès.

XII

En 1995, pas très *successful* sur TF1, toujours en disgrâce sur France Télévisions, sans connexions avec Canal, je cherche d'autres débouchés. J'ai fait le tour de toutes les grandes chaînes hertziennes. Je n'ai plus qu'à me tourner vers les petites, celles du câble et du satellite. Pour y travailler ou, pourquoi pas, en créer une. Ma première idée, c'est d'aller voir Paris Première, avec deux propositions différentes. Une comme producteur, l'autre comme producteur et animateur. La première deviendra le mini-magazine *Top/Flop*, présenté par Alexandra Kazan.

J'adore cette émission. Elle a fait beaucoup parler d'elle, elle a duré trois ans, avec un budget dérisoire, à peine quarante-cinq mille balles par numéro. Alexandra était superbe. Elle lisait un prompteur avec des infos sur tout ce qui marchait ou ne marchait pas au cinéma, dans les librairies, chez les disquaires : les tops et les flops. Ce qui était nouveau, c'est que pour la première fois on parlait aussi des flops à la télé. La prod' était très créative. Au moment précis où Kazan parlait, mettons, du *Docteur Jivago*, elle portait une chapka et de la neige se mettait à lui tomber dessus. Entre sa tête et les bords de l'écran, il se passait toujours quelque chose : des objets, des dessins, des couleurs, des effets spéciaux... Et on gardait ses plantages au montage, quand elle disait : « Oh ! Oh ! Je me suis trompée, c'est pas Richard Berry, c'est Claude Berri... », c'était charmant. Vraiment une émission pop, fraîche, un peu sixties, un peu *Dim Dam Dom*.

(*L'autre projet que tu présentes à Paris Première, c'est déjà Rive Droite/Rive Gauche ?*) Pas du tout, *RD/RG*, ça viendra plus tard, et c'est pas une idée de moi. Non, là, je vais trouver le patron de cette chaîne, à l'époque Cyril du Peloux, et je lui dis : « Votre chaîne n'a pas de programmes de nuit. Entre minuit et six heures le lendemain, il n'y a rien. Je vous propose de prendre en charge l'antenne toute la nuit. On fait une chaîne de nuit qui prend le relais de Paris Première et on l'appelle *Paris Dernière.* » Du Peloux me dit : « C'est bien, votre suggestion, mais c'est impossible : on ne trouvera jamais assez de pub pour financer un programme nocturne sur le câble... » Pas faux.

En attendant, du Peloux m'achète une émission hebdo sur la nuit parisienne, c'est le *Paris Dernière* que tu connais. Un *street-movie* en caméra subjective. Une déambulation dans la ville. Une dérive trash. Des nuits entières dans Paris, dans des endroits improbables pour trouver des gens infréquentables. Je suis dans mon élément. La fête. La musique. Le sexe. Avec des quidams et des stars interviewés sur le trottoir, dans les boîtes de nuit, les coulisses de spectacles, les partouzes. Je me doute bien que je ne vais pas faire *Paris Dernière* toute ma vie. Mais l'expérience a été incroyablement créative et utile. La nuit, les gens ne sont jamais comme le jour. Je dois apprendre à faire face à toutes les situations. Le mec bourré. La fille timide. Le défoncé. L'exubérant. L'introverti. Le bavard impossible à arrêter. Tout.

« Télé : pour vous libérer du monopole, créez votre chaîne ! Ne faites pas comme tout le monde ! Ne faites pas une radio libre ! Faites votre télé libre... »

T. A., *L'Expansion*, 1981.

Le projet *Free One* est né par défaut. Je n'ai pas pu créer une chaîne pour Paris Première, alors j'ai imaginé une chaîne pour CanalSatellite. *Free One* se passerait entièrement dans un lieu où les techniciens, les animateurs et les dirigeants de la chaîne vivraient toute la journée en direct sous l'œil des caméras. C'était le *Loft* quatre ans avant. C'est inspiré d'un film, *Wayne's World.*

Au début, Mike Myers et son pote Gart se font une chaîne de télé à eux dans le garage des parents. L'idée m'est venue de faire une chaîne de barges, pour barges, un MTV nouvelle génération. MTV, c'est une chaîne musicale mondiale, et mon idée, c'était de faire une chaîne généraliste mondiale. De parler rock et pas seulement de rock. Dans un lieu étonnant. D'essaimer, aussi, de lui créer des petites sœurs chaque fois qu'on trouverait dans une grande ville un lieu qui s'y prête. J'imaginais comme ça des *Free One* Londres, *Free One* Milan, *Free One* Berlin...

Un jour de 1996, je vais donc voir Canal, qui me paraissait le bon endroit pour une expérience pareille, et je rencontre Alex Berger, le bras droit de Pierre Lescure : « J'ai une idée de chaîne. J'aimerais bien la faire avec vous. Ça s'appelle *Free One.* » Je lui raconte l'idée de la chaîne en direct permanent. « Toutes les émissions s'appelleront évidemment *Free Sport*, *Free Love*, *Free News*, etc. Le matin à l'aube, c'est *Free Morning*. Il fait noir, on entend la sonnerie d'un réveil, on voit un mec qui se réveille, qui éteint le réveil, qui se fait du café, et il commence sa journée. Tout en temps réel. Ensuite, en buvant son café, il va sur le plateau pour les nouvelles de la nuit. Puis, après, des machinos apportent des canapés pour faire la première émission, et ainsi de suite. Tout ça avec de jolies speakerines qu'on appellera des *Free Mousse*... »

Alex trouve le projet drôle : « Oui, c'est une super-bonne idée ton truc, un vrai *no brainer*, et ça tombe bien, on vient de faire un deal avec Sony Pictures/Columbia. Ils vont nous vendre leurs films, et en échange, ils nous demandent de créer une chaîne de télé consacrée aux jeux avec eux. » J'apprends que c'est ce que font toutes les majors qui passent des deals avec les bouquets satellites, que ce soit Canal ou TPS. Elles vendent leurs catalogues de longs métrages, et en même temps, elles demandent de créer des chaînes thématiques pour passer leurs séries, leurs téléfilms, leurs dessins animés, leurs jeux...

Les gens de Canal veulent bien faire une chaîne avec Sony Pictures/Columbia, mais pas une chaîne de jeux. Alex me dit : « Si ton idée leur plaisait, ce serait cool, parce que franchement, nous on n'a pas envie de se retrouver avec leur *bullshit.* » Je suis donc allé voir les mecs de Sony Pictures/Columbia avec mon projet sous le bras, et je suis tombé sur un genre de fils de famille, assez rigolo, qui s'appelait Marc-Antoine d'Halluin. Il est emballé par *Free One*. Il me dit : « Mais ça tombe bien, je pars en Amérique dans trois jours pour leur parler des nouvelles chaînes qu'on pourrait monter en France. » Une semaine plus tard, il m'appelait pour me dire : « Thierry, les Américains sont intéressés par ton projet. On se met au boulot et dans un mois, on revient ici à Los Angeles tous les deux. » C'était parti.

On a bossé près d'un an. J'ai fait je ne sais pas combien d'allers-retours aux États-Unis. Ils ont dépensé pratiquement quinze millions de francs sur ce projet. On allait fabriquer une chaîne entière, de A à Z. On inventait des émissions, on imaginait des habillages, on cherchait des animateurs. Puis les choses ont commencé à se gâter. Les Américains ont dit : « C'est un projet lourd, il nous faut un autre partenaire français, en plus de Canal. » Là, je propose Europe Audiovisuel. Mais à l'époque personne ne décidait plus rien chez eux, parce qu'ils se disaient tous que, de toute façon, Arnaud Lagardère, le fils de Jean-Luc, allait bientôt arriver à la tête du groupe, donc, c'était pas la peine de faire des trucs, parce que peut-être que ça ne plairait pas à Arnaud... Bref, ils foutaient rien.

Ça n'avançait pas. Je m'y prenais mal. Et puis mon projet m'échappait. En fait, j'ai surtout manqué de réflexe, je n'ai pas réagi en capitaliste. (*Et ça veut dire quoi, Thierry, « réagir en capitaliste » ?*) Un capitaliste, c'est quelqu'un qui crée une société anonyme et qui vend des parts. Moi, avec *Free One*, j'aurais dû tout de suite monter une société détentrice du projet et dire à Sony Pictures/Columbia : « Ah, vous voulez rentrer dedans ? Voilà, vous alignez tant et vous avez 20, 30, ou 40 % »... Pareil pour Europe Audiovisuel.

Dans cette opération, au contraire, j'ai tous les défauts du créatif. Je suis tellement content qu'on s'intéresse à mon projet que je ne vois pas plus loin. Bien sûr, j'avais la propriété du concept, très bien protégé, ce qui me donnait droit à 10 % du capital de la Chaîne sans investir un sou, uniquement par la valorisation de mon apport artistique. C'est à la fois beaucoup et rien du tout. Avec 10 %, t'as aucun pouvoir ! C'est ça, mon erreur. Je n'ai pas dit : « Les mecs, c'est moi le chef. » J'ai laissé faire les gars de Sony Pictures/Columbia, snobé que j'étais de les voir arriver d'Hollywood. Putain d'erreur ! Finalement, on a travaillé comme des malades, on a fait un pilote de chaîne formidable, dans un ancien cinéma, rue Pierre-Demours, que Canal reprendra pour Comédie !... mais Europe Audiovisuel s'est retiré. Sony a flippé. Et on l'a pas fait.

Heureusement qu'on l'a pas fait...

(*Faudrait savoir... Tu viens de dire que c'était formidable... Comment peux-tu être heureux d'un échec...*) Si on avait lancé *Free One*, tu vois, on ne serait pas là tous les deux à bouffer tranquilles en terrasse (*« Penne au basilic », jardin du Bristol, une fin d'octobre ensoleillée*). Réfléchis deux secondes, toi qui connais l'économie de l'audiovisuel, tu le sais bien : les chaînes du câble ne gagnent pas un rond. C'est un gouffre, toutes ces petites chaînes qui essaient de survivre. Elles perdent toutes du pognon ! Toutes ! À part RTL 9, pour la bonne raison que c'est aussi une chaîne hertzienne...

Moi, comme un con de créatif heureux de voir son bébé naître, j'aurais sûrement accepté un job *full time* avec un salaire minimum, en me disant : « Ben, c'est pas grave. Dès que ça marche, j'empoche 10 % des bénéfices. » Sauf que ces chaînes-là, Philippe, elles n'en font et n'en feront peut-être jamais, des bénéfices ! Donc, aujourd'hui, je serais peut-être bien le patron de *Free One* à me crever le cul dans un bureau à deux balles d'Issy-les-Moulineaux, mais on serait pas là, toi et moi, parce que je n'aurais pas les moyens d'être là. Parce que 10 % de que dalle, Philippe, c'est rien du tout.

(*À propos de Free One, tu m'as dit un jour que le mot « Cincinnati », un des « Topics » de ta liste, est relié à ce projet de chaîne. Tu peux m'expliquer ?*) C'est donc à l'époque du projet Free One. Je vais régulièrement à Los Angeles. Je vais à Culver City, là où a été tourné *The Player* d'Altman. Le bonheur, c'est que je ne viens pas pour visiter, mais parce que j'ai rendez-vous avec le boss de la boîte. Le soir, il m'invite à des parties dans sa maison sur la plage de Malibu. On boit des grands crus millésimés, on fume de la mex, je résiste aux tests. Je suis comme un gosse de quatorze ans. Ma vie est un roman.

Et puis, un jour, donc, avec ce mec de Sony Pictures/Columbia dont je t'ai déjà parlé, Marc-Antoine, on part à un grand meeting de la boîte à La Nouvelle-Orléans. On prend un de ces superbes avions en alu brossé d'American Airlines. On s'installe tous les deux en première. On est pratiquement seuls. Fauteuils cuir pleine peau. Champagne et caviar à volonté. Je fume des pétards pendant tout le voyage. La belle vie, quoi.

À l'époque, je suis en plein trip « Eva Peron ». Et dans cet avion, je lis au moins trois bios d'Eva Peron. Bref, quand j'arrive à Cincinnati, je suis ailleurs. Je descends de l'avion. Correspondance pour New Orleans. Papiers. Évidemment, je remplis sans m'en apercevoir le formulaire comme quoi je n'apporte pas de drogue sur le territoire américain. Et puis, on se met tous en ligne dans un hall pour attendre les formalités.

À ce moment-là, qu'est-ce que je vois au fond du hall ? Un flic, style Rod Steiger, tu sais, le personnage de *Dans la chaleur de la nuit*, avec les Ray-Ban jaunes qui venaient jusque-là (*geste arrondi au niveau des pommettes*), une ceinture de talkies-walkies autour du bide (*même geste, mais autour du ventre*) et un chien noir en laisse. Et là, je me dis : « C'est pour moi, c'est sur toi, Thierry, que ça va tomber. » Je sais pas pourqoui, j'en étais sûr. Ça fait pas un pli : le regard du flic croise le mien. Il est pourtant à une cinquantaine de mètres de moi... Il lâche le chien qui me fonce droit dessus. Ce putain de clebs renifle mes vêtements imprégnés d'odeur de shit et se met à tourner autour de moi en jappant.

Je n'avais qu'une boulette de rien sur moi, un ou deux grammes à tout casser, vu que je comptais m'approvisionner à La Nouvelle-Orléans. J'aurais pu l'avaler. Je n'ai pas eu le réflexe. Le flic se pointe : « Suivez-moi ! » Arrivé dans un bureau, il commence à me fouiller. Je lui donne le shit. Il me parle d'amende. Un autre flic arrive. Je leur dis : « Bon ben, ça va, maintenant, laissez-moi partir. J'ai mon avion pour La Nouvelle-Orléans dans une demi-heure... » Cause toujours. Ils me font remplir la feuille où j'avoue qu'on m'a chopé avec un gramme de shit. Je leur file cinq cents ou mille dollars. Je pense que je vais enfin pouvoir me barrer, mais non. Ils me foutent en taule ! Dans la taule de l'aéroport ! Sans un mot d'explication ! Après m'avoir pris en photo sous tous les angles, dans tous les axes, comme un *serial killer*. Ils m'enferment dans un local aveugle avec juste une petite ouverture grillagée sur la porte. Une cellule de prison, quoi, avec un robinet d'eau froide, c'est tout. Quand je tape à la porte, les mecs n'en ont rien à foutre, ils ne viennent même pas voir. (*Et alors ?*)

Alors, je finis mon dernier livre sur Eva Peron. Je ne ressens aucune angoisse. Je suis très calme. J'ai le temps de lire. Mon pote s'est cassé pour qu'il y en ait au moins un au meeting de La Nouvelle-Orléans...

Le soir, les flics reviennent me chercher. Toujours sans explications. Ils m'amènent à l'embarquement. Ils me font passer devant tout le monde. Et ils me mettent dans un avion qui rentre en France. En première, bien sûr. Et c'est seulement quand on est arrivé au-dessus de l'Islande que l'équipage m'a rendu mes papiers ! Tant que l'avion était susceptible de se reposer en Amérique en cas de problème, ils me redonnaient pas mes papiers ! À partir de l'Islande, la base de repli, c'est Reykjavik. À ce moment-là, l'hôtesse, qui m'ignorait depuis le début du voyage, me dit : « Vous voulez du champagne, monsieur ? » Et tout recommence, comme à l'aller. Sauf que j'ai même plus de quoi m'en rouler un !

Je suis passé, en moins de vingt-quatre heures, de passager super-privilégié à taulard banni, et de nouveau à passager super-privilégié.

Bref, quand je suis revenu à mon bureau, le lendemain matin, à Paris, je te jure que pour les gens de mon équipe, c'était *Le Sixième Sens*. Pour eux, j'étais à La Nouvelle-Orléans... C'était pas moi.

Mais si, c'était moi, connards ! Je m'étais juste fait serrer à l'aéroport de Cincinnati avec un gramme de shit en allant monter une chaîne de télé.

XIII

Sur France 2, Jean-Pierre Elkabbach, qui avait remplacé Bourges à la fin de son mandat, a explosé en plein vol au printemps 96. C'est Xavier Gouyou-Beauchamps qui a été nommé P-DG de France Télévisions par le CSA. Mais je suis toujours tricard.

Un jour, je mets tout mon orgueil au fond de ma poche et j'appelle Gouyou. Je lui dis : « Écoutez, j'ai jamais fait ça... J'ai jamais fait ça de ma vie, mais là, franchement, je suis dans la merde. J'ai plus d'émission, quoi, et je vous demande vraiment de voir ce qu'on peut faire... Honnêtement, je pense pas mériter ça... » Je venais de traverser le point le plus aride de ma traversée du désert. Gouyou m'écoute, et fait : « Bon, d'accord, je vais voir... »

Il en parle à Jean-Pierre Cottet, le directeur général de France 2, et Cottet me file une émission à faire pendant l'été 97. Une émission de vacances, un peu en mémoire et dans l'esprit du *Bar de la Plage* que j'avais produit et animé un été à l'époque de *Double Jeu*. Sauf que Cottet a tout de suite dit : « Je veux bien lui filer une émission, mais c'est pas Ardisson qui présente. » Il ne voulait pas me voir à l'antenne. C'est comme ça que je leur prépare un programme de deuxième partie de soirée, qu'on appelle *Vue sur la mer*. Pour l'animer, j'ai proposé Maïtena Biraben, que j'avais sous contrat dans ma boîte. Cottet voit Maïtena.

Il la trouve formidable, et nous voilà partis pour faire cette émission à l'hôtel des Roches, sur la côte varoise.

J'aurais mieux fait de me casser une jambe. J'ai su au début du premier numéro que cette émission allait être un énorme échec. Par ma faute et celle de Maïtena. La première erreur, c'est que mon idée de réaliser une émission au bord de la mer, la nuit, est totalement idiote. Tout simplement parce que la mer, la nuit, il n'y a pas plus noir ! Et que, sauf à illuminer la mer – tu vois le budget – eh ben, y a rien à voir ! Je n'y avais pas pensé. Je me souviens du choc. J'arrive sur les lieux, la veille du tournage. Les mecs me disent : « Alors, comment tu trouves ? » Je réponds : « Quand la mer sera éclairée, ce sera bien, mais pour le moment, on serait à la Plaine-Saint-Denis, ce serait pareil. » Le problème, c'est que la mer était déjà éclairée !

Deuxième erreur. L'impréparation. Au moment de tourner, Maïtena descend sur le plateau pour interviewer Julien Clerc avec trois fiches à la main. Je préviens : « Tu sais, Julien Clerc, je te l'ai dit ce matin, c'est le client le plus dur du monde. Avec trois fiches, tu seras larguée au bout de cinq minutes. » Elle : « Mais non, tu vas voir. Moi, je suis bonne en impro. » Et c'est vrai qu'à la télé suisse, où je l'avais repérée avant de la faire venir en France, elle était vachement bien, Maïtena, vive, marrante et tout. Comme elle est redevenue aujourd'hui sur Canal, d'ailleurs. Mais là, il n'y a pas de prompteur et elle travaille pas assez. Elle arrive, elle sait pas quoi dire, et ça se voit. Donc l'émission se plante dans les grandes largeurs. Pour un retour en fanfare sur le Service Public, c'est réussi.

Quand le calvaire de *Vue sur la mer* se termine, à la rentrée, je prends à deux mains ce qu'il me reste de courage et je vais voir Cottet. C'est comme pour *Pondichéry*, quand je suis allé avouer à la radio. C'est Canossa. Les Bourgeois de Calais. La corde au cou. J'arrive chez Cottet et je dis : « Jean-Pierre, vous m'avez fait confiance, et moi je vous ai planté. C'est une catastrophe. Je ne vais pas accuser Maïtena, parce que c'est moi qui vous l'ai amenée. Si elle n'a pas travaillé, c'est ma faute... » Cottet : « Oui, c'est vrai qu'elle était pas terrible, cette émission. »

Et on se sépare comme ça. Mon avenir sur le Service Public vient encore de s'obscurcir. Rideau sur France 2. Décidément.

(*Rideau sur France 2 en 1997. Mais le rideau se relève sur Paris Première au même instant. T'es quand même verni, pour un loser ! Ta vie, c'est un roman, mais c'est aussi une pièce de théâtre en cent soixante-douze actes. Raconte-moi comment tu en viens à faire* Rive Droite/Rive Gauche...) Un jour de 1997, Alexis Kebbas, un journaliste que j'avais fait venir de *France-Soir* avec Stéphane Simon pour rebooster *Entrevue* à l'époque, m'appelle pour me parler d'une idée. On se voit. Il m'explique qu'il est devenu assez proche de Pascal Josèphe, le même Josèphe qui, après avoir longtemps travaillé avec Hervé Bourges dans les chaînes de télé, est devenu consultant. Là, en l'occurrence, Josèphe est conseil auprès de Paris Première. Kebbas raconte : « Pascal trouve qu'il y a trop d'émissions culturelles disparates sur l'antenne... Il préconise de faire une seule émission, tous les soirs à la même heure, bref de créer un vrai rendez-vous transversal sur cette chaîne. Moi, j'ai une idée : il faut faire une émission qui rassemblerait toute l'actualité culturelle, les livres, les disques, les films, les pièces, tout... une émission que toi, Ardisson, tu animerais... » Je me dis que c'est pas idiot. Mais j'hésite.

Apparemment, Kebbas a déjà vendu l'idée à Josèphe et à Paris Première. Il ne reste plus qu'à me convaincre, moi. Mais je reste sceptique. Ça va faire trois ans que je plante à peu près tout ce que je fais. Je n'ai plus droit à l'erreur...

Dans les jours qui suivent, j'appelle tous mes potes, je parle avec ma femme. Et je m'aperçois que Kebbas est déjà passé partout avant moi. Il a littéralement ambiancé tout le monde sur le thème : « C'est la meilleure émission possible pour Thierry, c'est sa chance de se refaire, il faut qu'il la fasse. » Chaque fois que j'appelle quelqu'un, j'entends : « Ah oui, Alexis m'en a parlé. Je crois qu'il a raison. Tu devrais l'écouter. Pour toi, pour ton image, une émission culturelle, c'est l'idéal. Parce que tu es cultivé, Thierry, et ça, personne ne le sait. On te prend juste pour un provocateur. Tu vaux mieux que ça... »

Finalement, je dis oui. *RD/RG* sera l'émission de la rédemption. C'est une des meilleures décisions que j'ai prises dans ma vie. J'accepte aussi de ne pas être producteur. Animateur seulement. La production, c'est une boîte qui s'appelle Planète Prod, dont s'occupent Estelle Ghouzi et... Alexis Kebbas.

Autant te dire que pour moi, professionnellement, c'est retour à la case « Départ ». Je recommence tout à zéro, comme quand j'ai fait *Scoop à la Une* en 1985. Je suis payé le même prix qu'à l'époque, d'ailleurs. Une misère. Mais je me suis mis à bosser comme un malade. Pour de bon. Pour de vrai. Avec plaisir et enthousiasme. Je lis. Je sors. Je vais au ciné, au théâtre, aux concerts. Des choses que j'ai toujours faites, mais là, c'est pour en tirer la meilleure émission culturelle possible. Je pige que *Rive Droite/Rive Gauche*, c'est ma dernière bouée de sauvetage. Ce sera mon entreprise d'autoreconstruction.

Et c'est comme ça qu'on invente le premier quotidien de la culture à la télévision. Écrivains, peintres, cinéastes, comédiens, journalistes : tout le monde est prêt à venir dans l'émission, même si le plateau où l'on tourne est au bout du monde, un pavillon de banlieue aménagé en studio, transformé en dernier salon où l'on cause.

Élisabeth Quin, Philippe Tesson, Frédéric Beigbeder, Patrice Carmouze : j'apprends à m'entourer, et à laisser parler les autres. La pratique quotidienne de l'antenne finit par avoir raison de mon trac. Peu à peu, je deviens presque naturel à la télévision. Il était temps.

Jacques Attali

T. A. : ***Vous pouvez me raconter l'histoire des cinq juifs qui ont changé le monde ?***

J. A. : Le premier, c'est Moïse, qui a dit que tout était dans la Loi. Le second, Jésus, qui a dit que tout était dans l'Amour. Le troisième, Freud, qui a dit que tout était dans

le Sexe. Le quatrième, Marx, pour qui tout est dans l'Argent. Et le cinquième, c'est Einstein, qui a dit : « Tout est relatif. »

Jackie Berroyer

T. A. : *Vous êtes un grand fan de jazz. Racontez-moi cette anecdote sur le trompettiste de jazz.*

J. B. : Il s'appelait Bobby Hacket, et avait la réputation de ne jamais dire du mal des gens, c'était impossible pour lui. Un jour, un de ses amis, pour le provoquer, lui demande de tenir des propos désobligeants sur Hitler. Bobby réfléchit et dit : « Dans son domaine, c'était le meilleur. »

Christophe Bourseiller

T. A. : *Dans un de vos livres,* Les Maoïstes, *vous rappelez : « Sartre, Godard, July, Miller, Finkielkraut, BHL, Sollers, Glucksmann étaient maoïstes... »*

C. B. : Du temps où il était maoïste, André Glucksmann a tripoté un jour une chaîne de moto pour se noircir les mains avant une réunion avec des ouvriers, pour montrer qu'il était vraiment ouvrier. C'est dramatique ! C'est terrifiant !

Françoise Giroud

T. A. : *À la télévision, vous aviez fait un triomphe en demandant à Valéry Giscard d'Estaing s'il connaissait le prix d'un ticket de métro. Il n'avait pas su répondre. Alors, et vous, est-ce que vous connaissez le prix d'un ticket de métro ?*

F. G. : Euh... moi, je les prends par carnets de dix. Mais, en fait, j'ai oublié combien ça coûte...

Éric-Emmanuel Schmitt

T. A. : *Rien ne vous prédisposait à être auteur. Vous avez découvert l'écriture comment ?*

E.-E. S. : Pour se débarrasser de moi, mes parents m'ont emmené au théâtre quand j'avais huit ans. J'ai vu *Cyrano de Bergerac* joué par Jean Marais et j'ai dit que je voulais être « le monsieur qui fait pleurer tout le monde ». Ma mère m'a

dit « Jean Marais ? » J'ai répondu : « Non, Edmond Rostand. »

Pascal Sevran

T. A. : *Que s'est-il passé lorsque ces deux dames ont demandé à Mitterrand de leur dédicacer le livre de Montaldo,* Mitterrand et les quarante voleurs *?*

P. S. : Il m'a dit : « J'ai dit oui sans problème. J'ai signé, car de toute façon, les gens ne lisent pas les livres qu'ils achètent. »

Sur Paris Première, *Chers amis, chers ennemis, bonsoir* fait un tabac tous les soirs à 19 heures chez les CSP+.

Sur M6, j'ai inventé et je produis *Graines de Star*, animée par Laurent Boyer. Ce revamping du radio-crochet de mon enfance ouvre la porte aux futures *Star Ac* et autres *Popstars*.

Mais tout n'est pas réglé pour autant. Sur France 2, après *Vue sur la mer*, j'avais à nouveau basculé dans les oubliettes.

Quelques mois passent. Et Christine Lentz, la directrice des magazines, qui m'avait vraiment à la bonne, se paie le culot de retourner voir Jean-Pierre Cottet, le directeur général, en lui disant, en gros : « Dis donc, t'as vu ce que fait Ardisson sur Paris Première. Une quotidienne culturelle, *Rive Droite/Rive Gauche*, c'est pas mal du tout... On devrait peut-être reparler avec lui... » Cottet finit par dire : « Ouais bon, pourquoi pas ? » En fait, il prend son temps... À ce moment-là, on doit être à la fin du printemps 1998, Cottet quitte France 2.

Celui qui le remplace à la tête de la Chaîne, c'est Patrice Duhamel. Et Duhamel, je l'ai connu à La Cinq. On s'apprécie depuis longtemps.

Effectivement, ça ne traîne pas. Christine Lentz m'appelle et me demande si, par hasard, j'ai des idées pour la rentrée. Mais naturellement ! Par paquets de douze ! En fait, j'ai surtout l'idée d'un magazine de deuxième partie de soirée, pour le samedi soir.

Un *talk-show* généraliste où on parlerait de ce dont tout le monde parle. Tu vois le topo ?

Quand on commence *Tout le monde en parle*, en septembre 1998, c'est un nouveau désastre. L'émission est mal foutue. Je ne maîtrise pas mon plateau. La production n'est pas au point. Quand les invités acceptent de venir, ils ne sont pas à l'heure. L'audience est une déception hebdomadaire qui se répète. J'ai carrément les boules. J'en ai marre.

Au bout de trois mois de dégringolade, Duhamel me convoque : « Thierry, moi je t'ai laissé faire ton émission comme tu voulais, mais enfin, là, cette fois, on va être obligé d'arrêter, parce que ça ne marche pas du tout. »

J'ai horreur de ça, mais je sors le grand jeu : « Non, Patrice, tu ne peux pas me faire ça. Il y a trois ans que je rêve de revenir animer un magazine sur France 2. Si tu l'arrêtes au bout de trois mois, tu plantes mon come-back ! Si tu fais ça, tu me tues. » Il me fait : « Mais, Thierry, ton truc, là, c'est un échec noir ! »

C'est sûr, je peux pas prétendre le contraire.

J'ai trois secondes pour trouver l'issue de secours, sinon je retourne au purgatoire, et j'ai déjà donné. Je réfléchis. Vite. Vite. Et je lui dis, exactement comme s'il n'avait même jamais envisagé d'arrêter cette émission la minute d'avant : « Bon, Patrice, il faut changer la production. Je vais recommencer à travailler avec Catherine Barma, voilà, c'est réglé. Tu vas voir, ça va s'arranger... »

C'est un coup de génie que je viens d'avoir parce que Barma, Duhamel la connaît et la respecte. Il l'a vue bosser sur La Cinq. Il sait de quoi elle est capable. Là, je reprends l'avantage et, deuxième coup de génie : « Je vais changer l'animation. Je vais mettre un mec auprès de moi, pour balancer des vannes... Je vais prendre Laurent Ruquier ! » À bout d'arguments, Duhamel me fait : « D'accord, mais c'est ta dernière chance... »

« Bon pour un tour. »

J'arrivais aux confins du désert.

Aujourd'hui, en huitième année, *Tout le monde en parle* fait toujours huit points de plus que la moyenne de la Chaîne.

« On ne bouge pas pendant le jingle ! », « Magnéto, Serge ! », « Pause bisou ». Une litanie familière me rappelle qu'Ardisson est resté un homme de concepts, de slogans, de pitchs, bref, le copywriter de ses années pub... Tu fais cette émission sur le Service Public, tu n'as jamais songé à rejoindre TF1 ?

Un jour, Balladur vient dans *Tout le monde en parle*, et je lui dis : « Écoutez, y a un truc qui est marrant, Édouard – déjà, quand tu l'appelles "Édouard", c'est limite violation de vie privée –, Édouard, donc, y a une semaine que je travaille avec vos équipes pour préparer cette émission et tout le monde me met en garde : "Surtout, lui dites pas qu'il est turc." Alors moi, ce soir, je vous demande pourquoi vous ne voulez pas qu'on dise que vous êtes turc ? » Putain ! Tête de Balladur, qui fait comme aux *Guignols* : « *Houuhumooum...* Je ne suis pas turc, je suis ottoman. Oui, oui, c'est ça, ottoman. *Huummuhhh...* » Je dis : « Écoutez, bon d'accord, vous êtes ottoman... c'est pareil, mais je ne comprends pas pourquoi vous refusez qu'on vous rappelle vos origines turques, parce que, pour votre image, un côté travailleur immigré, ça ne serait pas mauvais. » Éclat de rire général.

Le lendemain matin, coup de téléphone, j'étais au montage : « M. Balladur veut vous parler. » Je le prends : « Monsieur Ardisson ? » Je confirme : « Oui, oui, c'est moi. » Et il me demande : « Écoutez, je crois que vous devriez supprimer dans votre émission le passage où vous dites que je suis turc. » Je lui dis : « Enfin, mais attendez, arrêtez-vous, être turc, où il est le problème ? Il y a des Turcs formidables, vous savez, il y a des Turcs moins formidables aussi, sûrement, comme dans tous les pays, mais "turc", c'est pas une insulte, quoi, arrêtez-vous, là. » Rien à faire, et Balladur me sort : « Mais ce n'est pas vrai, je ne suis pas turc. D'ailleurs, si vous voulez venir à mon bureau, je vous montrerai des papiers, monsieur Ardisson, prouvant que je ne suis pas turc. » Là, il m'a énervé. Je lui fais : « Écoutez, on n'est pas sous Xavier Vallat, je vais pas vous demander vos origines. Vous savez, tout va bien, moi je m'en fous, vous êtes turc, pas turc... » Mais lui : « Franchement, monsieur Ardisson, ça suffit. Je vous demande de couper cette phrase, c'est tout... »

Il m'a mis en rogne. Je lui dis : « Écoutez... Si on m'oblige à couper quoi que ce soit, je vais appeler *Le Canard enchaîné* pour dire que j'ai été contraint de couper. Alors, qu'est-ce que vous préférez ? C'est à vous de choisir. » On se raccroche au nez. Bon, j'ai plus eu de nouvelles de Balladur, mais je me suis dit : « Si t'avais été sur TF1, le Balladur, au lieu d'appeler Ardisson au montage, il aurait appelé Martin Bouygues : "Vous savez, le stade, là, que vous êtes en train de faire dans le 15e..." » Martin Bouygues, il est forcément sensible à ce genre d'argument. Son business dépend aussi des commandes de l'État. La suite ? C'est Martin Bouygues qui appelle Le Lay qui appelle Mougeotte qui appelle Ardisson, et qui lui demande de couper. Voilà pourquoi je suis toujours sur France 2. Et ce n'est pas faute de propositions ailleurs, crois-moi.

XIV

« Parfois je me demande si je ne suis pas enfermé dans une tragique et interminable projection intérieure. »
T. A., *Cinémoi*, Paris, Seuil, 1973.

Un soir de juillet 2003, Thierry est arrivé au Bristol, où nous avions rendez-vous, fébrile, excité, s'excusant. Il n'aurait pas le temps de rester deux heures comme prévu. Une petite heure au plus. France 2 l'invitait, ce soir-là, au concert des Rolling Stones à l'Olympia... « Tu comprends, c'est les Stones, l'Olympia, quoi... » Je comprenais. Évidemment. Je lui proposai alors de reporter l'entretien.

Pas question. Il voulait absolument, mais « absolument » me parler de « quelque chose ». Et maintenant. Ce soir. Parce que « c'était le moment ». Il était hilare autant que grave, expansif et préoccupé. Intrigant. J'étais prié de bien vouloir remettre à plus tard, les questions et sujets que j'avais prévu d'aborder ce jour-là avec lui.

Ce dont il voulait parler tient sur les pages qui suivent.

Nous n'étions alors qu'au tout début du chantier de ce livre, mais, en le quittant, un peu plus tard, sur le trottoir du Faubourg Saint-Honoré, j'ai eu la certitude, la conviction, que je venais d'entendre ce qui prendrait naturellement sa place à la fin de ces Confessions.

Nous y sommes.

T'as déjà commandé ? Ouais, jus de tomate, très bien... Bon, c'est important, là. Faut que je te dise, je sors de l'Hôpital américain... Tous les ans, je fais un check-up... Trois jours... J'en viens. Voilà, faut que tu saches, moi, j'adore l'univers médical et l'examen du corps. C'est le rapport à la mort, quoi... Je ne sais pas où tu pourras bien mettre ça dans le bouquin. (*Sur le coup, je dois dire, moi non plus. Une demi-heure plus tard, je le sais.*) Enfin bon, tu verras. Ce qui est sûr, c'est que ce soir, je ne pourrais pas te parler d'autre chose. C'est un rite pour moi : quand je sors d'un check-up, je fais chier tout le monde avec mes résultats... (*C'est ta façon de me dire que je tombe bien, quoi...*) Ouais. Exactement. Ce matin, à l'hosto, j'ai pensé : « Tiens, Philippe, je vais lui parler du check-up. »

Après, ça passe, je te rassure. Ma femme est habituée. Je lui mets une tête comme ça, je lui dis : « Mais tu savais que la rate ceci... ou le pancréas cela... ou les globules... » Et c'est parti pour une heure. Ça me passionne ! (*Attends, mais qu'est-ce qui te passionne, la maladie ?*) Non, la vie, la lutte contre la mort, et en direct ! Attends, laisse-moi te raconter.

Grâce aux appareils de mesure qu'on a aujourd'hui, tu peux assister à ta décrépitude en live. C'est-à-dire que moi, tu vois, j'ai décidé d'aller tous les ans à la même époque à l'Hôpital américain et de faire à chaque fois les mêmes examens médicaux. Tous les contrôles possibles et imaginables, avec des techniques extrêmement sophistiquées... Et tu compares, d'une année sur l'autre. Ouais ? Pourquoi ? Ben, je vais te le dire.

Il y a une dizaine d'années, mon père est tombé malade. Le toubib qu'il est allé voir lui a découvert un cancer du côlon, et lui a dit : « Vous auriez fait des coloscopies régulièrement, on aurait pris ce problème bien plus tôt et plus facilement... » Alors bon, il a été opéré, on lui a enlevé la tumeur, il s'en est sorti, mais il a rechuté quelques années après, métastases sur le foie, bref... Mais quand c'est arrivé, ça m'a fait salement réfléchir. Je me suis dit : « Putain ! Thierry, il n'y a rien de pire que de crever d'une maladie qu'on peut soigner. » De ce jour, j'ai décidé d'aller régulièrement faire des check-up. Voilà.

Là où ça devient particulier, c'est que tu as plein de gens pour qui ce serait une corvée épouvantable. Pas pour moi. Au contraire ! J'y ai complètement pris goût. Je suis devenu un accro des examens médicaux, un addict du check-up. En plus, je me suis découvert une passion pour le corps humain. Avec les moyens d'exploration d'aujourd'hui, c'est exactement comme au cinéma, c'est *Le Voyage fantastique*, le film de Richard Fleischer...

Il y a deux façons de rentrer en toi. Il y en a une première, mentale : « Je me concentre. J'examine mon esprit, mes pensées, mes sensations, mes rêves... » Et puis il y a la deuxième, beaucoup plus pragmatique, rentrer en soi grâce à des caméras, des sondes, des aiguilles, des scanners, des échographies et te visiter toi-même, au fond.

Cette exploration-là, celle de mon propre corps, me fascine. Les toubibs, aujourd'hui, ils peuvent tout faire. Avec de minuscules caméras, on te rentre dans le cul, on visite l'estomac, on se balade dans les poumons, dans la vessie, on pénètre dans le cœur. Le corps humain, c'est un monument vivant qui se visite et qui se restaure. Et pour ça, on prend des mesures, on fait des relevés, on dresse des plans. Abscisse et ordonnée, toujours...

En plus, avec les années, je deviens de plus en plus gourmand d'analyses médicales. J'ai mes préférées. J'aime aussi les découvertes. « Allez, docteur, cette année, on fait la "scinti", hein ? » Ou alors : « Cette fois, docteur, on fait la "systo", d'accord ? » Là, on a fait la « scinti ». Il me remplit de liquide radioactif. Je m'allonge sous le scanner qui me débite en images, tranche par tranche, et l'on découvre des trucs, mais des trucs qui font même pas un millimètre ! Il me dit : « Vous avez un petit ganglion dans le cou, ici, oui... » Moi, je suis tout ce qui se passe sur l'écran, et je demande : « Combien ça mesure, docteur ? » Lui : « Un millimètre, tout au plus. » Je fais : « Bon, alors on oublie, si vous voulez. Quand il fera deux millimètres, on en reparlera. »

C'est du jeu vidéo médical. Tu cherches l'ennemi. Le vrai. Pour l'anéantir.

(*Finalement, Thierry, tu es juste un peu hypocondriaque, on dirait...*) Mais pas du tout ! C'est le contraire ! C'est parce que je ne suis pas hypocondriaque que je fais ça. L'hypocondriaque, c'est un fou qui se demande tous les jours s'il n'a pas le cancer. Moi, je me le demande juste une fois par an. Une fois passé ce check-up, je ne m'en occupe plus.

Je n'y pense plus.

C'est une panoplie d'explorateur fabuleuse que tu trouves dans les hôpitaux. On arrive à savoir très exactement ce qui se passe en soi. Et là, tu constates ce qu'est le processus de la vie, du vieillissement, de l'altération, et donc de la mort qui vient. Mais en même temps, tu peux jouer sur des variables pour ralentir ce processus. Tu ne peux pas l'enrayer, mais t'y adapter, corriger, freiner.

J'ai arrêté de fumer y a un an. Donc, lors de mon check-up précédent, celui de juillet 2002, j'étais à 70 % de capacité pulmonaire. Là, juillet 2003, je suis à 95 %, donc j'ai récupéré 25 % de capacité pulmonaire en un an, voilà. Ça en valait la peine, non ? Tout est analysé, ce qui va plus mal et ce qui va mieux. Et tout ne va pas toujours plus mal. Parce qu'en plus j'ai arrêté de boire, de picoler. Je ne buvais plus que du vin, d'accord, mais quand même, pas mal, quoi. J'ai décidé d'arrêter quand on m'a montré les effets sur mon foie. Alerte rouge ! C'est pas un mec qui m'a simplement dit : « Faites gaffe au pinard... » Non. C'est beaucoup plus précis et radical que ça. On m'a fait une biopsie, tu vois, ils te prennent un petit bout de foie avec une grande aiguille à travers la peau du ventre, et ils te disent : « Oh la la ! Mais, monsieur Ardisson, là, ça va pas du tout, c'est du F3 qu'on a là. » Les toubibs ont des codes comme ça, genre bataille navale. J'ai tout arrêté avant d'être à F4 ! (*Mais ça te fout pas les jetons, à la longue ?*) Tu plaisantes, là ? C'est de plus en plus jouissif. Et je trouve que c'est une très bonne chose, surtout quand tu es une vedette de la télé, de te retrouver au moins une fois par an, comme tout le monde, à poil devant des toubibs. À n'être qu'un corps sur un lit d'hôpital. C'est un peu comme baisser la tête devant quelque chose d'immatériel, tu te souviens ?

Chaque fois que je vais faire un check-up, c'est trois jours d'hospitalisation. C'est comme trois jours de retraite. Hors des médias. Hors du monde. Trois jours en face de moi. Il y a évidemment quelque chose d'un peu religieux, là-dedans. Ça me rappelle que je ne suis qu'un paquet de viande qui se décompose avec l'âge. À l'hôpital, j'aborde la vie sur le plan de la chose, de l'objet corporel, et non plus de l'esprit... (*Dans tes émissions, il y a toujours beaucoup de « corps » aussi...*) Ouais, c'est vrai, mais quand je parle de « corps » à la télé, je parle en fait de « carrosseries ». Ce sont des corps séduisants. Non, là je te parle de corps au sens d'un écorché. Comme les corps qui servent aux dissections dans les facultés de médecine. J'ai une intense curiosité pour l'intérieur du corps. Comment ça fonctionne. Comment ça vit.

Et ça me fait penser, ouais, je t'ai dit, pour ma glande ? (*Excuse-moi... euh... Quelle glande ?*) L'année dernière, tout était en ordre, impeccable, mais, la veille de la sortie, un des toubibs, un hématologue, vient me voir pour faire le point sur mes globules, il me regarde, juste un coup d'œil, comme ça, au niveau du cou, et il me fait : « Vous n'auriez pas comme un nodule, là, sur la glande thyroïde ? » Il s'approche. Il touche. Et, catégorique : « Si, si, vous avez un nodule, là... » Morale de l'histoire : la plus grosse trouvaille de mon check-up, cette année-là, n'a pas été faite par un scanner ou une échographie ! Elle a été faite par un mec qui a vu, à l'œil nu, que j'avais un nodule sur la glande thyroïde ! Faut quand même le faire ! Ils me l'ont enlevé. J'en ai reparlé avec le chirurgien, l'autre soir, quand il est passé me voir. « Qu'est-ce qui se serait passé, docteur, si vous n'aviez pas enlevé ce nodule ? » Réponse du toubib : « Si on l'avait laissé ? Risque de métastases cancéreuses dans les cinq ans... » Ambiance.

Je m'efforce de lutter contre la mort à ma façon. En allant la chercher là où elle est. Lutter contre la mort, c'est abstrait. Lutter contre ce nodule de merde qui peut devenir un cancer, c'est concret !

Cette année encore, tout se passe parfaitement. Je fais mes examens, mes prises de sang, mes tests d'effort, tous les contrôles imaginables, et puis le soir, avant-hier donc, à huit heures, les toubibs arrivent tous en groupe dans ma chambre. Ils font une drôle de gueule. Ils me disent : « Thierry, il y a une mauvaise nouvelle. » Putain ! Alors là, d'un seul coup, tu rigoles moins. Parce que c'est vrai que ce qui est sympa dans le check-up, c'est d'aller à l'hôpital sans être malade. Mais là, petite pointe d'inquiétude. Je demande : « Putain, euh, dites-moi, qu'est-ce que j'ai ? » Ils me font : « Ben, vous avez le cœur, une partie du cœur, qui n'est plus, enfin... C'est le cœur qui n'est plus irrigué normalement ! » Je dis : « Hein ! Mais, attendez, ça c'est pas le scénario de l'infarctus du myocarde ? » Ils confirment : « Oui, c'est le risque. Les artères se bouchent, le cœur est mal irrigué, et vous n'êtes pas à l'abri de faire un infarctus. »

Vraiment, merde, je m'attendais pas à ça : « Alors... qu'est-ce qu'on fait ? » Et eux : « Oh ! ben, c'est pas bien grave. On va vous rentrer une caméra, demain matin. On va aller voir à quoi ça ressemble, et puis on va vous mettre un petit ressort pour ouvrir la veine. Ça s'appelle un « stent ». C'est rien du tout, vous savez. » Je dis : « Putain, un ressort dans le cœur, oh... Pour le restant de mes jours... Manquait plus que ça. » Les mecs me disent : « Oui, mais comme ça, au moins, vous n'aurez pas d'infarctus du myocarde, puisque la veine va être réouverte et va de nouveau irriguer le cœur comme il faut. » Bon. Ils s'en vont.

Figure-toi, Philippe, qu'après ça, malgré cette nouvelle et la perspective d'une intervention le lendemain pour me faire poser le ressort, j'ai dormi sept heures, comme si de rien n'était, ce qui me rassure sur mon self-control.

Pourtant, ce que je venais d'entendre c'est : « Ardisson, vous êtes dans l'état d'un mec de soixante-quinze ans, artères bouchées, faut vous mettre une prothèse. » Et là, je commence à me demander si c'est pas la fin, si je pourrai encore faire des nuits blanches ou baiser autant qu'avant. Qu'est-ce qui m'attend, si mon corps est déjà bousillé à cinquante-quatre ans... Eh bien, malgré tout ça, je me suis endormi peinard, sans rien prendre pour, en pensant juste : « On verra bien. »

À six heures du matin, un infirmier arrive dans la chambre : « Bonjour, c'est pour le rasage. » Et il commence à me raser les couilles avec un jetable, tout en m'expliquant qu'ils vont faire entrer la caméra par l'artère fémorale pour remonter au cœur. Il me rase de chaque côté. Je vois que je me retrouve avec un toupet de poils au milieu, je lui dis : « Écoutez, franchement... Je ne vais pas me traîner tout l'été avec cette crête d'Iroquois au-dessus de la bite ! » Je lui demande de terminer le travail. Donc, le mec, comme on tond des moutons, me rase complètement. Ardisson en train de se faire débroussailler la queue au petit matin, t'aurais dû voir ça, Philippe !

Deux heures plus tard, les brancardiers m'embarquent. On va au bloc. On m'allonge sur la table. On m'endort, avec le produit génial, nirvanesque.

Je me réveille, un moment après. Impeccable. Là, un toubib arrive et me dit : « C'est une erreur. Vous n'avez absolument rien. Ça s'appelle un "faux positif". Ça arrive avec le scanner. On ne vous a pas posé de ressort. Vous avez un cœur en parfaite santé... Euh... dites donc, vous avez pris beaucoup de coke dans votre vie ? » Moi : « J'en ai pris pas mal, faut dire, mais j'ai arrêté depuis plus de dix ans. » Le toubib : « Écoutez, c'est surprenant, vous n'avez même pas les artères durcies, et ça, franchement, c'est une chance. »

Je suis un obsessionnel. J'ai pu être obsédé par les drogues. Je suis aujourd'hui obsédé par les médicaments. Je suis aussi monomaniaque en 2003 dans ma survie que je l'ai été, il y a trente ans, dans ma destruction. Je me suis démoli aussi systématiquement que je me soigne aujourd'hui. Mais, à l'origine, c'est la même folie, elle s'est juste déplacée. (*C'est-à-dire ?*) C'est-à-dire que je prends des médicaments comme je prenais des lignes d'héro et des lignes de coke. Je dois prendre dix médicaments différents par jour. (*Des médicaments contre quoi ?*) Contre tout, évidemment. Des trucs sans ordonnance, des adjuvants, des fortifiants, des vitamines, des trucs qui améliorent la santé, des machins contre des choses qui pourraient m'arriver, Philippe !

Ce que je veux te dire ce soir, c'est qu'avec ces check-up je me suis lancé dans une aventure qui se terminera le jour de ma mort. Ce que je suis en train de te dire, c'est que je veux voir ma mort en face. Je veux la voir arriver. Je veux connaître le moment où elle deviendra irréversible. Je veux retarder l'échéance de la déchéance. On est comme dans un *space-opera*. Chaque fois qu'un petit ganglion qui pourrait être précancéreux passe de un à deux millimètres, on décide de l'anéantir au laser.

Je veux niquer le cancer à sa naissance. Je l'attends, quand il sort de l'œuf. Dès que j'en vois un, je dégaine et je tire dessus. Je me suis engagé dans un combat contre la décrépitude. Je veux devenir le spectateur de ma mort. Voir comment ça se passe. Comprendre comment on meurt. Les yeux grands ouverts. En direct.

Je pense que la longévité sera la nouvelle frontière de l'humanité. C'est-à-dire qu'après avoir exploré tous les continents, après être allé sur la Lune, la prochaine étape, c'est l'âge.

(*Au début de ce livre,* Technikart *te donnait pour mort... Ton âge te tourmente ?*) Mon âge ? J'ai une image, une formule pour résumer ça : « Le 15 Août de la vie ». C'est en rapport avec les grandes vacances qu'on avait quand j'étais môme. Trois mois pleins pendant l'été. Le bonheur. Fin juin, tout juillet et début août, c'était une période où on ne fait pas vraiment gaffe au temps qui passe. On profite, on joue... et puis, à partir du 15 Août, la rentrée approche, il ne reste plus que trois semaines de vacances, et là, tu t'aperçois que la nuit tombe plus vite, que les journées n'ont plus la même intensité. Tu essaies d'en profiter davantage. De perdre moins de temps. La perception que j'ai de la vie, ma vie, c'est pareil. Avant d'arriver à cinquante balais, c'est comme avant le 15 Août, le temps disponible te semble infini. La vie est éternelle. Et vers cinquante ans, tu dis, ben voilà, j'ai passé le 15 Août... C'est pas pour ça que t'es triste, mais tu sais quand même que tu es plus proche de l'arrivée que du départ, et ça te donne une autre vision de la vie. Tu réalises que tu n'as plus tout ton temps.

Voilà, tu sais tout.

Bon, m'en veux pas pour ce soir. On s'arrête là. Faut que j'aille voir à l'Olympia si Jagger a vieilli. (*J'en ai peur, tu crois pas ?*) Tu sais, Philippe, les *baby-boomers* ne veulent pas mourir.

ÉPILOGUE

Fin mai 2005. Près de deux ans ont passé depuis qu'avec Thierry nous avons entrepris ces Confessions *qui ne sont toujours pas en librairie. Depuis plus d'un an, le manuscrit global est prêt. Et c'est à un minutieux travail de précisions, de relectures, de choix de photos ou d'extraits de documents retrouvés au fond d'improbables malles campagnardes que Thierry s'est attelé. Je le savais maniaque. Je l'ai découvert expert en maniacologie.*

Du coup, plusieurs fois annoncée, plusieurs fois reportée, la sortie du livre reste comme un point d'interrogation géant au-dessus de nos conversations. Amis, parents, journalistes : les questions fusent sur le thème du « serpent de mer ». Impatiences amicales (« Alors, quand est-ce qu'on va pouvoir la lire, la vraie vie d'Ardisson ? ») ou remarques confidentielles d'anonymes n'ayant rien lu, mais d'ores et déjà certains que ce retard n'est dû qu'au peaufinage d'une biographie ultra-complaisante. Ben voyons ! Mais c'est bien sûr ! Écrire une monumentale hagiographie, c'était notre rêve commun à Thierry et à moi. Nous voilà donc démasqués. C'est dur.

N'empêche, le temps passe et Thierry a dû sentir, lui aussi, qu'un complément d'explication ne pourrait pas nuire au projet, puisqu'il me laisse ce message, un soir de juin :

Ouais, c'est Thierry... Bon, dis-moi, Philippe, je réfléchissais, là... J'ai tout relu, le cahier photos est calé : je crois qu'on est prêt pour sortir le 15 septembre, mais il y a un truc... enfin je ne sais pas ce que tu en penses, mais je me disais qu'on pourrait peut-être ajouter un chapitre qui permettrait aux lecteurs de comprendre pourquoi ça a pris autant de temps cette affaire, et surtout comment ce livre a changé ma vie... On pourrait se faire une dernière séance d'entretien « chèvre chaud » au Bristol, à la fois pour le plaisir et pour boucler la boucle... Un genre d'épilogue, quoi. Bon, rappelle-moi pour me dire ce que t'en penses. Moi, je suis libre à déjeuner le 6 ou le 13 juin. Je t'embrasse.

Je pensais pareil et j'étais libre le 13.

Lundi ensoleillé, mais frisquet. 13 h 30. Je n'avais pas remis les pieds au Bristol depuis l'automne, et je constate que le bar a changé de place. 13 h 31. Thierry arrive et décrète que la table d'alcôve qui a été réservée ne conviendra pas. Trop de monde autour, trop de conversations : « Tu comprends, faut qu'on soit peinard aujourd'hui, c'est important. Viens... On va s'installer ailleurs... »

Il entre alors en discussion avec Pascal, le chef barman, et demande une table dans le jardin de la cour intérieure. Impossible. Le jardin est fermé jusqu'à ce que reviennent des températures plus clémentes.

Thierry (*directeur du Bristol par intérim*) : Pas du tout, regarde, il y a du soleil. Ce sera parfait. Donc, on ouvre le jardin, et tu nous fais pas trop attendre pour nous servir parce qu'on a du boulot avec Philippe. On a un livre à finir.

Pascal (*intrigué intéressé*) : Je vois, je vois. Et, Thierry, dans ton bouquin, tu parleras aussi du Bristol ?

Thierry (*manipulateur affamé*) : Ben, pourquoi pas ! Je te propose un deal. Si tu nous sers bien et vite, on glissera peut-être une phrase importante comme : « Ce jour-là, on déjeunait dans le jardin du Bristol et Pascal nous apportait des cafés. »

Pascal (*reconnaissant amusé*) : Bon, qu'est-ce que vous prendrez ?

Une demi-heure, un plat de penne et un verre de saint-estèphe plus tard, j'enclenche deux magnétos et Thierry entreprend l'un de ces étranges et excitants monologues dont je comprends qu'ils sont, le plus souvent, l'aboutissement d'une réflexion cumulative. Un discours sédimentaire, au sens où j'y vois se succéder, s'étager les réponses à bien des questions étalées dans le temps et soudain comprimées en une sorte de discours conclusif. En l'occurrence, ici, une réponse à la question générale : « Pourquoi ce livre et tant de temps pour le faire aboutir ? »

Pourquoi ces *Confessions* ? Ben... Il me fallait remettre en place toutes les pièces du puzzle « Ardisson ». On aimera ou on n'aimera pas, mais en tout cas, ça dessine un itinéraire, un destin, une figure humaine. C'est mon premier vrai retour sur moi-même. Pour la première fois de ma vie, moi, l'homme pressé, je me suis arrêté et j'ai pris le temps de regarder en arrière. « De transformer mon expérience en conscience », comme disait Malraux, le jour du bac. Et ça m'a fait du bien. Du bien comme j'imagine aurait pu me faire une psychanalyse. Sauf que je trouve beaucoup plus intéressant d'avoir fait un livre. (*C'est-à-dire ?*) Le principe de la psychanalyse, c'est de se raconter à quelqu'un qui est payé pour vous écouter. Je préfère me raconter à des gens qui payent pour me lire. Plus sérieusement, je me suis rendu compte en faisant ce bouquin que je reviens du fin fond d'une espèce de méchante dépression. Pourquoi cette déprime ? Pourquoi *Technikart* annonçait ma mort il y a deux ans ? Je ne l'ai analysé qu'en relisant ces *Confessions* qu'on termine aujourd'hui.

Pour comprendre, il faut remonter à ma période la plus noire depuis la sortie de l'héro. Celle où je me suis fait virer de la télé et où en même temps j'ai vendu *Entrevue*. Il y a près de dix ans. Je me suis vraiment retrouvé complètement largué. À ce moment-là, je ne pouvais plus faire qu'une chose : tout laisser tomber ou tenter de remonter à la surface. J'excluais l'idée de quitter la télé sur un échec. Donc, j'ai décidé de renaître. J'ai recommencé avec *Rive Droite/Rive Gauche* sur Paris Première, et puis *Tout le monde en parle* sur France 2. J'ai su rebondir et je suis revenu. Mais je n'ai pas vu qu'en même temps je me piégeais, je me condamnais à la dépression qui me tomberait dessus plus tard. Car, pour pouvoir remonter en haut de l'affiche, j'étais obligé de ne plus faire que de la télé. Je suis devenu monodimensionnel. Homme d'un seul média... Ce que je n'avais jamais été. Toute ma vie j'avais toujours fait des tas de choses différentes en même temps : de la pub, des romans, de la presse, de la télé. Là, non.

Tu es devenu monodimensionnel, comme tu dis, parce que tu t'es aussi complètement coupé de l'écriture en 93 avec l'affaire du plagiat sur Pondichéry...

Juste. Le scandale *Pondichéry* m'a séparé de ce que j'aimais le plus au monde : l'écriture. Le fait de vouloir revenir au sommet en télé m'a également coupé aussi de l'envie de faire des journaux. J'ai investi tout mon temps, toute mon énergie dans mes émissions. Je n'ai pas vu qu'au fond, moi qui avais toujours eu des activités kaléidoscopiques et une image multiple, j'étais en train de devenir un animateur comme les autres. Juste un animateur et rien que ça. C'est en ayant relu, revu tout ce qu'on a fait que je comprends à quel point je me suis emprisonné tout seul. C'est maintenant que je peux mieux saisir comment et pourquoi cela m'a tellement vexé, l'arrivée de Fogiel sur France 3. Alors que j'aurais dû m'en foutre, je devenais ultrasensible au fait qu'on puisse nous mettre sur le même plan. Je ne comprenais pas que je m'étais réduit à *Tout le monde en parle*.

J'ai déprimé progressivement, en me disant des trucs du genre : « Mais finalement, mon pauvre Thierry, on te compare à Fogiel ! Tu n'es plus qu'un animateur ! Voilà où t'en es arrivé. » Fogiel m'agaçait parce que, ça crève les yeux, son truc, *On ne peut pas plaire à tout le monde,* c'était terriblement inspiré de *Tout le monde en parle*. À commencer par le concept, un talk-show généraliste, puis le titre, la scénographie et le *sniper*. La stratégie de l'imitation, Pepsi contre Coca, on connaît ça en marketing. Ce qui m'irritait le plus, c'était que c'était France Télévisions et pas TF1 ou M6 qui me foutait Fogiel dans les pattes le vendredi soir, la veille de mon émission. D'où une grosse bagarre hebdomadaire pour obtenir des invités... Je trouvais ça pas loyal. Pas correct. J'avais le sentiment d'être trahi par ma propre chaîne. Ensuite, il est passé le dimanche soir, c'est pas plus mal.

Pendant toutes ces années de remontée médiatique, je n'ai pas pigé que ça se faisait au prix d'une descente. Plus ça marchait, plus je me fragilisais. Plus on me consacrait comme animateur, plus j'étais, sans le savoir, dans le renoncement et la frustration d'une grande partie de moi-même. Monodimensionnel, je ne m'amusais plus. Je ne m'étonnais plus. Ma vie n'était plus un roman. Je ne vivais plus avec talent. J'étais le rat dans la roue d'une cage. Toutes les semaines je faisais *Tout le monde en parle*, voilà... Ce n'est pas que je n'aime pas faire cette émission, c'est tout le contraire, mais je n'aime pas faire que ça. Bien sûr, les gens dans la rue qui vous disent qu'ils vous aiment, c'est le meilleur valium, mais ça suffit pas.

Et puis, quand c'est comme ça, tu fais chier tout le monde. Tu ne trouves plus beaucoup de gens à qui parler. Encore moins des gens qui t'écoutent vraiment. Moi, à cette époque, juste avant qu'on entreprenne ce livre, force est de reconnaître que j'ai surtout bénéficié du soutien amical d'une personne, pas trente-six, Bernard-Henri Lévy. Il m'a porté à bout de bras pendant six mois. Je l'appelais tous les dimanches matin en lui expliquant que j'étais une merde. L'important, c'était moins ce qu'il me répondait que le temps qu'il passait avec moi, l'intérêt qu'il me portait. Il me supportait.

Et puis, au printemps 2003, tu es tombé au bon moment... C'était la fin de ma reconquête audiovisuelle, et en même temps le constat qu'au fond quelque chose ne tournait pas rond dans tout ça. Le jour où tu m'as appelé, tu te souviens ? (*Je ne risque pas d'oublier.*) C'était le moment où j'allais sans doute le plus mal, où *Technikart* m'enterrait. Et on a commencé ce livre. Je ne savais pas que ça serait une solution. En un sens, il y a une logique souterraine : cette déprime totale a généré la une de *Technikart* qui a provoqué ton appel qui a produit ce bouquin qui m'a permis de donner le coup de pied qui m'a ramené à la surface. En revisitant toutes les époques de ma vie, j'ai repris conscience. Et confiance.

Cette grosse déprime, j'en suis sorti en comprenant une fois pour toutes que je ne suis pas de nature à n'exercer qu'un métier.

Il me faut passer sans arrêt d'un truc à l'autre, sinon je m'emmerde. (*Le K-Dickien lecteur de S-F Ardisson est en train de me dire, en gros, qu'il était en manque d'univers parallèles ?*) Oui, c'est exactement ça, absolument. Mais je me soigne. J'ai des tas de projets. La sortie de ce livre, bien sûr. De nouvelles émissions, évidemment. Mais aussi un retour à la presse, le cinéma, la littérature... De nouveaux Far West. (*Attends, attends, si on reprend dans l'ordre, la presse, c'est quoi ?*) J'ai fini par me dire que ce n'est pas parce que *Entrevue* était devenu un torchon que je ne devais plus jamais faire de journaux. Alors, j'ai commencé à réfléchir à un nouveau magazine dont on teste le numéro zéro cette semaine avec Hachette-Filipacchi-Médias. Un mensuel mixte, généraliste, haut de gamme, consacré aux vingt et un terriens les plus extraordinaires du mois, connus ou pas connus, français ou non, traités sous forme d'interviews, de portraits, d'enquêtes, de portfolios. (*Côté cinéma, qu'est-ce que tu prépares ?*) J'ai monté une boîte qui s'appelle Ardimages et qui développe deux ou trois pitchs de films qui accrochent. Ils ont « l'attrait universel ». C'est ma grande théorie. On en parlera quand on fera le tome II. Dans vingt ans.

C'est comme ça : j'ai besoin de me lever le matin en me disant : « Bon, attends, le cinéma, ça avance comment, les projets ? La presse, on en est où ? La télévision, comment ça marche ? » Mais, bien sûr, ce n'est qu'à moi que je parle ! Je ne suis que le chef de moi-même ! Je me pose des problèmes et je les résous. Je suis un concepteur. Je suis un *think tank*. Je trouve des idées. Et, une fois qu'elles sont vendues, je les fais fabriquer. Pour résumer ma situation aujourd'hui, j'invente et je vends des packages créatifs à l'industrie de la télévision, de la presse et du cinéma.

Tout en parlant, il a saisi son téléphone et je l'entends appeler le standard du Bristol à qui il demande qu'on lui passe le bar – dont, seuls à une table du jardin, nous ne sommes pas séparés de plus de trente mètres – pour finalement commander un autre verre de saint-estèphe que le fidèle et patient Pascal apporte en un temps record.

Je me dis qu'avant cinq ans, les progrès en nanotechnologies aidant, tout le personnel de cet hôtel sera équipé d'implants calés en permanence sur la fréquence Ardisson. L'étape suivante sera celle de la commande par télépathie.

C'est tout ce processus de remise en question, Philippe, qui a pris du temps. Plutôt que de faire un bouquin torché en six mois, deux cents pages et une poignée d'anecdotes, je me suis mis à contribution. J'ai pris le temps. J'ai rien voulu bâcler. Voilà pourquoi deux ans. Ce boulot a été long parce qu'un mec comme moi qui accepte de passer quarante nuits blanches par an dans une salle de montage à Boulogne pour monter son émission, il faut pas s'attendre à ce qu'il laisse sortir le récit de sa vie sans le relire.

Ce matin, j'ai corrigé pour la cinquantième fois le traitement sur vingt pages d'un de mes projets de cinéma. J'avais déjà passé mon week-end à bosser dessus. Ce qui manque le plus à notre époque, c'est ça : l'exigence. (*D'accord, mais à ceux qui se demandent si ces* Confessions *vont finir par sortir un jour, tu leur réponds quoi, aujourd'hui, 13 juin 2005 ?*) Ben, la vérité : que ce bouquin sortira quand il sera fini ! Souviens-toi, j'avais un slogan pour *Façade* : « *Façade, le journal qui sort quand il est prêt.* »

Puisque tu parlais du moment où tu te lèves, tes journées, tes semaines, ça se déroule comment ? Du lundi au dimanche, en gros ?

Tout le temps pareil. C'est résister au quotidien qui fait ma force comme animateur de télévision. Toujours le même emploi du temps. Invariable. (*Au cinéma, cela s'appelle :* Un jour sans fin.) Oui, mais moi c'est « Une semaine sans fin » ! C'est-à-dire, le lundi matin, je me réveille en Normandie à neuf heures et demie. Je range mes affaires. À onze heures, je prends le train, je viens à Paris. Le lundi après-midi, j'ai des rendez-vous sur la télévision, la presse, le cinéma. Le lundi soir, j'enregistre mon émission-dîner pour Paris Première chez moi, *93 Faubourg Saint-Honoré*. Le mardi matin, je fais de la gymnastique. Le mardi après-midi, j'ai des rendez-vous. Le mercredi, je prépare

Tout le monde en parle. Jeudi, je rédige mes fiches. C'est moi qui fais mes fiches. C'est moi qui décide ce que je vais dire. J'intègre le fond et le fun. Tous les jeudis soir, c'est l'enregistrement de *Tout le monde en parle*. Je me couche à quatre heures du matin. Le lendemain, chaque vendredi à onze heures, en compagnie du co-producteur, Stéphane Simon, je visionne le « dîner du 93 » qu'on a tourné le lundi. En début d'après-midi, je vais au montage de *Tout le monde en parle*. J'y passe la nuit jusqu'au samedi huit heures du matin. Le samedi, je me lève à deux heures de l'après-midi, je fais de la gymnastique. Ensuite, je pars en Normandie. Samedi soir, je suis en Normandie avec Béatrice et les enfants. Dimanche aussi.

Voilà, ma semaine, elle est bouclée, elle est fermée définitivement. Lundi matin, je me réveille en Normandie et la semaine recommence... (*On a sauté une étape. Le dimanche matin, tu as l'audience de l'émission de la veille sur France 2 ?*) Oui, très important, le dimanche, toute la matinée est prise au téléphone, avec Catherine Barma, Laurence Tricoche, Kader Aoun, débriefing sur l'émission de la veille et briefing sur celle de la semaine suivante. Dimanche à midi, je déjeune avec ma femme et mes enfants. L'après-midi, j'écris un projet. J'organise ma semaine. Dimanche soir, soit je travaille, soit je regarde un film.

C'est spartiate, ton truc, quand même. Euh, pour employer le verbe le plus communément utilisé, à quel moment tu te distrais ? Si ça t'arrive...

Je me distrais tout le temps, surtout quand je travaille. Évidemment, si je passe le week-end à Paris, je vais aux Puces, je vais faire les antiquaires. Il y a quelques dérogations à mon organisation. Une semaine où il n'y a pas d'émissions, par exemple, je peux partir en week-end au bord du lac de Côme. Mais disons que sur quarante semaines d'émissions, ça arrive trois ou quatre fois, c'est tout. Quand on veut arriver à ce qu'on veut, il faut y mettre toute sa vie, au détriment du reste. Il y a une dimension sacerdotale dans tout ça. Maintenant, faut pas t'imaginer que c'est l'enfer. (*Effective-*

ment, j'aurais du mal à te croire.) Le lundi soir, après l'enregistrement du *93 Faubourg*, on va au Mathis avec les invités du dîner. Et comme j'invite plutôt des gens que j'aime bien, c'est assez sympa. Le mardi soir, j'ai quartier libre, je peux sortir, c'est le seul soir de la semaine qui m'appartient pleinement. Le jeudi soir, en général, après le tournage de *Tout le monde en parle*, on va tous dîner au Costes, et ça se termine très, très tard.

Et puis, il y a les vacances, avec Béatrice et les Arditoons, à Noël et l'été. Toujours à l'étranger. Mes fameuses cures d'anonymat.

Mais oui, c'est vrai, tout ça me demande beaucoup de temps et d'énergie... Quand je pense à ma vie, je repense parfois à ces vacances à Taormina avec Ouamée. L'endroit est sublime, mais l'hôtel où nous sommes descendus n'est franchement pas terrible. Au matin du deuxième jour, je me mets donc en quête d'un hôtel mieux situé, plus chic, quoi. Vers midi, j'avais trouvé, un truc vraiment pas mal. Déménagement. Installation. Promenade en amoureux sur le Corso. C'est là que je remarque une petite auberge, ravissante, très authentique, qui domine la mer. Le lendemain, à la première heure, je vais y réserver une chambre pour le troisième soir. Mais, dans la matinée du quatrième jour, je repère un vieux palace, très classe... Bref, au bout d'une semaine, nous étions installés dans la plus belle suite du meilleur hôtel de Taormina : le San Domenico. Mais les vacances étaient terminées. C'est un peu ça ma vie. Ma grand-mère Marie-Louise me disait toujours : « Toi, tu ne seras jamais heureux ! » À l'époque où je lui demandais encore « pourquoi », elle me répondait : « Parce que tu regardes en haut, au lieu de regarder en bas. »

Je t'ai parlé de la prise de conscience de la déprime... La deuxième chose que j'ai réalisée en faisant ce livre, c'est qu'en fait, le vrai grand moment de mon existence, contrairement à ce que je pensais avant, le *climax* de ma vie, ce n'est pas d'avoir été invité chez Pivot pour parler de *Louis XX*. Être sur le plateau d'*Apostrophes*, c'est vrai que c'était un apogée assez rock'n'roll. J'ai adoré me voir dans le rôle. Mais en fait, le moment décisif de mon existence, la clef, c'est quand j'ai dix-sept ans et que ce mec, Johnny Honeywood, me demande sur la plage de Juan-les-Pins d'être disquaire au Whisky-à-Gogo.

C'est un truc qui n'en finit pas de m'étonner. Comment ce type, en essayant de me draguer, va complètement faire bifurquer ma vie. Si je veux résumer, je dirai que ce mec m'a fait passer « de l'autre côté du bar », comme on dit qu'on passe « de l'autre côté du miroir ». Et j'ai compris, en reprenant toutes les pages de ce livre, que toute ma vie, ce que j'ai fait et voulu faire, c'est passer « de l'autre côté du bar ». Moi, dès que j'arrive dans un restaurant, je veux être copain avec le patron. Quand j'arrive dans une boîte de nuit, pareil. Je peux pas regarder la télé ou lire des journaux sans avoir envie d'en fabriquer. Maintenant, je ressens la même chose quand je vois un film. Façonner les choses plus que d'être un client, un spectateur, finalement. C'est sans doute le principe moteur de mon existence. Et ça, grâce à ce Johnny et à quelques autres rencontres très importantes... Je pense à Julian, croisé sur une plage à Bali... Pareil avec Daniel Filipacchi, dont je me suis rendu compte qu'il traverse ma vie et ce livre de part en part, de *Salut les Copains* jusqu'à aujourd'hui.

J'étais invité une semaine chez Daniel, en janvier dernier, à Megève, dans son chalet du mont d'Arbois, avec Béatrice. Le dimanche, au moment de déjeuner, c'est lui qui s'est mis en cuisine. Il nous a fait des pâtes. Il est d'origine vénitienne, les Filipacchi, ce sont des Vénitiens qui sont allés s'installer à Smyrne. C'est des Pieds-Noirs, donc. (*Vous vous voyez souvent ?*) À l'époque où il était patron de HFM, j'avais des scrupules à le fréquenter. Maintenant qu'il n'a plus aucune fonction dans le groupe, on est en train de devenir amis.

Là, on a mangé nos pâtes comme des Ritals, et l'après-midi, on a regardé le laser-disc – Daniel a encore des laser-discs – de *Stormy Weather*, un film culte, pour lui comme pour moi. C'était magique. Il faisait très beau. Il y avait tout pour faire de ce moment un espace rare, simple et fort. Tout était raccord. On pourrait dire : très bien produit. J'ai beaucoup pensé à mon père, évidemment, qui lui aussi adorait *Stormy Weather* et qui m'en parlait si souvent... J'ai eu un sentiment de boucle bouclée. Je me suis dit : « Quand même, Thierry, je ne sais pas si ta vie est un roman, mais ça y ressemble drôlement. » Tout ça parce que j'étais assis sur un canapé, à côté du mec que j'écoutais, gosse, sur Europe N° 1, dans le poste de radio posé sur le frigo, le mec que j'avais interviewé pour *Façade*, celui qui m'a nommé directeur adjoint des rédactions de son groupe en 84, le même qui m'a permis de faire *Entrevue*. Donc, c'était bien... Dis-moi, est-ce que tu veux un autre café ?

Ton père, puisque tu l'évoques, occupe une grande place dans ce récit... On peut parler de sa disparition ?

Dans l'état où le carcinome de Merkel l'avait mis, il valait mieux qu'il disparaisse. À un moment, j'ai appelé un docteur à la clinique en disant : « Écoutez, je pense que c'est pas la peine de faire de l'acharnement thérapeutique... » Dans certains cas, le christianisme, c'est de ne pas laisser souffrir les gens. Ils ont compris. Sans mon appel, ils ne l'auraient peut-être pas fait.

Je me souviens, je suis descendu vers la fin le voir à la clinique, à Hyères. Il n'est pas bien... Lorsqu'il retrouve un peu de lucidité, il me regarde et il me fait : « Ah, toi, tu as bien réussi. » Mais avec un regard étrange, affectueux et lointain en même temps...

Et puis, l'instant d'après, il veut un éclair au chocolat... Ma mère me dit : « Mais non, c'est des foutaises. L'éclair au chocolat, Thierry, il ne va même pas le manger. » Je ne réfléchis pas. Me voilà parti, un dimanche après-midi, chercher un éclair au chocolat dans la ville de Hyères. C'est devenu crucial pour moi. Comme si cet éclair au chocolat pouvait lui sauver la vie. Évidemment, soit les pâtisseries étaient fermées, soit elles n'avaient pas d'éclairs au chocolat. Et à Hyères, il n'y a pas non plus quinze mille pâtisseries. Donc, je fais toute la ville, et finalement je trouve un éclair au chocolat. J'embrasse pratiquement la pâtissière, je lui laisse genre dix euros pour un éclair, et je retourne vite à la clinique le donner à mon père qui le prend et l'oublie sur la table de nuit.

Je faisais des émissions pendant l'agonie de mon père. J'allais le voir le week-end. Un jour, j'étais à Paris, mon frère m'appelle du

Midi et me dit : « Voilà, je viens d'apprendre que papa est mort. » Et moi, j'appelle tout le monde en disant : « Mon père est mort. » Donc, des tas de gens m'envoient des textos, des messages, des lettres, des bouquets de fleurs... Mais quand mon frère et ma mère sont arrivés à la clinique à Hyères, mon père était assis sur son lit en train de manger ! (*C'est pas vrai ! Tu ne consommes pas un peu trop de Pagnol ?*) Si, c'est vrai ! En fait, la clinique avait téléphoné chez mes parents pour autre chose. C'est la femme de ménage qui avait pris l'appel et elle avait juste répercuté que la clinique « avait appelé, qu'il faudrait les rappeler ». Pour ma mère et mon frère, si la clinique avait appelé alors que mon père allait de plus en plus mal, c'était forcément pour dire qu'il était mort... Cette histoire nous a beaucoup fait rire. Aux larmes.

Voilà, Philippe, je suis heureux d'avoir retrouvé avec ce livre le petit garçon qui est sur la couverture. Je l'ai revu récemment. À Cannes.

Je m'étais juré de ne jamais mettre les pieds au Festival de Cannes. Jusqu'au jour où j'aurais des raisons cinématographiques de le faire, bien sûr. C'était le cas cette année. Je me retrouve donc au pied du Suquet, patrie de mes ancêtres, dans le Vieux Port, sur *Satine*, le yacht de Tarak ben Ammar, pour quelques jours, avec Béatrice.

Le lendemain de notre arrivée, en plein breakfast, débarque Harvey Weinstein, l'ex-patron de Miramax, le plus grand producteur du monde, avec qui Tarak est en train de s'associer. Présentations. Civilités. Et, là, comme le petit garçon de la couverture du livre presque cinquante ans plus tôt à Arêches avait interpellé le gagnant de la course de ski avant de se retrouver en photo à la une du *Dauphiné*, j'ai branché Harvey Weinstein. Je lui ai pitché mes idées de films. Il a écouté. Concentré. Et il a dit : « Tarak, did you hear those fuckin' good ideas ? »

J'avais retrouvé le petit garçon que je suis.

ARDISSON, THIERRY, PIERRE, CLÉMENT

Né le 6 janvier 1949.
Fils de Victor Ardisson, ingénieur
et de Juliette, Renée, née Gastinel, sans profession.
Études : collège Saint-Michel à Annecy, faculté de Lettres de Montpellier.
Diplôme : licence d'anglais (Enfin... pas vraiment).
Marié le 2 avril 1988 à Béatrice Loustalan, illustratrice sonore.
Père de 3 enfants : Manon, Ninon et Gaston.

LITTÉRATURE/ÉDITION

Cinémoi, Seuil, 1973
La Bilbe, Seuil, 1975
Rive Droite, Albin Michel, 1983 ; Pocket, 2005
Descentes de Police, LTM, 1985
Louis XX, Olivier Orban, 1986 ; Folio, 1998
Dix ans pour rien ? Les Années 80, Le Rocher, 1990
Rive Droite, Magazine de Littérature, Albin Michel/Le Rocher, 1990-1992
Pondichéry, Albin Michel, 1993
Les Années Provoc, Flammarion, 1998
Confessions d'un baby-boomer, Flammarion, 2005

PUBLICITÉ

Concepteur-Rédacteur (1969-1978) : BBDO, Dorland & Grey, Masius-Landault, Thibaud-Lintas, TBWA, Ted Bates
Fondateur & Associé (1978-1987) : Business

JOURNALISME
Andy Warhol's Interview
Elle
L'Expansion
L'Express
F Magazine
Façade
L'Idiot International
Lui
Matin Magazine
Nouvelles Littéraires
Palace Magazine
Paris Hebdo
Paris Match
Playboy
Rock&Folk
Vogue Homme

PRESSE
L'Ebdo des Savanes (1984-1985)
Interview/Entrevue (1992-1995)
Frou-Frou Mag (1994-1995)

TÉLÉVISION/ANIMATION-PRODUCTION
Descentes de Police/TF1 (1985)
Scoop à la Une/TF1 (1985-1986)
Bains de Minuit/La Cinq (1987-1988)
Lunettes Noires pour Nuits Blanches/Antenne 2 (1988-1990)
Double Jeu/Antenne 2 (1991/1992)
Le Bar de la Plage/Antenne 2 (1992)
Ardimat/Antenne 2 (1992)
Long Courrier/Antenne 2 (1994)
Autant en Emporte le Temps/Antenne 2 (1994)
Paris Dernière/Paris Première (1995-1996)
Ça s'en va & Ça revient/France 2 (2000-2002)
La Nuit Gainsbourg/France 2 (2001)
Rive Droite/Rive Gauche/Paris Première (1997-2003)

Tout le monde en parle/France 2 (1998-2005)
Tribus/France 2 (2002-2003)
Le Père Noël n'est pas une ordure/France 2 (2002)
Spéciale Maillan-Poiret/France 2 (2002)
Bedos-Ardisson : on aura tout vu !/France 2 (2002)
Le Grand Blind-Test/France 2 (2003)
Opinion Publique/France 2 (2003-2004)
93, Faubourg Saint-Honoré/Paris Première (2003-2005)

TÉLÉVISION PRODUCTION
À la folie, pas du tout/TF1 (1986-1987) P. Poivre d'Arvor
Face à France/La Cinq (1987) G. Durand
Stars à la Barre/Antenne 2 (1988-1990) D. Bilalian
Télé-Zèbre/Antenne 2 (1990) F. Hardy, Y. Le Bolloch, B. Solo, P. Manœuvre, Y. Mourousi, J.-Y. Lafesse
Les Concerts Imaginaires/France 2 (1990)
40 ans de 45-tours/Antenne 2 (1991) J.-L. Delarue
Frou-Frou/Antenne 2 (1992-1994) C. Bravo, T. Kieffer, V. Expert, S. Dubois, J. Goron
La Coupe du Monde de la Séduction/M6 (1995) L. Boyer
Flashback/M6 (1995-1997) L. Boyer, Y. Lecoq
Les Niouzes/TF1 (1995) L. Ruquier & Co
Rayon X/M6 (1995) M. Biraben
Top/Flop/Paris Première (1995-1998) A. Kazan
Graines de Star/M6 (1996-2003) L. Boyer
Les Années Pub/TF1 (1996) J. Courbet
Ali Baba/TF1 (1997) A. Gidoin
Vue sur la mer/France 2 (1997) M. Biraben
Paris Dernière/Paris Première (1998-2005) F. Taddeï
Nos Meilleurs Souvenirs/M6 (1999-2000) L. Boyer
Guili-Guili/M6 (1999-2000) A. Gidoin
Amour, etc./M6 (2000-2001) S. Quetier
On a tout essayé/France 2 (2000-2005) L. Ruquier & Co
Fête foraine/France 5 (2005) F. Taddeï
Les Concerts Sauvages/France 4 (2005)

REMERCIEMENTS

Ces *Confessions* ne seraient pas sorties du confessionnal de mes entretiens avec Thierry sans les encouragements, le professionnalisme ou la patience (parfois les trois réunis) d'un certain nombre de personnes. Au premier rang desquelles, Marie-Ève Chamard et Thomas Kieffer qui surent à la perfection faire comme si de rien n'était quand ce qui ne devait interférer que six ou sept mois avec leur vie quotidienne dura presque deux ans... Grand merci à tous deux.

Rien ne se fait seul. Florence Willaert et Marion de Blaye à qui je dois d'avoir pu conduire à terme ce projet ne seront jamais trop remerciées. Un travail auquel contribuèrent aussi, occasionnellement, Sarah Lou Cohen-Bacri et Clémence Vallancien.

Pas de livre sans éditeur non plus. Ma gratitude va à Laurent Chollet qui suivit ce livre de bout en bout. Mais aussi au stimulant flegmatisme de Frédéric Beigbeder, ainsi qu'à la vigilance des relectures et corrections de Virginie Plantard, Thomas Deligne et de Marie-Christine Prud'homme.

Ph. Kieffer

CRÉDITS PHOTOGRAPHIQUES

Composition et mise en page

NORD COMPO
multimédia

CET OUVRAGE
A ÉTÉ REPRODUIT ET ACHEVÉ D'IMPRIMER
SUR ROTO-PAGE
PAR L'IMPRIMERIE FLOCH
À MAYENNE EN SEPTEMBRE 2005

N° d'éd. FF858301. N° d'impr. 63717.
D. L. : septembre 2005.
(Imprimé en France)